本书得到北京市教育委员会科研基地“北京社区工作模式与社会工作人才培养研究”项目资助

探索明天的希望

——北京市青少年社会公德纵横谈

傅永吉　袁光亮　张瑞凯　编著

北京理工大学出版社
BEIJING INSTITUTE OF TECHNOLOGY PRESS

内 容 简 介

本书是“北京市青少年社会公德现状大型调查”的研究成果。本书通过定量研究、质性研究和文献研究相结合的方法对北京市青少年社会公德现状进行了详尽而具体的描述，并结合已有研究成果从多个角度探讨了北京市青少年社会公德的实践行为，解构了北京市青少年社会公德的影响机制，剖析了北京市青少年社会公德现状存在的问题，提供了现阶段北京市青少年社会公德建设的路径选择。

本书认为，要加强现阶段北京市青少年社会公德建设，各种责任主体，特别是家庭、学校、党政机关和新闻媒体（特别是网络媒体）等要积极采取措施，促进社会公共领域的进一步发展；明确责任主体，实现各主体工作的有机统一；改善道德教育方式，提高社会成员的公德素质；明确青少年社会公德的具体规范；为青少年实践社会公德创造有利条件；创新制度，建立道德回报机制，积极满足青少年社会公德实践中的社会肯定性需要；社会公德建设必须做到教育和规范相结合，引导和示范相结合。

本书中“北京市青少年社会公德现状大型调查”问卷设计具体、准确；抽样设计方案严谨、操作性强；研究对象有代表性；辅之以2008北京奥运会志愿者的个案访谈，研究报告具有较强的现实意义和理论价值，其成果丰富了青少年社会公德领域的研究，所提供的路径选择对家庭、学校、党政机关和新闻媒体（特别是网络媒体）在青少年思想教育决策方面具有参考作用，有助于学校、党政机关和新闻媒体（特别是网络媒体）有针对性地开展青少年活动。

图书在版编目（CIP）数据

探索明天的希望：北京市青少年社会公德纵横谈 / 傅永吉，袁光亮，张瑞凯编著. —北京：北京理工大学出版社，2012. 3

ISBN 978 -7 -5640 -5604 -9

Ⅰ. ①探…　Ⅱ. ①傅…②袁…③张…　Ⅲ. ①青少年 - 社会公德 - 调查研究 - 北京市　Ⅳ. ①D432. 62

中国版本图书馆 CIP 数据核字（2012）第 022223 号

出版发行 / 北京理工大学出版社
社　　址 / 北京市海淀区中关村南大街 5 号
邮　　编 / 100081
电　　话 / (010)68914775(办公室)　68944990(批销中心)　68911084(读者服务部)
网　　址 / http：// www. bitpress. com. cn
经　　销 / 全国各地新华书店
印　　刷 / 天津紫阳印刷有限公司
开　　本 / 710 毫米 ×1000 毫米　1/16
印　　张 / 15
字　　数 / 296 千字
版　　次 / 2012 年 3 月第 1 版　2012 年 3 月第 1 次印刷
定　　价 / 55. 00 元

责任编辑 / 梁铜华
责任校对 / 周瑞红
责任印制 / 王美丽

“仁”、主体际性与现代社会公共道德重建的心性基础

（代前言）

最近接连发生在本人身上的两件“小”事，让本人对当代道德建设的信心陡增。一件是本人的数码相机丢了。那一段正好在党校学习，本人带着数码相机，用来拍PPT课件。现在许多老师授课内容丰富，根本不容你从容做记录，特别是图文并茂的PPT，令人叹为观止、爱不释手，却记不下来。这样的课件往往是些大牌或并非大牌的老师主讲，他们对他们心血凝结的课件常常会敝帚自珍，因而会婉言谢绝拷贝。无奈之余只好退而求其次，寻求变通之法：数码拍摄是相机普及化时代的一种很好的替代选择。那段听课恰巧每天带相机在身边，也逢场作戏地胡乱拍照，表示认真的意思。谁知那位先生的PPT只是个摆设，只三五行题目而已，剩下的就是才华横溢的侃侃而谈，却也妙趣横生，令人受益匪浅。听到半途，手机反复震动，只好缩脖弯腰地溜出教室接电话。待接完电话回教室后，却不好意思再到前排打扰专心致志的同学以及兴高采烈的先生，只好悄然在边角找个位置坐下，继续聆听先生的妙趣横生、恣纵汪洋。也许是听得太过入神，也许是走了神，总之下课时却匆匆忙忙，将相机丢在课桌里，而且忘得死心塌地，直到第二天上课，班主任在讲台上发布失物招领，本人才触电似的赶紧摸自家书包，发现数码相机果然不见了。课间到班主任办公室一看，果然就是咱家宝贝。询问一下，原来是清洁工课后清理教室发现的。这事让本人很是感动，而且感动了好久好久。这种感动还没完结，就发生了第二件事——本人钥匙串在学校里丢了，办公室、家门、车，等等，好大一串。丢钥匙那天到校开会，又去好几个处室公干。发现钥匙不在身边后，就一处处打电话询问，都说“抱歉”“真的没有”云云。最后实在不甘心又亲自到会议室管理员那里请教，一样地杳无音讯。这事让本人很丧气，也很生气：裤子的兜兜怎么不记得及时缝补好？一天天地过去，本人都死心塌地地认定这串钥匙是丢定了，不再抱任何希望了。偶尔一天（是事件过去十几天后），本人路过学院保卫处时，就溜进去说几句闲话，又顺便问一下有没有人捡到一串钥匙。嘿，果然就有，拿出来一看，竟然真是本人的亲亲那大串。想详细询问到底是谁拾到送来的，那几位领导却语焉不详，说是实在记不清了。后来，反复想这事，那数码相机，怎么也值千把元，折旧一下，数百元总是值得，而且是新型3D时尚数码机。清洁工居然干净利落地送回教务

处，真了不起。这个世界上不贪财的好人仍大有人在啊，而且就在我们身边！再说那串钥匙，对捡拾者可以说一文不值，对本人来说何止价值千金？其中便有汽车钥匙一把，多大的事!!! 而拾物者连名都不留，简直就是品行高尚的活雷锋！这两件发生在本人身上的“小”事，令本人对青少年以及整个社会的公德建设增加了极大的信心。

本人经常在北京城里行走，乘车、过斑马线等等，常常为陌生人的公德状况所困扰。即使是本校的学生们也未表现出像样的公德操守。然而，这两则与本人直接相关的小事却令本人大大增强了对未来社会公德进步的乐观判断，于是也很自信地来为这部有关北京市青少年社会公德研究的专著写个基于本人自己长期冥思苦想的长文，权且充作前言吧。

一

青少年群体关乎未来，是明天的希望，所以受到全社会的特别重视和研究。本人积极地来为这部有关青少年社会公德现状的实证研究专著撰写前言，其中一个重要原因，是本人参与了这项调研的主体设计等关键工作，有一份特殊的感情存在，又觉得这是一项值得向社会推介的研究成果。这部著作所涉及的最主要的数据基础是北京青少年研究所近年所做的一项专项调研，一份内容翔实的问卷和三千多份精心收集的问卷资料，一两年时间的精心分析，并辅以其他相关研究资料和数据，构成我们对当代北京青少年社会公德现状与未来发展态势的一种综合研判。

在传统向现代生活的转换中，整个社会的道德遭遇挑战：道德作为文化之核的沿革和演变极具象征意义，也具有丰富的文化学内涵。总体而言，我们对当代北京青少年社会公德现状与未来发展持一种相对乐观的态度。显然这与近年来有关道德状况的判断不尽相符，岂止不相符，简直就是南辕北辙。因为，这几年有关“道德滑坡”狂呼乱喊正不绝于耳。更有人故作惊人语地喊叫（判定）当代中国已经“道德荒漠化”。说道德滑坡、荒漠化，是以一种特定视角对当代人道德生活的审视，也是一种失之简单化、单调化（单一化）的独断论，即使具有某种真理性，也只是相对的片面的真理罢了。我们还注意到高喊“滑坡”“荒漠”的人士中，就有高调主张“宁做真小人，不做伪君子”的某知名学者。这在某种意义上也确实印证着，这个时代的道德堕落已经触抵一个令人惊悚的超低境界，促使我们不得不认真思考积极地进行道德重建的实践努力。真小人何谓？赤裸裸的市侩是也。我们能够公然地全社会地倡扬这种市侩哲学吗？这是我们的社会良心的呼吁吗？这个设问令人汗颜。但事实上，这种厚黑主义、市侩哲学俨然是时代显学——最最流行的文化时尚。一个民族不自觉地将厚黑主义、市侩主义奉为行为之圭臬，是颇具喜剧色彩的大悲剧。于是，我们在这样的一种意义上认同于"滑坡论"和"荒漠论"，这个状况的出现与"士"作为一个阶层的忽然消失相关，与当代知识分子的职业化（饭碗化）密切相关。知识人群特别是人文知识分子群落沦落为直逼功利的知识掮客，一切以金钱和利益为转移，言必称功利、实用、效益，将人文精神层层剥落而直接地、反复地击破人伦底线，自私自利、蝇营狗苟、猥猥琐琐地自甘堕落地混迹于名利场，成为声色犬马的奴隶、金钱物欲的奴才、时尚浮躁的泡沫，而冷漠地决然地坦然地将崇高、神圣、道义、慈悲、仁爱等付之阙如。这个时代如果说存在道德的堕落的话，首先（或主要）是精英群体尤其是知识精英群体（特别是人文知识分子群体）的堕落，并且演化成为一种公共毒素：社会大众以及青少年群体的道德畸变的文化来源（根源）。而腐败人群则是社会全部邪恶的核心、毒瘤、癌症。

在另一重意义上，"滑坡""荒漠"作为对这个时代的道德状况的总体判断，我们并不认同。相反，本书主张"爬坡论"——作为一种折中，至少我们认为，在这百多年的文化演进中，特别是改革开放三十多年中，中华民族的道德是滑中有爬，爬中有滑，整体趋势则是爬坡，是向上的艰难的探索和努力的全新实践过程。道德作为一种高级文化样态在改革开放的实践中探索并创新，是这个时代最伟大的变革内涵之一，这也恰是本书所界定的文明希望之所在。"80后""90后"是阳光的一代，他们是未来的真正希望。这本书所系统披露的调研数据也印证着这一点。正是在青少年一代身上我们看到了新道德的萌生、发育并缓慢地生成的希望之光。

深入探究"道德爬坡论"，并以之为一种基本视角审视当今的文化变革，其义理何在？根基若何？乃吾必以大变革本身之伦理价值为根本之依据。革命之价值、改革之价值，为审视吾中华民族170年来救亡图存历史课题之根本、之核心，吾大族类之存亡续取，当置之道德论判之首要，先以全力破解此题，它事或可徐图也。若不选取此径，国之不能存，种之不能续，炎炎妄论弘道明道，终属稚儿戏语耳耳。此其一常识，自无须多话。

革命者，以献身家国为志趣，杀人以成仁，舍生以取义，以数百万、千万之英烈鲜活生命换取民族独立与民主共和体制之确立，代价不菲，然大义所在，势所必取，固为历史之必然。在革命的狂飙突进与改革的惊天动地之中，同时发生民族文化性格之改造，任人宰割之群羊勃然向上狂飙独进，冲撞意志之勃起，激发出东方雄狮久久潜伏的阳刚雄健之文化基因，因之有民族性的奋发向上拼搏争竞之群体意志，与列强一争高下，一决雌雄，而博得自立于世界民族之林的完全权利。革命之功，改革之功，中华人格再造之功，故不可不察。

群体人格之雄狮根性之勃发奋起，必日渐转化为国民性格的一部分，此为现代人格在实践中的生成，亦为人类现代性格之共有在华夏大地上之自然滋生。自觉自主自立自强，个体主体性人格缓慢生长。萎缩、压抑、内敛的传统草民体系废之弃之，乃民族之大幸也。

这种种变异实足有革故鼎新的大效用，是中华民族群体人格向现代性、后现代性转化的必需的（必然的）中介。这一中介最需肯定与大力培植的则是个体主体性的萌生与滋长。而个体主体性的理想的发育目标则是自觉自由状态的主体际性的普遍人格的生成。

对于中华民族这个被长期驯化牧养的群体，雄狮般的冲撞意志的激发自具不可替代的积极意义，本身具备充分意义和内涵而无须另外的支撑和根据。包括对合理的经济政治文化利益的主动诉求这一现代公民意识的本根内核的生发，都代表着公民社会的理性根基的萌生，也是现代性的社会公共道德赖以滋长的沃土。简言之，我们当以现代人文精神的视角审视当代道德及相应的文化状况。这是文化自觉、自信、传承与创新的一个基本的立脚点。

道德重在建设。我们必须以积极的、主动的建设者的姿态投入到新文化、新道德构建的实践中去。作为一种全新的德性亦存在如何实现由外而内的锻炼、内化的渐进过程，由外在的制约、强制而濡化为内在的自觉，由他律而复归（升华）为自律的缓慢的成长、发育过程。实践中生成的这一现代性国民性格之德性诉求乃新生活中公共道德之内在根基所在，在现代城市生活中开掘出道德生活的源头活水。所以，道德之律令的价值和意义终于仍在践行，道德之提升终于仍在实践本身的陶冶，说教如不转化为现实的实际行动——如不由说教者率先践行，就很容易地流转为“伪君子”的自嘲与自欺欺人的拙劣。

这一人文变革必将经历正反合三个曲折的进化阶段，而其可以预期的人文果实则是新集体主义道德的生成。所谓新集体主义道德是容纳了个体主体性（个人主义的积极因子）即近代以来人文精神的全部合理因素于其中的新型的、高级的集体主义，是时代人文精神发展进步的硕果。

这里又涉及我们今天如何回归传统、弘扬传统、复兴传统这一历史课题，涉及文化自觉、自信、传承、创新这一时代课题。本书提供了翔实的第一手的实证数据且论述详致，又搜集了20世纪以来的其他专家的研究成果，足以作为一本有参考价值的专项研究成果为同行提供重要的资料和新颖的观点。

这样一部希望能发挥某种当代社会公德建设的基本理论探索功能的著作，显然涉及中华人文传统与当代社会的内在关系问题。我们必须正视的是，中国社会仍处于重大转型的关键时期。我们必须承认，传统与现代的断层或断裂结构是我们心灵深处难以抹去的文化印痕。我们能否站在现代性的视角重新审视我们当今全社会的道德状况？如果可能，又会得出怎样的一种基本的结论？传统所积淀下来的文化心理、文化基因在现代乃至后现代生活中将会发挥怎样的作用？又怎样才能发挥作用？中华传统文化的最内核部分与现代文明甚至后现代文明是否存在某种深层的内在的契合？这都是很值得思考的重大理论问题。

二

在经历百年革故鼎新的内生性文明自我完善的努力后，以走出传统为主旨的序曲已然悄然落幕，回归传统的尝试从少数先知先觉者渐次演变为一种宏大的社会运动，于是人们对文化建设的前景滋生出普遍的欢欣。然而，正确对待传统的课题并未完成，生吞活剥式地无条件地回归传统的复古倒退的也颇具声势，令人对新世纪文化建设路径可能走向不得不保持一份冷静甚至警惕。本文主张一种温和的文化传承与创新的思路，主张通过对中华文明核心价值的“抽象继承”与对域外文明积极成果的“抽象吸纳”相结合的方式，完成大文化碰撞中的理性对接，并立足于当下的现代化建设实践，对三十多年来的新鲜经验概括总结升华提炼，以期建构具备现代性样态、内涵的中华民族新文化。

“仁”是中国发达的道德哲学的核心范畴，在五千年的文明史中占据重要地位，也是理解中华文明的关键概念。“仁”的出现，表明中国人很早就注意从人际关系视角研究、探讨人性（德性）、社会规范以及和谐诸问题，并找到了一条现实的道路，为这个民族数千年的生存、发展建构起深厚、稳定的心性基础。“主体际性”是现代社会晚期或后现代门槛上的哲学范畴，是人类历经主客二分裂变与长久阵痛之后所体悟到的一种理想的社会性生存的样态的哲学表述。“仁”与“主体际性”之间存在内存契合，甚至可以说“主体际性”可视为“仁”的现代版，通过这两个范畴我们洞悉到跨越中西、贯通古今的理性隧道的眩玄灵光，也试图领悟中华文明吸纳、消化现代文明的某种“捷径”。

“仁”的发现代表中国人的主体性自觉。牟钟鉴先生认为：“儒家仁学，也可称之为仁爱通和之学，是儒学的精华，最具有普世性，它可以为人类文明的转型和更高发展提供重要的思想基础。”“孔子为‘仁’规定的内涵是爱人，孟子称为恻隐之心，或叫良心，它是一种人类之爱，普遍的同情心。人是在家之中诞生，在爱之中成长的，所以自然会有爱心，不过有广有狭，有强有弱罢了。如果失掉了爱心，这样的人便丧失了人性……仁爱之心是一切道德行为的基石，培养爱心，扩充爱心，是建设道德文明的基础性工程。”① 关于“仁”，张岱年先生也曾说：“第一个提出人生理想的，是孔子。孔子以仁为人生理想。仁的观念，所涵甚广，而本旨甚约；境界极高，而平实简易；是一个宏大而切近的生活准则。”“仁之本旨，是己欲立而立人，己欲达而达人，所以根本上是爱人的。”②

春秋时，“仁”已被普遍使用，其基本含义是指人与人之间相互亲爱的关

---

① 牟钟鉴. 涵泳儒学 · 弘扬儒家仁爱通和之学. 中央民族大学出版社，2011 年 8 月第一版，第 158 – 160 页.

② 张岱年. 中国哲学史大纲. 中国社会科学出版社，1982 年 8 月第一版，第 256、257 页.

系，这种关系被普遍视为人所具有的最好的、重要的德性之一。如《诗经》中有“洵美且仁”（《郑风·叔于田》）、“其人美且仁”（《齐风·卢令》），这两处“仁”都与和美字相关联，显然当时“仁”有仪文美备的含义，即“文质彬彬，然后君子”。又如《尚书》中有“予仁若考，能事鬼神”，此处“予仁若考”是指多才多艺。再如《国语晋语一》中的“爱亲之谓仁”，即“仁”的一种体现是“爱亲”，也就是后来的“孝”。《国语晋语二》中还有“仁不怨君”“逃死而怨君不仁”“利国之谓仁”，这又上升到忠于君主和国家的高度了。当然，春秋时代“仁”虽被广泛使用，但还只是与忠、义、信、敏、孝、爱等并列的“一般”德目，还不具有特殊的文化意义。

从孔子开始，“仁”被从其他德性中超拔出来，赋予新的内涵并日渐丰富。冯友兰曾说：“孔子对于中国文化之贡献，即在一开始就将原有的制度，加以理论化，与以理论的根据。”孔子身处“礼崩乐坏，世衰道微”的乱世，希图给周制以“理论的根据”（人性的根基），于是他动心忍性、敏求善思，以“述”为“作”，开掘了“仁”的内涵。众所周知，孔子思想的核心即“仁”。之后历经孟子的阐扬，并经历代儒家不断充实与发挥，经汉代确立为封建意识形态之核，穿越两千多年渺漠时空，生长为中国传统文化的主干。对“仁”的内涵的展开、开掘、阐示，并把礼乐文化植根其中（其上），是孔子对中国文化最大贡献。由是，中国传统文化顺利地实现了由上古向中古的转折，五千年文脉得以贯通，并绵延不绝、生生不息，直接延续到当代。

《论语》中“仁”字出现频率极高，达105次，比较著名的有：“孝弟也者，其为仁之本与”；“巧言令色，鲜矣仁”；“仁者安仁，知者利仁”；“唯仁者能好人，能恶人”；“苟志于仁矣，无恶也”；“君子去仁，恶乎成名”；“不知其仁，焉用佞”；“仁者先难而后获可谓仁矣”；“夫仁者，己欲立而立人，己欲达而达人”；“志于道；据于德；依于仁；游于艺”；“仁以为己任，不亦重乎”；“知者不惑，仁者不忧，勇者不惧”；“刚、毅、木、讷近仁”；“志士仁人，无求生以害仁，有杀身以成仁”；“民之于仁也，甚于水火”；“当仁不让于师”；“博学而笃志，切问而近思，仁在其中矣”。

《现代汉语词典》对仁的解释，有十几种基本含义，择其要者，有八：①一种道德范畴，指人与人相互友爱、帮助、同情等。②中国古代一种含义极广的道德观念，其核心指人与人相互亲爱。③又如：仁人（有仁德的人）；仁术（施行仁道、仁政的方法）；仁宇（在仁德的覆蔽之下）；仁瑞（仁德的瑞兆）；仁朴（仁爱朴实）；仁笃（仁爱笃厚）；仁诲（仁爱的教诲）；仁鄙（仁爱与鄙薄）。④有德者之称[the benevolent]。⑤指事物中有恩于万物生育者，古代常与五行等相配：“养之，长之，假之，仁也”（《礼记》）。⑥完美的道德[perfect virtue]“夫仁者，己欲立而立人，己欲达而达人”（《论语·雍也》）。⑦仁政

[benevolent government] 以德行仁者王（《孟子》）。⑧ 人 [man（*pl.* men）] 仁者，人也（《礼记·中庸》）。注："人也，读如相人偶之人。"仁者，人也（《孟子·尽心下》）。

"仁"作为儒家为代表的中华传统文化的最高道德原则、道德标准和道德境界，可从三个方面理解：其一，"仁"首先是待人接物的基本态度，即诚心诚意去求"仁"、行"仁"的愿望。"为仁"是某种自觉的内在情感行为——为仁由己。这发自内心的对"仁"的价值的追求，后被孟子引申为"四端说"。其二，"仁"所表达的是恰当地处理人与人、人与社会、人与自我之间的关系——人的自我发展与环境（他人、社会）的关系的学问。孔子提倡"己欲立而立人，己欲达而达人"、"己所不欲，勿施于人"的理想人格，即"仁者爱人"，是他对周初"保民"、"敬民"思想的进一步阐扬。其三，"仁"的具体体现既要自强不息又要助人有成，是人己兼顾（以自己为起点而充分顾及他人），强调对别人的理解、尊重和包容[①]。在这里，"仁"当然与大众有关，但首先是精英（君子及以上人群）的责任，精英阶层要以博大宽厚的胸怀来爱护民众——"泛爱众而亲仁"。作为价值主体内在精神状态的反映，"仁"是理想人格的核心要素和基本表达，内心深处有"仁"的意愿又落实到日常行为中是抵达真善美人生至境的前提条件。因此，"仁"的范畴最突出的特点是其强烈实践（践行）属性。张岱年先生指出："仁固包含情感上的爱，及物质生活上的扶助，而更注重道德上的励导……仁者对于别人的爱助，目的在于使其成为有德行有成就的人。"[②]在孔子以及后来儒学的开拓中，"仁"都不强调形而上意义上的实践理性特征，而直指人格升华、人性解放的现实生活，是贯穿在生活实践中的终极关怀。孔子所谓"志士仁人，无求生以害仁，有杀身以成仁"，把"仁"置于比肉体生命更崇高、更根本的位置，成为中国传统社会中"士"阶层道义担当的精神支撑。

孟子发挥了孔子的思想，把"仁"同"义"联系起来，把仁义看做道德行为的最高准则。其"仁"，指人心，即人皆有之的"恻隐之心"，仁爱之心；其"义"，指正路，"义，人之正路也"，进而由"仁学"而进入政治生活，转化为内圣外王的"仁政"学说体系，并深刻地影响了中国传统政治思想和政治制度的建构。后来，董仲舒建议"罢黜百家，独尊儒术"，将封建伦理概括为"三纲五常"，并体系化封建"礼教"，成为两千多年的政治制度和意识形态的内核。

三

主体际性（间性）或交互主体性（Intersubjectivity），是后现代的哲学范畴，创生于20世纪，由胡塞尔（认识论的含义）首先提出，并经海德格尔（本体论

---

①，② 张岱年. 中国哲学史大纲. 中国社会科学出版社，1982年8月第一版，第261页.

的意义）而展开与发挥。莱西在《哲学辞典》中说："一个事物是主体间的，如果对于它有达于一致的途径，纵使这途径不可能独立于人类意识……主体间性通常是与主观性而不是客观性相对比，它可以包括在客观性的范围中。"① 后被视为经典的"主体间性"定义。

主体间性概念超越了近代以来以主客二分为基础从而进行主体构造和客体征服的理性主义传统，开启以"研究或规范一个主体怎样与完整的作为主体运作的另一个主体互相作用"哲学新潮流。在一种意义上，主体间性及其围绕之而形成的哲学理论，并非纯粹理性，而是康德哲学的一种新的样式，即实践理性。

主体间性的根据在于生存本身。生存即主体间的共在，它主要聚焦于人的世界，即自我主体与对象主体间的交往、对话。思考和研究的视野是人我关系、个体与群体（社会）之关系。这里的主体不再是莱布尼兹式的自我封闭的"单子"而是与其他主体处于广泛而经常的交互作用之中的主体。胡塞尔首倡主体间性理论，或在刻意避免近代哲学传统的唯我论（个人主义）倾向，他认为单纯讲主体性，往往归结为个体性，而主体间性则意指个体的群体性，即个体的独立性与群体的交互性的统一。因之，主体间性也可理解为人的社会性与个体性的统一。有人主张将 Intersubjectivity 译为交互主体性或更加简单明了，任何健全的个体都是有独立性、自足性而与其他主体经常地普遍（广泛的）交互作用中的社会动物。因之，主体间性概念是"原子式的孤立个体观念"的否定，又是大一统的整体性（传统理解的社会性）吞没、泯灭个体性的理论预设的否定。这里需特别着重解读的是"主体与主体间的共在"。人以主体间的方式"共在"着，既非"单子"也非"离子"，而是个性间的社会性的"共在"和社会的个体化的"共在"。海德格尔指出："……世界向来已经总是我和他人共同分有的世界。此在的世界是共同世界。'在之中'就是与他人共同存在。他人的在世界之内的自在存在就是共同此在。""此在之独在也是在世界中共在。他人只能在一种共在中——只能为一种共在而不在。独在是共在的一种残缺的样式，独在的可能性就是共在的证明。"② 海德格尔还指出了"共在"的两种基本形态：一为"处于沉沦状态的异化的共在"，其特点是个体被群体吞没；另一为"超越性的本真的共在"，个体作为能动独立自由的主体与其他具备同样特质的个体（主体）间存在着"自由的关系"。

主体间性既非反主体性，亦非反个体性，而是对整体性与社会性的二分二元对立视角或立场的扬弃、超越，即黑格尔所谓"辩证否定"。任何个体在本质上都是社会的，是社会性和个体性的统一。而全人类社会总是个体的，它不仅是由

① 莱西．哲学辞典［M］．伦敦：麦克米兰出版社，1986 年版，第 113 页．

② 海德格尔．存在与时间．北京：生活·读书·新知三联书店，1987：146，152．

个体构成并为个体的自我实现提供群体性社会性的基本条件，而各种迥异的个性的综合与扬弃后的文化整合，其实也就是我们通常所谓的社会性的。

主体间性概念的提出，重大意义在于申明了自我主体与对象主体间的共生性、平等性、交互性。胡塞尔的现象学试图通过所谓"现象学还原"，对认识本身进行批判性思考，以回溯一个绝对确定的阿基米德点，即"纯粹的先验自我"。

胡塞尔晚年提出了自我和他人的"立场之可相互交换性"，以及"主体间本位"，并试图在历史框架中予以阐释。

海德格尔认为："人在本质上是首先存在于存在的开放性中，这种开放性是一片旷野，它包括了主—客体关系能呈现于其中的'中间'地带。"

当代诠释学鼻祖伽达默尔将胡塞尔的主体间性（互主体性），还原为历史过程的实践行为之中。他认为，世界是我们通过语言和交流的合作而生存于其中的构架，实践则是一种"参与和分享"，一种与他人有关并依据活动共同决定着共同利益的过程。他令人意外地重视社会生活中的阐释和理解，他所创立的诠释学，核心内容在于阐明"适于表达作为一种交往过程的理解"。他指出，要完成表达和理解，必须借助语言。因此，掌握一种语言、参与一种交谈，本质上就是接受一种生活方式。真正把握了一种语文的精妙之处，并因而发生有效的对话（表达和理解），一定群体中的人方得以形成普遍的评判标准和共同立场、观点，一定的社会共同体才得以形成和维系。本文以为，这揭示了文化认同的语言、语义学基础，揭示了文化生活（精神生活）在人类的群体生存的根本价值。人作为主体何以能与其他主体恰当互动？何以能够游刃有余地生活在这个群体之中而不自我边缘化或"被边缘化"？关键在于生命意义的认同，对经济的政治的文化的生活的总体架构的理解和认同，对社会生活的一般规则（道德的和法律的）的理解和认同，恰当理解并由衷地认同一定的文化所代表的制度设计的人文内涵及其意义和价值。如果不能做到与一定的群体文化的核心和基本的价值原则的自觉的由衷的理解和认同，那么就发生内在的和外在的碰撞，内在的文化碰撞会导致个体的人格扭曲甚至神经紊乱，而外在的文化碰撞则可能导致实际的肢体冲突或暴力对抗。在这一过程中，意义理解的方向是根据来自传统的自我理解的框架，去实现行动者之间的可能的一致。

19世纪下半叶以来，以胡塞尔、海德格尔、伽达默尔为代表的当代哲学家的努力，代表着哲学作为时代精神的精华所关注和研究的重点的转向，语言、对话、交流、理解以及人类实践活动成为哲学形而上学思考的焦点，总体上是回到生活，回到现实，回到活生生的人类生存实践本身，这就是在尼采之后的反传统、颠覆重估一切价值式和文化解构之后，可能展开后现代意义的文化的重构。在后现代的主体际性的总体情境下，尝试公共道德的重建是本书所关注的核心问题。

四

从一种意义上说，我们国家处在从农耕文明向工业文明跃进的中途；从另外一种意义上说，中华文化传统作为一种历史悠久而生命力坚韧的东方生命智慧，内在具有后现代文明的诸多特征（与后现代文化有许多内在的契合）。现代化作为对工业化、城市化、民主化、世俗化、理性化的系统性的追求和建设过程，其最为根性的（根基的）是物质生产方式的变革及其为以城市为主载体的在规模群居生活提供物质支撑。政治理念的变革与现代民族国家的崛起，宗教的改革及与世俗政权的调和以及宗教信仰所代表的生存理念的世俗化趋向，都纳入现代性总体实现的基本维度而或快或慢或迟或早地在世界各地实现着。而这过程中仍存在巨大的文明差异甚至难以逾越的文化鸿沟，正如亨廷顿所系统分析的，20 世纪末，东西方以政治信仰的冲突和对抗在苏东集团忽然解体之后，人类社会迅速回归了正轨，文明的文化的认同在极短时间内替代了政治信仰的认同，成为不同人群，不同部族、种族、民族、国家与其他同级共同体亲近或疏离、结盟或对抗的主要原因或依据。

在现代化进程中，人类的个体从群体中主动分离出来，寻求独立和自由，马克思主义将之判定为“物的依赖”（即对资本和相应的大工业生产条件的依赖）①，即一种新型的依赖关系。而这种关系是人类迈向自由之不可少的中介。在这向往的自由的生命追随中，表现为疏离化、个体化、单子式的被解构的世界。从家族血缘为基的乡居生活转入陌生人群间的城市生活，剥离的传统社区的伦理约束，人们获得了最大限度的自由，又必遭遇更多的约制与控限（在某些方面的获得同时带来另外一些方面的丧失），而事实上并不如表象上那么自由。旧式的约束来自习俗，即表现为习俗的伦理道德，约定俗成的大众规范，在一定的民族一般来说大同小异。道德等约束不仅是一种内在的软约束，而且具有类似法律的硬约束性质和作用：乡约族规，尊长之言，熟人议论，都足以构成对内在良心的制约和压力，迫使群体中的各分子依据各自的位置或积极主动或消极被动地履行相应的道德义务。每个成员的一言一行都会在群体生活中积淀下来，成为个体信誉、权威的支撑。信誉记录是在日常生活中自然留存的，其主要形式是口碑。

现代社会，总体而言是陌生人的偶然聚集。宗教信仰在国外的城市社区中发挥着重要的纽结作用。这种情况在中国并不具有普遍性。在现代化的终结处，赫

① 人类从“依赖”到自由的三种发展形态：人的发展具有多重历史性，既有前资本主义社会自然经济条件下的“人的依赖”，又有资本主义社会工业生产条件下的“物的依赖”，还有共产主义社会知识经济条件下的“自由个性”.

然矗立着后现代性，这一新的社会形态，一定意义上说，就是个体化的、离散性的人际关系重新获得有效整合，人类社会共同体以城市社区为单元重新构造，并在陌生人和准陌生人之间重新建构道德生活（伦秩序）。这就是本书所指的公共道德重建的课题。

“仁”作为中国人道德信仰的核心，剔除、涤荡其封建政治化（意识形态化）的历史时代局限性糟粕后，在“主体际性”所代表的后现代性的视阈中重新发掘和理解“仁”，重新解读其基于人类内在的心性结构（文化心理本质）的内涵并为现代性（后现代性）生活服务，是一个颇具实践意义的探索方向。

传统生活中的个体，是未得充分展开的个体，是不完全意义上的个体。传统人格是被压抑的、因内在的丰富性未得到生长和展开而呈现为内敛、萎缩、扭曲之态，即马克思所谓“自在自发”的生存状态。在传统共同体中，表现为海德格尔所谓“处于沉沦状态的异化的共在”，绝大多数个体的人格特质、潜能、生命价值得不到展示和开发机会，而被生活所消解掉、被群体所吞没掉。而在另一层面上，后现代性意义上、主体际性视野中的公共道德之重建，则是个体经历充分的个体化、疏离化、漂泊化之后，向群体生活的自觉回归，是生命潜能得到自我开发之后，内在价值得以充分彰显之后，人的自由自觉的生存样态的生成中所重新建构起的伦理自觉为基的公共道德信仰，人类的个体作为自觉意识到主体间性的生命特质而追求并实现了真正的属人的自由夙愿的状态，亦如海德格尔所言，是“超越性的本真的共在”。

后现代意义上的公共道德，是中古时期（传统社会）道德理想和工业初中期道德文化的双重扬弃，又是这两重道德境界的继承和发扬，是人类社会中一切积极的伦理理念的再生——重新整合与发挥。

“仁”这一范畴以经验式（日常生活式的、常识样态的）的粗放形态表达了后现代性的“主体际性”的实践理性。在当代，中国大家族的迅速解体，核心家族普遍化，传统生活中家族利己主义的制度基础和生活方式基础正在逐渐土崩瓦解，个体主体性的现代公民人格在市场经济环境中也在艰难地生长，中华文明的文化基因在传承中创新已经迈出巨大的一步。

历经现代化百年洗礼的中华民族，面临现代性后现代性意义上的公共道德重建的历史任务。新型的社会主义道德，在一种意义上说，可定义或命名为新集体主义；在另外一种意义上说，则可谓之新个人主义；在一种更完整意义上说，它是传统的个人主义和集体主义的辩证统一，是经历了人类社会历史实践的“正反合”洗礼、济汰后的公共道德之精华。

善并不在生活之外。不存在康德式的道德形而上学的绝对先天理念——绝对命令。道德的绝对的无条件的要求，纯然来自生活现实，是生活的赋格。现代社会公德的构建也只能在现实生活中着手。然而，在生活经验中渐次积淀起来的道德理念和道行命令又确然可以升华为具绝对价值的道行理念和道德命令用来指导、引导人们的道德实践。因此，康德所谓先验的道德绝对命令，其实归根结底仍是经验的（人类千百年的生存智慧、生活经验的凝结），本质不过是大智慧者对人类群体生命的超越性思考的理性结晶（深隽妙悟）罢了。

现代化问题人们讨论了许多，也很深入、具体、入微。这些年本人一直关注的是现代化的一个特殊维度：内现代化——内在的现代化，即人自身的现代化，或人格的现代化。经济上的现代化，改变了人的生存条件，财富的涌流和城市的崛起，从血缘亲情乡居的简单环境中进入陌生疏离拥护竞争激烈的城市生活环境，人们必须重新定义生活的意义，调整生存、生活方式。道德乃人的特性、特质，是人类以社会性的劳动实践为基础而升华出来的族类本质。自我意识、群体意识、族类意识，渐次升腾，构成人的伦理感悟的灵性根基，是内在的心魂特征决定了人类需有道德支撑，才能过属人的生活。道德修为的多寡深浅高低，决定人品高尚与粗野的区别。人的现代化当然也包括人们的政治生活的现代理念与实现方式的实际生成。毫无疑问，我们正在物质生活上全面进入了现代性阶段，然而在精神领域，我们能否顺利实现现代化，成为一个成熟的现代民族？在传统和现代之间，我们将如何现实地具体抉择？人类其他诸文明在现代化过程中积累下来的精神财富，有多少是我们可以简单拿来的？有多少是需要粗加工即可利用的？又有多少是需要深入加工甚至回炉重铸后才能转化为我们民族的精神营养的？又有多少根本上就是垃圾、毒草而需要认真甄别并慎重剔除的？近代以来数百年间，西方文化无疑一直保持强势并在全球具主导性。其他文明（包括中华文明）则处于相对弱势。文化的交流，对中国而言，早已不是西学东渐那种和风细雨，而是狂风暴雨、汹涌狂潮。一定意义上说，这几十年，中国几乎就浸润在欧风美雨之中并不过分（并不离谱）。欧美文化对中华民族的影响之深重远远超过任何时代或任何其他异质文化对中华文明的浸润（如佛学）。甚至在一些人的内心深处，文化认同已经发生微妙的变化或逆转，这种情况在大学生群体中更为明显。在西方科学技术源源涌入大学课堂时，其文化理念也悄然渗透于人们的心灵，民族的文化性格、文化基因发生某种嵌入式的变异已成定局。在一种意义上我们当为这种变化欢呼，因为西方文化激发了中华民族内在的雄狮般的阳刚气质，英姿勃勃、狂飙进取、阳光明媚、唯我独尊，这种自信、自立、自强的心态以及民主、自由、平等、公平、公正社会理念的追求，当是我们这个历史悠久而生命力强大的伟大民族的文化基因的内在的、固有的而被封建帝制等腐朽文化所久久压抑、泯灭的成分的现代勃兴的先声。这些生机勃勃的开拓创新的文化性格在现代化进程中得以成功开掘开发，是中华民族之大幸事。另外一个侧面，20世纪90年代以来中华民族的文化觉醒渐次开始，在大量吸收域外文化理念和生活方式，受益巨大的同时又饱受其消极（负面）因素煎熬而造成广泛的文化焦虑之后，中华文化的合理的积极的进步的心性价值诉求的再开发成为一种真正的时代呼唤。越是民族的越是世界的。越具有独特的民族文化特质，才越可构成人类文明中的稀缺资源，成为各民族可分享的精神瑰宝。以儒道释为代表的博大精深之中华文化是否可能为饱受物质主义、功利主义、消费主义为代表的现代的物化异化生活所煎熬、蹂躏（精神炼狱）的现代人提供一掬文化甘露呢？这件事很值得深入研究，本文以为，研究的重点应放在操作路径上，其可能性甚或必然性当是不言而喻的。开掘中华文化宝藏、以更富批判精神的务实态度借鉴吸收域外文化，推进中华民族人文精神的现代化是吾辈的现实责任。

在此，本文表述的文化立场是：西而不化，传而不统，兼容并包，综合创新。这也应是公共道德重建的核心理念。因之，"仁"的范畴在升返其本真的形而上学含义的同时可与"主体际性"作一种深入的比较研究并尝试实现某种精神实质上的对接、嵌入，在高扬的个体主体性旗帜下迈向"主体际性"这一理想的自由自觉的生存状态，经现代公民人格的普遍养成（为中介）而实现普遍的"仁"，于是我们可以有一种总体的乐观主义：和谐可期，大同可期，人类解放可期。

五

现代社会公德显然不应依据传统社会的等级序列与狭隘的家族血缘关系设计与践行，而应以近现代以来的自由、平等、民主、博爱、公平、公正等诸理念为基础而设计和践行。官本位和等级本位将被毫不犹豫地被现代人遗弃。北京青少年身上具有鲜明的地域色彩，就是对社会公共生活的关心，这注定了公德是他们生活中关注的一个核心和焦点。调研数据也印证着这一点。但北京青少年并不忽视也不拒绝个体的社会责任，而是自觉地将社会公德纳入自我发展和自我实现的视野。这是令人欣慰的，也是我们对未来社会公德前景乐观的主要依据。

另外一个极其重要的问题是社会公德与家庭道德、职业道德等的关系或相关性。本文以为，人的道德养成是一个整体的内在人格的塑造过程，在最基本的层面，它与个体的私德也直接相关。事实上，人类的道德人格在根本上是不能持续处在分裂状态的。人性在本质上是很难伪装的。一个人的教养如何在日常的言谈举止终会自然而然地表现出来。人作为社会性存在并不存在纯粹的私德。公德与私德之间的分野只是相对的划分罢了。很难设想一个私德修养极差的人会有良好的公德表现。同样，很难设想一个私德完美的个体会在公共场合在道德上表现得一塌糊涂。就个体的家族道德、职业道德与社会公德的关系而言，也有内在的密切联系。一定意义上可以说，社会公德不过是个体所受到的全部教育、教养的某种表达形式罢了。一个好人（善良意志被充分开发的个体）在各种场合都会自然而然地表现出善意与善行。也就是说，一个人在家庭、职场甚至私密空间的道德修养如何，一定会这样或那样地在公共场合表现出来。

本文前述讨论了“仁”与“主体际性”的内在的深度的契合性。于是，孔子所发扬光大的“仁”学就穿越2500年的时空直接与人类的后现代生存贯通起来。剥离了封建政治意识形态这张画皮后，儒学最精微的人文内核得以彰显，它直击人类作为群体性高等生物的文化本能，而与所谓的个体或群体的功利并不内在相干（当然具有外在的相关性或相干性）。这就是元伦理，也就是康德所谓的“绝对命令”（无任何外在的附加条件的命令）。人在这里发现了自己的本根：善根——自发地趋向善良的灵根善本，也即所谓文化（人文）本能。于是，人可以自豪地向生物界宣示：人类是真正的道德动物。社会化的工作即所谓教育不过是将人类的这一善良本能（灵根善本）开发出来并滋养、培植起来罢了。

社会公德建设是个现实的实践过程，理论上的铺述作为一种观念上的准备，有其必要性，但更重要的仍然是实际生活中的实实在在的建设的努力。我们期待着北京精神“爱国、创新、包容、厚德”的普遍践行，也期待着青少年群体在人文北京的建设中发挥生力军的作用，则作为首善之区的和谐北京可期。

北京东方道德研究所　傅永吉

2011年12月于京北龙泽

目　　录

上部　探索明天的希望

——北京市青少年社会公德现状大型调查研究报告

第一章　青少年社会公德核心概念辨析与界定

——北京市青少年社会公德现状大型调查前言

社会公德是人类在长期的共同生活实践中逐渐积累起来的，全体公民在社会交往和公共生活中应该遵循的行为准则，是维护社会秩序的道德底线，是现代人应具有的最简单、最起码、最普通的基本德行。社会公德水平的高低，直接影响一个国家的社会秩序、社会风气、社会凝聚力，是一个社会文明程度的重要标志。2001 年 10 月，中共中央颁布的《公民道德建设实施纲要》特别指出，在现代社会，公共生活领域不断扩大，人们相互交往日益频繁，社会公德在维护公众利益、公共秩序，保持社会稳定发展的作用更加突出，成为公民个体道德修养和社会文明程度的重要表现。2007 年 11 月，胡锦涛总书记在党的十七大报告中指出，要大力弘扬爱国主义、集体主义、社会主义思想，以增强诚信意识为重点，加强社会公德、职业道德、家庭美德、个人品德建设，发挥道德模范榜样作用，引导人们自觉履行法定义务、社会责任、家庭责任。这充分体现了社会公德在社会主义和谐社会建设中的重要作用。

青少年是国家和民族的未来和希望，其社会公德意识的强弱，直接关系到我国精神文明的面貌和社会主义现代化建设战略目标的实现。深入研究青少年社会公德意识现状，加强和改进社会公德教育，增进青少年社会公德意识，提高这一群体的社会公德水平，对建设社会主义和谐社会具有重要的理论意义和实践意义。但是，目前国内学术界中关于社会公德现状的实证研究并不多，而以北京市青少年为研究对象的则更少。目前，北京市青少年社会公德意识处在一种什么水平？其公德行为具有什么特点及存在什么问题？究竟应该如何正确看待当前这一群体的道德现状？在“滑坡”还是“爬坡”的争论中能否求证出客观正确的认识？改善的路径和进一步发展的前景和对策是什么？本课题组在参考、借鉴已有研究成果的基础上，就目前北京市青少年社会公德现状、存在的问题、公德意识教育对策等方面进行系统的研究，不仅对目前北京市青少年社会公德现状做了较为详细的描述，而且对其存在的问题做了较为深入的剖析，更重要的是，还为解决这些问题提出了具体而有效的对策，从而为提高北京市青少年社会公德素质作出了贡献，进而也丰富了我国的青少年社会公德教育知识体系。

一、社会公德概念辨析

（一）社会公德概念的历史演进

研究新时期青少年社会公德的现状、原因及对策，首先必须明确社会公德的内涵、特点与功能。社会公德的内涵、特点是评判青少年社会公德现状的理论依据，也是探求青少年社会公德存在问题的着力点，以及改变青少年的社会公德现状，提出科学合理的培育对策的现实依据。德国社会学家诺贝特·埃利亚斯（Norbert Elias）认为，“每一种历史现象，诸如人的行为或社会机构确实都有其‘形成’的过程，所以作为对它进行阐述的思维方式决不能简单地满足于人为地将这些现象从它们自然的、历史的发展中抽象出来，抹去其运动和发展的特性，并把它们视为与其形成和变化过程全不相干的静态组织”。按照这一说法，我们对社会公德概念的考察也应将其作为一种历史现象而非“静态组织”，在中国社会历史的特定背景下分析其形成和演变。

中国传统社会是一个伦理本位的社会（梁漱溟语），国是家的放大和直接推延，这就是所谓的家国同构。因此，社会关系只是作为家庭关系的泛化和扩展，“天下之大公”，也就是君主一人、一家之大私。在这样的社会结构中，中国人习惯于关心自己的家庭，要求社会成员个体从“修身、齐家”来达到“治国、平天下”，而缺乏现代社会公共生活中所必须具备的一些公共观念、道德习惯、行为准则等等，即“中国传统社会只有私德的训练，没有公德的训练”，最终形成了“知有家不知有国，知有宗族而不知有民族”，以及无所谓公德与私德的区别、公德缺失的局面。

现代意义上的公德观念直到20世纪初才在中国出现。根据陈弱水的研究，现代意义上的公德观念起自明治时期（1868—1912年）的日本，公德一词可能最早出现于福泽谕吉（1834—1901年）的《文明论概略》（1875年版），即“与外界接触而表现于社交行为的，如廉耻、公平、正直、勇敢等叫公德”。“公德”被介绍入中国，则始于梁启超1902年3月发表的《新民说》。在这篇文章中，梁启超对“公德”做了如下定义：“我国民所最缺者，公德其一端也。公德者何？人群之所以为群，国家之所以为国，赖此德以成立者也。人也者，善群之动物也……而遂能有功者，必有一物焉，贯注而联络之，然后群之实乃举。若此者谓之公德。”“道德之本体一而已。但其发表于外，则公私之名立焉。人人独善其身谓之私德，人人相善其群谓之公德，二者皆人生所不可缺之具也。”根据这一表述，梁启超提出的“公德”的最基本意思，是人的行为中能对公共利益、社群凝聚有所贡献，即“国家道德”。梁启超的“国家道德”公德观与当时中国的现状以及当时的学术界思潮有着极深的渊源。19 世纪末，特别是甲午战争之后，中国受东西方列强的侵辱日深，甚至有国亡不复的危机。在此处境下，中国知识界中兴起了“群学”的思潮，提倡“群重己轻，舍私为公”，希望打破家庭、宗族、阶级等小单位的隔阂，凝聚全民的能量，为国家和民族的大利而献身奋斗。作为群学思潮的一部分，梁启超的公德观念的一个主要指标就是国家观念与爱国心——个人小我为大我努力奉献的意志与情感。因此，在他看来，国家观念是国民道德或社会公德的主要内涵和实行方法。

在中国救亡图存和革命的特殊历史背景与时代需要下，梁启超关于社会公德的界定在很长一段历史时期内成为学术界关于这一领域的主导思想，并且成为革命组织和政党动员其追奉者为民族、国家或党派的利益而献身，以及壮大革命组织，开展革命斗争的重要思想武器。中国共产党取得全国政权以后，这种公德观直接延续为社会主义社会的道德及社会主义社会的国家道德，如新中国成立后，提出“五爱”（爱祖国、爱人民、爱劳动、爱科学、爱公共财产）公德，实际上也是国民公德的一种提法。

在 30 多年改革开放的过程中，随着工业化、城市化进程的逐渐深入，当代中国社会生活逐渐呈现出多元化的态势，国家政治生活和市民的经济、文化生活分际日趋明显，公共领域开始发育，社会生活日益丰富。在新的社会环境下，与公共领域相对应的社会公德观开始从西方传入中国，并在很短时间内获得了许多学者的认可。这种公德观把公德定义为“公共生活准则”，认为凡是与公共相关的道德规范皆囊括在内，其内容包括了人与人关系的层面、人与社会关系的层面以及人与自然关系的层面，其基本功能在于维护社会公共秩序。

社会公德究竟是指国家道德还是公共生活准则？本课题组认为，公德就其本意而言，是有别于私人道德的社会公共道德，公共性是其最基本的特征。虽然上述这两层意义在广义上都可以算做社会公德，但从更为严格的意义上，或者在现代语境中，首先应把社会公德归结为公共生活准则而非国家道德，即社会公德是人类在长期的共同生活实践中逐渐积累起来的，全体社会成员在公共生活关系中必须共同遵守的最简单的公共生活规则。其最核心的内涵就是，公民在日常生活中应该避免损害公众的集体利益以及其他个别社会成员的权益。它是一种不作为性、消极性、有所守的行为，要求人们不要为自己的利益或方便而伤害陌生人与社会。

（二）现阶段社会公德的含义

《公民道德建设实施纲要》指出：“要大力倡导以文明礼貌、助人为乐、爱护公物、保护环境、遵纪守法为主要内容的社会公德，鼓励人们在社会上做一个好公民。”这是关于社会公德基本内涵的准确概括和明确规范。

1. 文明礼貌

作为中华民族的优秀传统，文明礼貌是社会公德的基础性内容，是人们在日常人际交往中应当共同遵守的道德准则，是社会文明和个人道德修养的标志之一。文明礼貌包含的内容和要求很多，具体来讲，包括以下要求和内容：在人际交往中，衣着整洁，举止文雅，说话和气，用语得当，守时守约；尊重他人，宽以待人，相互礼让；遵守公共场所的各种规定，不影响、不妨碍他人的正常活动，等等。同时，这些要求和内容不是一成不变的，随着社会的进步，文明礼貌包含的内容和要求也会不断更新。

2. 助人为乐

助人为乐是指公民在关心、爱护人的方面所应当表现出的文明水平，集中体现为公民在社会公共生活中发扬社会主义人道主义精神，特别是要对身处困境的人们给予热情和真诚的帮助与关怀。在现实社会中，每个人都应该发扬助人为乐的精神，积极主动地爱护他人，帮助他人。

3. 爱护公物

爱护公共财物是社会公德的基本内容，就是要爱护一切公共场所的设施。爱护公物首先是要爱护单位的公物，其次是要爱护公共设施，再次是要敢于同侵占、损害、破坏公共财物的行为作斗争。在现阶段，还要注意节约公共财物。

4. 保护环境

保护生态环境，建设环境友好型社会，直接关系到最广大人民的根本利益，关系到中华民族发展的长远利益。具体而言，就是要强化生态观念，珍惜自然资源，保护生存环境；就是要爱护花草树木、野生动物、人文景观；就是要节煤、节电、节水；就是要防治废渣、废水、废气和噪声污染；就是要维护公共卫生，不随地吐痰，不乱扔垃圾。

5. 遵纪守法

遵纪守法，就是要增强法制意识，维护宪法和法律权威，学法、知法、用法，执行法规、法令和各项行政规章；就是要遵守市民守则、乡规民约、厂规校纪、公共秩序和有关制度；就是要见义勇为，敢于同违法犯罪行为作斗争。

（三）现阶段社会公德的特性

1. 社会公德的公共性

公共性是社会公德的首要特点。社会公德的公共性包括道德发生场所的公共性、道德对象的公共性、道德评价的公共性等方面。所谓道德发生场所的公共性，是指凡是公共领域内产生的涉及人们利益的道德行为都属于公德范围①；所谓道德对象的公共性，是指社会公德是社会全体成员都必须遵守的道德规范，具有最广泛的群众性和适用范围，同一社会中不分阶级、阶层、党派、民族、宗教、信仰，都须遵守，无一例外；所谓道德评价的公共性，是指道德评价的方式是公众舆论和公共良心，而道德评价标准则据于社会共同的道德要求。社会公德的公共性要求人们在进行社会公德建设的时候，要严格区分公德和私德的界限，不要把私人领域的道德要求与公共领域的公德要求混淆起来，不能把私人道德的东西“泛化”而将其作为社会公德的要求。

2. 社会公德的发展性

虽然社会公德是人们在社会公共生活中逐步积累下来的一些基本规则，是社会前进、人类文明的标志之一，但由于社会生活不断向前发展，新的社会领域、新的公共空间大量出现，例如网络虚拟空间的出现，需要新的社会公德去调节，因此，社会公德的建设需要随着实践的需要加以完善，社会公德内涵也会随着现代社会公共生活的发展而变得更加丰富。

3. 社会公德的基础性

社会公德是社会道德体系的基础层次，在每一个社会都被看做最起码的道德准则，是为维护社会公共生活的正常进行而提出的最基本的道德要求。社会公德的内容都很通俗易懂，便于实行，凡具有起码道德规范的社会成员都可以做到。遵守社会公德，是对社会生活中每个人的最低层次的道德要求，在此基础之上还有许多更高的道德标准和道德要求。社会公德水平的高低昭示着一个社会道德风气好坏的程度。

二、社会公德相关研究评述

（一）社会公德相关研究的两种取向

通过对相关文献，特别是对已有研究成果的研究，可以发现近年来国内学者对社会公德的研究呈现出非常鲜明的两种取向：第一种取向是以哲学、伦理学等学科的研究者为主体进行的思辨色彩浓厚的理论研究；第二种取向是以社会学、教育学、心理学等学科的研究者为主体进行的实证性色彩浓厚的经验研究。（本课题组的研究属于后者）

---

① 所谓公共领域要有正确的理解，不能局限在传统的理解范围。现代都市开辟的公共领域极其广阔。交通方面的公共场所有马路、街弄、江河、码头、车站、机场，以及与上述相关的公交车、出租车、轮船、飞机等交通工具。文化娱乐方面的有公园、游乐场、影剧院、图书馆、博物馆、书市、展览馆等。生活服务方面的有饭店、酒家、旅社、招待所、公共浴室、美容理发店等。经济活动方面的有商店、银行、证券交易所、人才市场各类交易场所等。住宅建筑方面的有城市公共建筑物、公共楼房、住宅小区等。此外，还有国家政府机构的办公场所、接待室，以及法庭等。

似前所述，与理论研究在社会公德领域处于主流位置，研究成果相对丰硕的现状相比①，很长一段时期内，围绕社会公德进行的经验性、实证性研究一直处于学术界的边缘地带，直到20世纪90年代中期，国内学者才尝试使用社会学的调查研究和定量分析、心理学的实验和测量等方法在这一领域进行实证性研究，以了解社会成员的社会公德现状。这一取向的研究中，青少年群体是重点研究对象，许多研究者从青年研究、教育学、心理学等角度对该群体或其中某一年龄阶段成员的社会公德现状进行了严谨的调查，调查内容主要包括青少年的公德意识和公德行为等方面。（魏曼华，1995；纪秋发，2000；穆青，2001；洪明、李丽，2002；郭明速、朱坤道，2002；夏心军，2002；史广玉、王增起、寇瑞东，2002；陈珊，2006；刘影、张小山，2006；朱巧香，2007；赵云猛，2007；金叶，2008；贺晋秀，2008，黄明理、宣云凤，2008；史捷，2008）

（二）社会公德经验研究的不足

在社会公德实证研究领域，国外学术界除了从社会学的角度关注社会成员在公共领域的具体社会交往行为外，还从政治学、法学的角度，关注公德意识的演变对现有社会规范体系的影响和改造以及对社会团结的影响，并从社会公德教育的角度出发，关注现代社会新技术的传播给社会公德教育带来的变化及其特点（Elliot Turiel，1990；Paul A. M. Van Lange，Wim B. G. Liebrand，1991；Carolien Martijn，Russell Spears，Joop Van Der Pligt，Esther Jakobs，1992；Joan G. Miller，1997；Karen Phalet，Edwin Poppw，1997；Peter H. Kahn Jr.，1997；Elliot Turiel，1997；Jeffrey A. Joireman，D. Michael Kuhlman，Paul A. M. Van Lange，Toshiaki Doi，Gregory P. Shelley，2003；Troy D. Sadler，Dana L. Zeidler，2004）。虽然国内学者在第二种取向的研究方面对于客观把握我国青少年社会公德的现状起了重大的推动作用，但与国外的研究相比，不难发现，无论从学术的规范性、分析理论视角，还是从研究深度看，国内的实证性研究还存在以下不足之处。

1. 调查对象涵盖多个学龄层次，但没有分别研究各学龄群体

目前国内学者进行的实证性研究往往把青少年作为一个整体进行调查，调查对象虽然涵盖多个学龄层次，但并没有专门区分初中生、高中生、大学生群体，更没有对某个群体的特点进行具体分析。如洪明、李丽等的《中学生社会公德状

---

① 鉴于社会公德是哲学、伦理学天然的研究领域，这些学科背景出身的学者围绕社会公德的科学内涵、社会公德的功能与作用、社会公德失范的原因以及新的社会条件下社会公德的建设路径等主题，展开广泛而深入的理论研究和讨论，取得了非常丰硕的成果。（戴升，1997；何玲华、王哲平、宋三平，1997；李承贵，1998；刘嘉桂、姜迎春，1998；许文贤，1999；余玉花，2000；马汝伟，2003；刘泽华，2003；叶文宪，2004；谢金林、陈冬梅，2003；刘清平，2004；李小宁，2006；张刚，2007；杨伟清，2008；龚群，2008；辛丽丽、郭永新，2008）

况调查分析》，乔建中、吴蓉的《中学生公德行为的主要影响因素及其动机基础》，夏心军的《中学生社会公德调查与分析》，高金才的《青少年社会公德教育现状、原因及对策》等研究，研究者没有将高中生及初中生群体区分开来进行研究。

2. 多数研究能综合考虑公德意识及行为，但缺失理论假设，研究限于表面化

目前国内学者进行的实证性研究的内容大都包含了青少年的公德意识、行为等内容，通过调查能够发现该群体公德缺失、公德实践知行脱节以及自律意识不强等问题。例如，“从整体上看，当代青少年已经不同程度地确立了一些现代社会公德观念，具有一定的公共意识、公共精神和社会责任感，并能在行为层面有所实行，但是其行为选择与观念选择存在较大的距离，两者之间不一致，甚至彼此矛盾。从行为层面上看，社会公德的总体水平较低”（魏曼华，1995）。但是，由于学者们还没有找到合适的理论框架和理论假设，这些研究大都仅仅停留在描述现状的研究层次，而没有就其公德缺失等问题提出原因性的解释。理论思考、历史维度和问题意识缺失，往往使得这些研究缺乏一定的深度和说服力。

3. 虽然许多研究提出一些对策和建议，但是大多比较笼统，不够细致，没有针对性

许多调查研究提出一些对策和建议，例如要“科学阐释社会公德教育的基本内容”，“改进传统公德教育的教学方式和方法，建构以教师为主导、学生为主体的主体性教育模式”，“树立系统的观念，把家庭、学校、社区、社会等整合起来”，以及“提高青少年群体的社会公德自我教育能力”等，但是，由于缺乏对调查对象的分类研究，大部分对策比较笼统，缺乏针对性和可操作性。

三、青少年概念界定

虽然“青少年”是一个通俗的概念，甚至是一个在日常生活中被广泛应用的词汇，但对“青少年”一词并没有约定俗成的统一定义，更没有严谨的法律规定，不同的机构和不同的学者有着不同的见解和观点。

在中文中，“青少年”一词是近代才产生的名词，到底从何时开始使用，已经无从查考。目前，在当代的学术界，对这一词汇的内涵、外延，甚至具体年龄阶段都无法取得共识。1993 年版的《现代汉语大词典》中对“青少年”的注释是“青年和少年、年轻的男女”。1991 年版的《张氏心理词典》中关于“青少年期”的注解是：“由青春期开始到身心渐臻成熟的发展时期，女性为 12 ~ 21 岁，男性为 13 ~ 22 岁，儿童后期到成年之间的大约 10 年期称为青少年期。”1990 年版的《教育大词典》则将“青少年”分述为“少年期”和“青年期”：“少年期亦称学龄中期，指 11 ~ 15 岁的儿童向青年过渡的时期，是青春期来临、身体发育的加速期；青年期则是指个体由少年向成人过渡的发展时期。”在我国台湾，对“青少年”的解释也是多种多样。《新辞典》对青少年的解释是：“（1）指12、13岁以上，19岁以下的年轻人。（2）在发展心理学上，指由儿童变为成人的过渡期。”而学者翁宝美（2007）却认为：“青少年”是儿童期和成人期之间的过渡。青年期的年龄下限是以个体性器官的成熟为依据，上限是心智和社会发展成熟为止。每个人的发展不一致，所以并无法明确地界定时间。此外，也有“青少年”的年龄为14周岁至20周岁的观点①。

在相关的法律条文中，对“青少年”的理解也不完全一致。例如，共青团中央、全国青联、全国学联、全国少工委《关于推荐第三届“中国青少年科技创新奖”候选人的通知》规定，“中国青少年科技创新奖”候选人的年龄在28岁以内。这给人的感觉是“青少年”的年龄上限为28岁。中共中央宣传部、中央文明办、共青团中央等《关于开展“感动”——第二届全国青少年网络短信作品大赛活动的通知》规定，凡我国35岁以下的公民均可参赛。这给人的感觉是“青少年”的年龄上限为35岁。国家体育总局、教育部、国家统计局等《关于开展2005年国民体质监测工作的通知》规定，“儿童青少年”的年龄为7~19岁，至于儿童和青少年的区分则没有做出规定。但是，中共中央宣传部、教育部、共青团中央等的《2001—2005年中国青少年科学技术普及活动指导纲要》中提到：本纲要适应于我国3~18岁儿童和青少年……根据3~18岁青少年生理和心理发育特征，以及接受教育程度，从3岁开始，每隔3岁分为一个年龄阶段，共分5个年龄阶段，分别在科学态度、科学知识和技能、科学方法以及科学行为习惯等4个方面，由浅入深、由近及远、由表及里、由形象到抽象地开展科普活动，这给人的感觉是儿童和青少年的年龄为3~18岁，至于儿童和青少年的区分则同样没有规定。

在英文中，“青少年”一词是“adolescence”，其来自拉丁文“adolescere”，其中“ad”的意思是“朝向”（toward），“olesere”则为“生长”（to grow）。“adolescence”一词包含两个意义：成长（to grow up）和即将发育成熟（to grow to maturity）。因此，《大英简明百科》则将“青少年期”（adolescence）定义为：青春期（puberty）与成人期（adulthood）之间的过渡时期（12~20岁），特征是生理方面的改变、性情绪的发展，努力寻求认同，思考模式从具体进展到抽象等。目前，在英语世界中，“青少年”（adolescence）是泛指个体完成儿童阶段后发展至成人的一段时期，是个体从不成熟的儿童期向成年期过渡的阶段。但就青

① 请参见http：//baike.baidu.com/view/842194.htm。青少年指满14周岁而不满20周岁的人（从生理、心智的发展角度讲），处于少年与青年相重合的阶段，也就是儿童时期之后，成人之前。但实际上，青少年指14周岁以上到成年之前（也就是满14周岁而不满18周岁）这段期间的人（多为学生），他们已经进入一种人身的转变期，是社会上令人重视的一个群体。

少年这一群体的年龄范围，国外也存在诸多争议。联合国教科文组织在1982年的墨西哥圆桌会议上，将“青少年”的年龄界定为14~34岁；而联合国人口活动基金会则将其定义为10~19岁的人群。

虽然在不同的语境、不同的学科中对青少年的界定是不一致的，但总的来说，不论是普通大众还是专家学者，当他们在使用“青少年”这个词的时候，通常包蕴着这种看法：青少年是兼具儿童与成人的特征，介于儿童与成人之间的中间人。处于这一阶段的个体，在生理上，身体各方面急速发展及转变，其肌肉发达，骨化逐渐完成，心血管系统发育尤快，各种活动能力（灵敏、精确、耐力）得到进一步发展，体力增强；在心理上，他们的心智有一定的成熟程度，对自己及社会环境的认识比儿童期来得深刻，但弱于成年人；在社会角色上，其开始逐渐脱离成年人的保护，但亦未能有成人的自主权及独立能力。总之，这一阶段的个体处在从不成熟的儿童期向生理、心理和社会角色上完全成熟的成年期过渡的阶段，兼具儿童与成人的特征，是介于儿童与成人之间的边缘人（marginal man）。

由于“未成年人”作为一个法律概念逐渐被人们接受，越来越多的机构和专家开始倾向于使用更规范的“未成年人”概念或者“儿童”概念。例如，根据《北京晨报》的消息，“青少年”这个概念正在“淡出”①。据北京市妇联儿童部有关人员介绍，国际上习惯把0~18岁的孩子统称为“儿童”，18岁以上为成年人。为了与国际接轨，北京市已经采纳了这一称呼方式，在北京市妇联近期出台的工作文件中，已经尽量少使用“青少年”这个词了。

根据专家的建议和青少年生理、心理、社会发展的过渡性特征以及我国青少年工作的具体情况，同时参照《中华人民共和国民法通则》第12条“十周岁以上未成年人是限制民事行为能力人，可以进行与他的年龄、智力相适应的民事活动”，以及《中国共产主义青年团章程》第1条“团员年满二十八周岁，没有担任团内职务，应该办理离团手续”的规定，本课题组在本次调查中将青少年的年龄界定为11~28岁。下限的确定也考虑了大部分青少年生理开始发育（青春期开始时间）的事实；上限则是根据青少年的生理发育完全成熟、青少年犯罪研究的主要年龄范围、人口统计方面的规定、社会习惯认为的人的社会成熟的年龄等因素。

---

① 请参见http://www.gansudaily.com.cn/20020603/501/2002603a00792010.htm。多大年龄的孩子可以过儿童节？14岁以上的青少年能不能过儿童节？记者日前从有关部门获悉，“青少年”这个概念正在“淡出”，18岁以下的孩子都是“儿童”，都可以尽情享受“六一”儿童节。北京市妇联儿童部有关人员介绍说，国际上习惯把0~18岁的孩子统称为“儿童”，18岁以上为成年人。为了与国际接轨，北京市已经采纳了这一称呼方式，在北京市妇联近期出台的工作文件中，已经尽量少使用“青少年”这个词了。

第二章　北京市青少年社会公德研究方法与样本概况

本课题组在已有研究成果的基础上，从多个角度具体剖析了北京市青少年群体及该群体中不同学龄群体的社会公德意识与行为，并试图解析青少年社会公德失范的影响机制，力争做到理论性和实践性的统一。为确保问题研究的针对性、代表性和普遍性，本次研究采纳了定量研究、质性研究和文献研究相结合的多元方法，综合使用问卷调查、深度访谈和文献方法互为补充的资料收集工具，其中以定量方法为主，质性研究、文献研究为辅（见图1）。

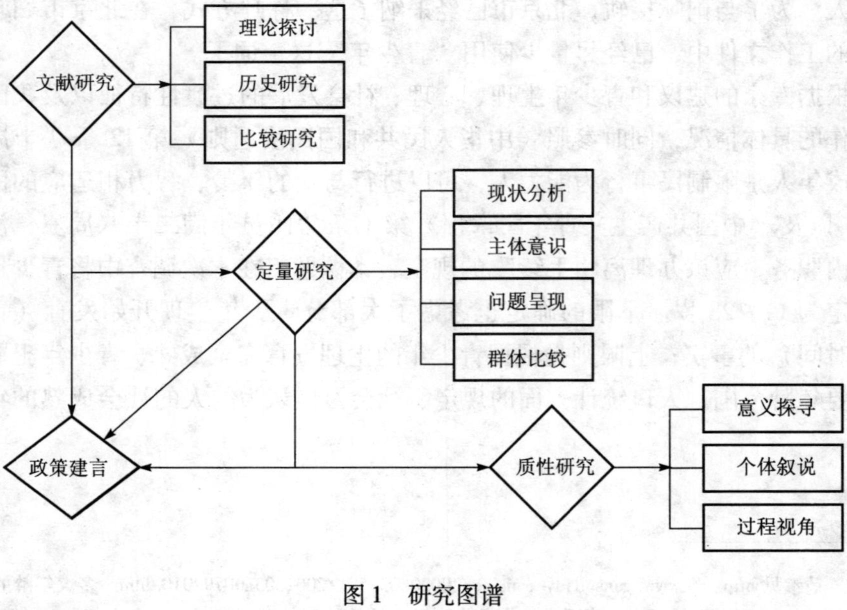

图1　研究图谱

一、定量研究方法

（一）调查问卷内容说明

个体道德活动的结构包括道德认知活动、道德情感活动、道德意志活动、道德行为活动。作为道德活动的重要组成部分，社会公德的活动结构也包括上述4个方面的内容，即社会公德认知活动、社会公德情感活动、社会公德意志活动、社会公德行为活动，其中前3项活动属于道德意识，后一项属于道德实践。因此，本课题组对北京市青少年社会公德现状的考察以《公民道德建设实施纲要》为依据，以长期观察青少年日常生活中发生的和媒体反映的某些社会公德现象为基础，围绕上述4项内容（青少年对社会公德的认知、情感、意志、行动）以及社会公德行为的动机共5个方面进行设计，具体问题主要涉及文明礼貌、遵守公共秩序、爱护公物、爱护环境、助人为乐5个方面、近20种社会公德行为，基本包括了生活中常见的社会公德内容。此外，为剖析北京市青少年社会公德活动的影响机制，本课题组还围绕青少年社会公德教育、青少年个人品质等内容设计了相关问题。

（二）抽样设计

1. 研究对象

根据本课题组对“青少年”概念的界定，本次调查对象的范围覆盖北京市18个区县常住人口①中年龄在11～28岁的青少年群体（不包括去其他省市上学、工作以及生理原因等不能接受调查的人员）。根据青少年这一群体的社会活动特征，本次研究对象包括以下两种类型：①调查期内在北京市普通中学、中等职业学校、高等教育院校及民办高等教育院校就读，年龄在11～28岁的全日制学生（主要涉及初中生、高中生、中专生、普通本专科生、研究生及民办高校学生）。②调查期内在北京市家庭、出租房、工厂宿舍等地居住，年龄在11～28岁的户籍人口及非户籍常住人口（居住满半年）。

2. 抽样方法及样本量

针对不同社会身份的青少年，本次调查主要采用多阶段、分层、整群、概率比例的抽样方法抽取样本。根据2005年北京市1%人口抽样调查显示，目前北京市常住人口中年龄在10～28岁的共有457.2万人。在保障本次调查抽样误差不超过±1.7%，置信度为95%，核心变量推测总体比例为50%的条件下，通过公式$n=t^2\times p(1-p)/e^2$计算得出样本量为3 323人（其中，t为置信度95%对应的临界值1.96，p为总体中核心变量推测百分比50%，e为抽样误差±1.7%，

① 指在某地区实际居住半年以上的人口

得出样本量 $n=3\ 323$ 人）。考虑到现实调查中非可控制因素及有效回答率等因素，本课题组经专家组建议将样本量调整为 3 500 人，即本次调查的抽样比为 0.09%①，在北京市 10～28 岁的常住人口中每 1 150 人抽取 1 人。

除了从整体上把握北京市青少年社会公德现状外，本课题组还就不同群体青少年（性别、年龄、城乡、社会身份）进行了分类分析。为了确保分类分析中获得足够的样本量，课题组对不同群体的样本量进行了适当调整，最终确定了不同社会身份青少年群体的样本量（见表 1）。

表 1　不同社会身份青少年基本情况

项　目	样本量/人	占比/%
初中生	540	15. 43
高中生	530	15. 14
职高学生	300	8. 57
大学生	1 130	32..29
其他社会身份青少年（已参加工作或待业）	1 000	28. 57
合计	3 500	100. 00

二、质性研究方法

为了对定量分析得出的结论进行解释和说明，课题组还围绕相关问题，采用半开放、深度访谈的研究方法，有针对性地搜集了青少年群体的相关资料。由于 2008 年是北京市青少年通过奥运会志愿者服务向全世界充分展示其精神风貌，践行其社会公德的一年，因此，根据专家的建议，本课题组专门就志愿服务访谈了近 50 名 2008 北京奥运会的志愿者，包括赛会志愿者、城市志愿者和社会志愿者，他们都是高校二三年级的学生。在具体访谈技术上，本课题组主要要求他们谈参加 2008 北京奥运会志愿服务的感受和体会，从中发现他们社会公德的现状，探索他们践行社会公德的动机，总结他们发扬社会公德的经验，宣传他们遵守社会公德的精神。

三、样本基本信息

尽管困难很大，但在有关部门的大力支持下，课题组成员在项目负责人和执行专家的带领下仍较好地完成了课题的实地调研任务，回收到了质量可靠的问

① $f=n/N=3\ 500/4\ 572\ 000=0.\ 000\ 875=1/1\ 150$（其中 f 为抽样比，n 为样本量，N 为调查对象总数）。

卷。本次调查总计发放 3 500 份问卷，回收 3 450 份，经过两步筛选，即逻辑关系设定相关的未填项标准，及以性别、年龄、社会身份等基本变量筛选，有效问卷为 3 401 份，有效回收率为 97. 2% 。

（一）调查对象的人口特征

从性别特征看，男性为 1 560 人，女性为 1 741 人，男女比例为 1∶1. 12，女性略多于男性。从年龄结构看，本次调查中青少年的平均年龄为 19. 17 岁，其中男性为 19. 20 岁，女性为 19. 15 岁，二者基本一致。其中，11 ~ 18 岁的未成年人共有 1 394 人，占总样本的 42. 2% ；19 ~ 22 岁者共有 1 263 人，占总样本的 38. 3% ；23 ~ 28 岁者共有 644 人，占总样本的 19. 5% （见表 2）。

表 2 青少年性别及年龄结构

项目		统计指标	性别		合计
			男	女	
年龄段	11 ~ 15 岁	频数/人	326	339	665
		性别中的百分比/%	20. 9	19. 5	20. 1
	16 ~ 18 岁	频数/人	329	400	729
		性别中的百分比/%	21. 1	23. 0	22. 1
	19 ~ 22 岁	频数/人	581	682	1 263
		性别中的百分比/%	37. 2	39. 2	38. 3
	23 ~ 25 岁	频数/人	228	247	475
		性别中的百分比/%	14. 6	14. 2	14. 4
	26 ~ 28 岁	频数/人	96	73	169
		性别中的百分比/%	6. 2	4. 2	5. 1
合计		频数/人	1 560	1 741	3 301
		性别中的百分比/%	100. 0	100. 0	100. 0

（二）调查对象的社会特征

1. 调查对象的户籍及政治面貌

就户籍情况看，城市青少年居多，占总样本量的 75. 2% ，而农村青少年占 21. 3% ，与北京市青少年的分布情况比较接近（见表 3）。从政治面貌看，曾经入过党、团组织者共有 2 740 人，其中目前是共青团员的有 2 041 人，占总样本量的 60. 0% ；中共党员有 408 人，占 12. 0% ；民主党派人士有 17 人，占 0. 5% ；群众 634 人，占 18. 6% （见表 4）。

表 3 青少年户籍结构

项 目		频数/人	百分比/%	有效百分比/%	累计百分比/%
有效调查人数	农村户口	726	21.3	22.1	22.1
	城市户口	2 556	75.2	77.9	100.0
	合计	3 282	96.5	100.0	
缺失值		119	3.5		
合计		3 401	100.0		

表 4 青少年政治面貌结构

项 目		频数/人	百分比/%	有效百分比/%	累计百分比/%
有效调查人数	中共党员	408	12.0	12.1	12.1
	共青团员	2 041	60.0	60.5	72.6
	少先队员	274	8.1	8.1	80.7
	民主党派或无党派人士	17	0.5	0.5	81.2
	群众	634	18.6	18.8	100.0
	合计	3 374	99.2	100.0	
缺失值		27	0.8		
合计		3 401	100.0		

2. 调查对象的家庭背景

本课题组对调查对象家庭背景的考察是从其父亲、母亲各自的文化程度、职业两方面进行的。

从文化程度看，北京市青少年父母亲的文化程度以高中（中专/职高/中技）为主，有 1 094 名被访者父亲的文化程度是高中（中专/职高/中技），1 047 名被访者母亲的文化程度是高中（中专/职高/中技）（见表 5）。

表 5 被访者父亲、母亲的文化程度

项 目		父亲的文化程度		母亲的文化程度	
		频数/人	百分比/%	频数/人	百分比%
有效调查人数	小学及以下	171	5.0	225	6.6
	初中	913	26.8	790	23.2
	高中/中专/职高/中技	1 094	32.2	1 047	30.8
	大专/高职	436	12.8	538	15.8

续表

项　目		父亲的文化程度		母亲的文化程度	
		频数/人	百分比/%	频数/人	百分比%
有效调查人数	大学本科	552	16.2	484	14.2
	研究生及以上	205	6.0	136	4.0
	合计	3 371	99.1	3 220	94.7
缺失值		30	0.9	181	5.3
合计		3 401	100.0	3 401	100.0

从职业情况看，被访者父母亲的职业以第二产业工人为主，有850名被访者父亲、453名被访者母亲的职业属该类别，分别占样本量的25.0%和13.3%。从事农业生产劳动也是被访者父母亲职业的主要类别，分别有413名被访者父亲、383名被访者母亲的职业属该类别，各占样本量的12.1%和11.3%。另外，值得注意的是，有312名调查对象的母亲是家庭女性，不用出去工作，占样本量的9.2%（见表6）。

表6　被访者父亲、母亲的职业分布

项　目		父亲的职业		母亲的职业	
		频数/人	百分比/%	频数/人	百分比/%
有效调查人数	从事农业生产劳动	413	12.1	383	11.3
	工人	850	25.0	453	13.3
	商业、服务业、娱乐业的一般服务人员	164	4.8	178	5.2
	个体户	370	10.9	248	7.3
	公司的一般职员	365	10.7	379	11.1
	一般的公务员	171	5.0	160	4.7
	科技人员、教师、知识分子	218	6.4	288	8.5
	企业家，如经理、厂长、老板等	262	7.7	122	3.6
	各级领导干部	230	6.8	134	3.9
	其他职业的在职人员	152	4.5	232	6.8
	家庭女性，不用出去工作	8	0.2	312	9.2
	长期失业在家	26	0.8	78	2.3
	暂时没有固定工作	62	1.8	136	4.0
	离退休人员	59	1.7	155	4.6
	合计	3 350	98.5	3 258	95.8
缺失值		51	1.5	143	4.2
合计		3 401	100.0	3 401	100.0

3. 调查对象的社会身份

本课题组将青少年分为初中生、高中生、职高学生、大学生、已参加工作或待业5类人群。总样本中，初中生有530人，占样本量的15.6%；高中生有520人，占15.3%；职高学生有291人，占8.6%；大学生有1 089人，占32.0%；已参加工作或待业的青少年共有971人，占样本量的28.6%（见表7）。

表7 不同社会身份青少年基本情况

项　目	频数/人	百分比/%	有效百分比/%	累计百分比/%
初中生	530	15.6	15.6	15.6
高中生	520	15.3	15.3	30.9
职高学生	291	8.6	8.6	39.4
大学生	1 089	32.0	32.0	71.4
其他社会身份青少年（已参加工作或待业）	971	28.6	28.6	100.0
合计	3 401	100.0	100.0	

已参加工作的青少年中，高中（中专/职高/中技）文化程度者最多，有360人，占该群体的37.1%；其次是大专（高职）文化程度，有229人的文化程度属于这一层次，占该群体的23.6%；排在第三位的是大学本科，占该群体的17.0%（见表8）。在职业方面，有240人是商业、服务业、娱乐业的一般服务人员，占该群体的24.7%，其次是公司的一般职员，有222人目前的职业属于这一类别，占该群体的22.9%。另外，还有151人的职业是工人，占该群体的15.6%（见表9）。在收入方面，调查显示，88.4%的青少年的月收入低于北京市在职职工的平均工资水平，即月收入低于3 400元，大部分青少年的月收入集中在701 ~1 700元，还有9.9%的青少年的月收入在700元以下，低于北京市最低工资水平（见表10）。

表8 其他社会身份青少年文化程度情况

项　目		频数/人	百分比/%	有效百分比/%	累计百分比/%
有效调查人数	初中	155	16.0	16.5	16.5
	高中/中专/职高/中技	360	37.1	38.3	54.8
	大专/高职	229	23.6	24.4	79.2
	大学本科	165	17.0	17.6	96.8
	研究生及以上	30	3.1	3.2	100.0
缺失值		32	3.3		
合计		971	100.0		

表 9　其他社会身份青少年职业分布

	项　目	频数/人	百分比/%	有效百分比/%	累计百分比/%
有效调查人数	从事农业生产劳动	39	4.0	4.2	4.2
	工人	151	15.6	16.2	20.4
	商业、服务业、娱乐业的一般服务人员	240	24.7	25.8	46.2
	个体户	35	3.6	3.8	49.9
	公司的一般职员	222	22.9	23.8	73.8
	一般的公务员	41	4.2	4.4	78.2
	科技人员、教师、知识分子	66	6.8	7.1	85.3
	企业家，如经理、厂长、老板等	17	1.8	1.8	87.1
	其他职业的在职人员	54	5.6	5.8	92.9
	其他	66	6.8	7.1	100.0
缺失值		40	4.1		
合计		971	100.0		

表 10　其他社会身份青少年月收入分布情况

	项　目	频数/人	百分比/%	有效百分比/%	累计百分比/%
有效调查人数	没有收入	92	9.5	9.6	9.6
	0~700 元	95	9.8	9.9	19.5
	701~1 700 元	402	41.4	42.0	61.5
	1 701~3 400 元	258	26.6	26.9	88.4
	3 401~7 000 元	72	7.4	7.5	95.9
	7 001~10 000 元	17	1.8	1.8	97.7
	10 001~14 000 元	10	1.0	1.0	98.7
	多于 14 000 元	12	1.2	1.3	100.0
缺失值		13	1.3		
合计		971	100.0		

综上，本次调查研究角度新颖，研究方法科学，问卷设计具体、准确，抽样设计方案严谨，操作性强，研究对象广泛，有代表性，加上研究人员的认真而细致的工作，做到了理论性和实践性的统一，也确保了研究的针对性、代表性和普遍性。

第三章　北京市青少年社会公德现状剖析

一、北京市青少年社会公德现状整体分析[①]

似前文所述，社会公德的活动结构是由社会公德认知活动、社会公德情感活动、社会公德意志活动、社会公德行为活动等4部分构成的，因此本课题组对北京市青少年社会公德现状的考察也将从这几个部分逐一展开。

（一）青少年社会公德认知现状

调查显示，北京市大部分青少年对社会公德的整体认识基本正确，其中有96.7%的青少年能正确或比较正确地理解公德的基本含义，大多数青少年对公德与个人关系的认知基本正确，74.9%的青少年能正确理解社会公德在现代社会中的作用。但是，调查同样告诉我们，北京市青少年对公德的某些特质的认识也有模糊的一面，对社会公德建设途径的认知还比较矛盾，呈现较为分散的局面（见表11）。

似前所述，社会公德的基础性决定了社会公德是社会道德体系的基础层次，因此“社会公德是做人的基本道德品质”是对社会公德基础性特质的一种描述。就这一论断，有75.9%的青少年非常同意，20.8%的青少年对此观点比较同意，即有96.7%的青少年能正确或比较正确地理解公德的基本含义，非常同意或比较同意这一观点。这说明北京市青少年对公德在整个道德系统的位置有着比较正确而清楚的认识。

---

① 在分类分析中为确保不同社会身份青少年（初中生、高中生、职高学生、大学生及其他身份青少年）均获得足够的样本量，课题组在抽样设计中，没有按照这些群体在人群中的实际分布确定数量，而是对其进行了适当调整. 因此，在对由这些群体构成的青少年总体进行整体分析以及在各群体之间进行对比分析时，为了与实际分布情况一致，课题组按照2005年1%人口抽样提供的信息对样本量进行了加权处理，即各群体的权重分别是其在北京市常住人口中所占的比例. 本报告中的整体分析部分、不同身份青少年社会公德现状对比部分，均使用的是加权后的数据，因此可能会与其他部分数据不完全一致.

表 11　青少年对社会公德的认知情况

项　目		非常同意	比较同意	说不清	反对	非常反对	合计
社会公德是做人的基本道德品质	频数/人	2 595	711	77	20	17	3 420
	百分比/%	75.9	20.8	2.2	0.6	0.5	100.0
讲究社会公德与发扬个性是矛盾的	频数/人	564	552	764	1 086	442	3 408
	百分比/%	16.6	16.2	22.4	31.9	13.0	100.0
社会公德的性质是相对的，不同的人可以有不同的理解	频数/人	991	1 483	542	314	85	3 415
	百分比/%	29.0	43.4	15.9	9.2	2.5	100.0
只要从每个人做起，社会风气就一定会好转	频数/人	1 829	981	402	158	44	3 415
	百分比/%	53.6	28.7	11.8	4.6	1.3	100.0
社会公德问题与我无关	频数/人	296	199	236	1 167	1 512	3 412
	百分比/%	8.7	5.8	6.9	34.2	44.3	100.0
现在都是市场经济时代了，再谈社会公德就落伍了	频数/人	299	242	320	1 198	1 364	3 422
	百分比/%	8.7	7.1	9.3	35.0	39.9	100.0
生活水平提高了，社会公德自然会好转	频数/人	514	763	877	927	341	3 422
	百分比/%	15.0	22.3	25.6	27.1	10.0	100.0

但是，就社会公德的发展性而言，“讲究社会公德与发扬个性是矛盾的”，“社会公德的性质是相对的，不同的人可以有不同的理解”，正是从正反两个方面对社会公德发展性特质的操作化和具体化。可是，就第一个论断，累计有32.8%的青少年表示同意，而44.9%的人对此表示反对，还有22.4%的人表示说不清；就第二个论断，却有72.4%的青少年表示同意，而11.7%的人表示反对。这组正好矛盾的数据显示，北京市青少年对公德发展性这一特质在认识上是模糊和不清晰的。

“只要从每个人做起，社会风气一定会好转”及“社会公德问题与我无关”这两个论述也是从正反两面对社会公德与个人关系的描述。有82.30%的青少年对第一个论断表示非常同意和比较同意，有78.50%的人对后者表示反对，二者比例比较接近。由此看出，北京市青少年对公德与个人关系的认知是正确和准确的。

“现在都是市场经济时代了，再谈社会公德就落伍了”是对社会公德在现代社会中的作用的描述。就这一论述，北京市青少年尚能够对其进行正确的道德判断，分别有1 198名、1 364名青少年表示“反对”和“非常反对”，两项合计占总样本量的74.9%。

“生活水平提高了，社会公德自然会好转”是对社会公德建设途径的一种描述，就这一论述，青少年表现出处于比较矛盾的认知状态。在对这一表述上，高达25.6%的青少年对此表示“说不清”，37.3%的青少年对此表示“同意”和“比较同意”。由此可见，青少年群体对其认知呈现较为分散的局面。

从北京市青少年对社会公德的具体体现认知看，对于现代礼仪特别提倡的“文明礼貌、互相尊重”，现代市场经济特别倡导的“诚实守信”，我国传统社会长期鼓励和现代英雄主义推崇的“助人为乐、济困扶贫”，北京青少年接受程度相对较高，其中有46.8%的青少年认为社会公德首先体现为人与人之间的“文明礼貌、互相尊重”，其次是“诚实守信”，有31.3%的青少年选择了该选项，有24.9%的青少年认为社会公德还应体现在“助人为乐、济困扶贫”上，而认为人与人之间的“文明礼貌、互相尊重”是社会公德的体现的青少年有79.2%。在课题组列出的9个公德行为中，认知程度最低的是“爱护公物”“有主人翁精神”和“不影响他人”这3个行为上，平均只有12.0%，12.7%和12.8%的青少年认为这是社会公德的表现，而认为是社会公德的首要表现的比例分别是2.1%，2.3%和1.9%（见表12）。

表12 青少年对社会公德具体表现的认知情况

项目		社会公德首要体现	社会公德体现二	社会公德体现三
文明礼貌、互相尊重	频数/人	1 601	741	359
	百分比/%	46.8	21.8	10.6
诚实守信	频数/人	1 044	1 064	202
	百分比/%	30.5	31.3	5.9
助人为乐、济困扶贫	频数/人	149	466	847
	百分比/%	4.3	13.7	24.9
见义勇为，与不良现象作斗争	频数/人	127	212	308
	百分比/%	3.7	6.2	9.1
爱护公物	频数/人	73	180	211
	百分比/%	2.1	5.3	6.2
有主人翁精神	频数/人	80	112	240
	百分比/%	2.3	3.3	7.1
讲究卫生、爱护环境	频数/人	105	241	382
	百分比/%	3.1	7.1	11.2
遵守公共场所秩序	频数/人	173	303	558
	百分比/%	5.1	8.9	16.4

续表

项　目		社会公德首要体现	社会公德体现二	社会公德体现三
不影响他人	频数/人	67	79	291
	百分比/%	1.9	2.3	8.6
合计	频数/人	3 418	3 399	3 397
	百分比/%	100.0	100.0	100.0

上述结果说明，北京市青少年对社会公德的基础性位置、社会公德与个人的关系及其在现代社会中的位置与表现有比较正确的认识，他们普遍认同在公共生活中应讲公德，但是他们对社会公德发展性特质及建设途径的判断以及对公德行为的差异性认可表明北京市青少年对社会公德的认知缺乏系统学习，其目前掌握的社会公德知识是零碎的、不完整的，迫切需要推进相应的公德教育。

（二）青少年社会公德意志及情感现状

有关研究认为，北京市青少年在道德情感方面“显出淡漠的倾向，对失德行为缺乏强烈的批判意识和情感反应”（穆青，2001）。本次调查结果显示，时隔7年，北京市青少年对失德行为的评价已经发生了比较明显的变化，大多数北京市青少年对社会公德行为问题有一定道德情感共鸣。对问卷所列的13项违反社会公德行为，平均有78.25%的青少年对此表示“反感”，其中对“随地吐痰，乱扔垃圾、废弃物”及“用厕所后不冲水”这两类行为的情感评价与2001年的调查结果比较接近，分别有96.6%和97.6%的青少年表示反感和不赞成，评价比较集中；而对“在公共场所异性间过度亲密”“遇到熟人不打招呼”这两类行为则呈现不同的评价，分别有92.3%和87.5%的青少年表示反感和不赞成（见表13）。

表13　青少年对违反社会公德行为的态度和情感

项　目	反感		与我无关，但不赞成		无所谓，有时我也会这样做	
	频数/人	百分比/%	频数/人	百分比/%	频数/人	百分比/%
随地吐痰，乱扔垃圾、废弃物	3 092	90.4	211	6.2	118	3.4
用厕所后不冲水	3 095	90.5	244	7.1	83	2.4
习惯“长明灯”“长流水”	2 783	81.4	490	14.3	147	4.3
习惯插队	2 797	81.9	453	13.2	166	4.9
不按秩序上下公交车	2 783	81.4	451	13.2	184	5.4

续表

项目	反感		与我无关，但不赞成		无所谓，有时我也会这样做	
	频数/人	百分比/%	频数/人	百分比/%	频数/人	百分比/%
公共场所光膀子、脱鞋	2 758	80.8	520	15.2	137	4.0
在阅览室等需要安静的公共场所大声说话	2 868	83.8	465	13.6	88	2.6
在公共场所乱涂乱画	2 643	77.3	690	20.2	88	2.6
在公共场所异性间过度亲密	2 172	63.6	979	28.7	266	7.8
污损图书馆书籍	2 790	81.6	546	16.0	85	2.5
遇到熟人不打招呼	2 109	61.7	891	26.1	419	12.3
在观看体育比赛时随意走动	2 378	69.5	774	22.6	269	7.9
在赛场上向不喜欢的对手起哄	2 507	73.3	683	20.0	231	6.8

当有人正在做违反社会公德的行为时，只有7.3%的青少年选择了“制止违反社会公德的行为是有关部门的事，与自己不相干”，7.7%的青少年选择了“怕打击报复，敢怒不敢言”。这意味着北京市青少年对社会公德行为问题有一定道德情感共鸣（见表14）。这与2002年和2006年社会心理研究所组织的北京市民社会公德调查结果均一致①。

表14　青少年对违反社会公德行为的反应

项目	频数/人	百分比/%
在不损害自身利益的前提下出面制止	1 480	43.2
若要牺牲一定的自身利益，也会出面制止	650	19.0
随大溜，有人出面时也出面，没人出面就不出面	772	22.6
怕打击报复，敢怒不敢言	263	7.7
制止违反社会公德的行为是有关部门的事，与自己不相干	251	7.3
缺失值	8	0.2
合计	3 423	100.0

① 2002年社会心理研究所组织的北京市民社会公德调查结果表明，“当看到有人正做出违反公德的行为时”，3.4%的被调查者表示，“这是有关部门的事，与我不相关”，7.5%的被调查者表示“怕打击报复，敢怒不敢言”，15.4%的被调查者表示“随大溜，有人出面时也出面，没有人出面就不出面”，45.8%的被调查者表示“在不损害自身利益的前提下，出面劝阻制止”，只有27.9%的被调查者表示“即使牺牲一定的自身利益，也会出面劝阻制止”.

（三）青少年社会公德行为

从社会公德行为方面看，大多数北京市青少年能够较为严格地要求自己，在日常生活中能做到“文明礼貌”“爱护公物”“遵守公共秩序”“关心他人，助人为乐”“保护环境”。

1. 文明礼貌情况

在文明礼貌方面，本课题组分别在习惯行为、文明用语和待人礼节方面设计了3道问题，调查结果分别如下。

在习惯行为方面，有80.3%的青少年在与别人谈话时想打喷嚏或咳嗽时会加以遮掩或避开对方，以示尊重；而占被调查总人数的19.7%的674名选择“不加以遮掩”的被访者中，有277名（占被调查总人数的8.1%）青少年认为这是生理现象，应当顺其自然，其余占被调查总人数11.6%的青少年觉得“那样做太别扭”（见表15）。对于这些因为认识错误而保留不良行为习惯的人，只要进行必要的教育，很容易改变其不良的习惯行为。

表15　青少年习惯行为情况

项　目	频数/人	百分比/%	有效百分比/%	累计百分比/%
不加遮掩就打喷嚏或咳嗽，认为这是生理现象，顺其自然	277	8.1	8.1	8.1
不加以遮掩，觉得那样做太别扭	397	11.6	11.6	19.7
加以遮掩或避开对方，以示尊重，也认为关系到个人的修养	2 748	80.3	80.3	100.0
缺失值	2	0.0		
合计	3 423	100.0		

在文明用语方面，只有11.6%的青少年表示很少使用这些文明用语，有73.4%的青少年能够自觉使用“请”“您好”“谢谢”“对不起”“再见”等礼貌用语，有14.6%的青少年在别人提醒时会使用礼貌用语（见表16）。

表16　青少年文明用语情况

项　目	频数/人	百分比/%	有效百分比/%	累计百分比/%
很少使用	398	11.6	11.7	11.7
在别人提醒时会使用	500	14.6	14.7	26.3
能自觉使用	2 513	73.4	73.7	100.0
缺失值	11	0.3		
合计	3 423	100.0		

在待人礼节方面，只有6.6%的青少年表示会装作看不见或绕着走，有74.5%的青少年在遇到老师或认识的人时会主动热情问好，有642名（占总样本量的18.7%）青少年在别人首先问好时自己才问好（见表17）。

表17 青少年待人礼节情况

项　目	频数/人	百分比/%	有效百分比/%	累计百分比/%
别人首先问好时自己才问好	642	18.7	18.8	18.8
主动热情问好	2 551	74.5	74.6	93.4
装作看不见或绕着走	226	6.6	6.6	100.0
缺失值	5	0.1		
合计	3 423	100.0		

2. 爱护公物情况

在爱护公物方面，对于爱护草坪、不乱刻画和节约用水3个问题，有64.9%的青少年会选择绕开草坪走（见表18），有68.3%的青少年表示从不在学校的课桌、椅凳或树木上乱刻画（见表19），有80.6%的青少年看到别人没有关紧水龙头时会马上把水龙头关掉（见表20）。

表18 青少年爱护草坪情况

项　目	频数/人	百分比/%	有效百分比/%	累计百分比/%
从草坪直走过去方便快捷，没必要走远路	342	10.0	10.0	10.0
没人看管时就从草坪走过去，而有人管时就绕道走	854	24.9	25.0	35.0
绕道走，以免踩坏小草，绿化遭破坏	2 222	64.9	65.0	100.0
缺失值	5	0.2		
合计	3 423	100.0		

表19 青少年乱刻画情况

项　目	频数/人	百分比/%	有效百分比/%	累计百分比/%
无聊的时候，随手在上面刻画以解闷	536	15.7	15.7	15.7
当看到别人刻画时我也跟着刻画，凑热闹	544	15.9	15.9	31.6

续表

项　目	频数/人	百分比/%	有效百分比/%	累计百分比/%
从不乱刻画，人人都应该爱护公共财物	2 337	68.3	68.4	100.0
缺失值	6	0.2		
合计	3 423	100.0		

表 20　青少年节约用水情况

项　目	频数/人	百分比/%	有效百分比/%	累计百分比/%
不去关水龙头，认为是平常小事，无所谓	206	6.0	6.0	6.0
只是非常生气，但不是自己开的，故不去管它	457	13.3	13.4	19.4
马上去把水龙头关掉	2 758	80.6	80.6	100.0
缺失值	3	0.1		
合计	3 423	100.0		

3. 保护环境情况

在保护环境方面，对于我们设计的处理果皮或废弃物以及处理塑料袋的问题，只有 7.7% 的青少年表示会直接丢下去，有 53.7% 的青少年表示手中有果皮或废弃物时都丢进垃圾桶里，但也有 38.3% 的青少年表示如有垃圾桶就丢进去，否则就丢到废弃物多的地方（见表 21）；而在处理塑料袋时，只有 14.0% 的青少年表示从未考虑过环保问题，有 39.8% 的青少年会考虑环保问题，有 46.0% 的青少年看到相关宣传后短期内会考虑（见表 22）。

表 21　青少年处理手中果皮或废弃物情况

项　目	频数/人	百分比/%	有效百分比/%	累计百分比/%
习惯往下丢，这样方便省事	265	7.7	7.8	7.8
如有垃圾桶就丢进去，否则就丢到废弃物多的地方	1 313	38.3	38.4	46.2
都丢进垃圾桶里，注意保持环境卫生	1 837	53.7	53.8	100.0
缺失值	8	0.2		
合计	3 423	100.0		

表 22　青少年处理塑料袋情况

项　目	频数/人	百分比/%	有效百分比/%	累计百分比/%
从未考虑过	480	14.0	14.1	14.1
看到相关宣传后短期内会考虑	1 575	46.0	46.1	60.2
一直都有这种意识	1 361	39.8	39.8	100.0
缺失值	7	0.2		
合计	3 423	100.0		

当然，从更严格的标准来要求，这一结果告诉我们，保护环境还有很长的路要走。党的十七大报告明确提出建设生态文明之后，上到党中央、国务院，下到村组、社区，无不关注经济社会又好又快发展，从官方组织到民间组织，都共同认识到了保护环境的重要性，因此北京市青少年保护环境的意识有待进一步提高。

4. 遵守公共秩序情况

遵守公共秩序是社会公德的重要内容。对于骑自行车在十字路口遇红灯时的行为情况，有 56.2% 的青少年表示骑自行车在十字路口遇红灯时，不管车多车少、有无警察，都会等绿灯亮才走（见表 23）；而对于上下楼梯时右边站或行的行为，调查显示，44.1% 的青少年表示上下楼梯时不管什么情景都会靠右边站或行，24.0% 的青少年表示人多的时候会靠右边站或行（见表 24）。

表 23　青少年骑自行车在十字路口遇红灯时的行为情况

项　目	频数/人	百分比/%	有效百分比/%	累计百分比/%
车少就直接过去，车多时如有人过也跟着过	837	24.4	24.5	24.5
如有交通警察，等绿灯亮才走	649	19.0	19.0	43.6
不管车多车少、有无警察，等绿灯亮才走	1 925	56.2	56.4	100.0
缺失值	13	0.4		
合计	3 423	100.0		

表 24　青少年上下楼梯时自觉靠右边站或行的情况

项　目	频数/人	百分比/%	有效百分比/%	累计百分比/%
人多的时候会	821	24.0	24.0	24.0
人少的时候就随便站/行	1 087	31.8	31.8	55.8

续表

项　目	频数/人	百分比/%	有效百分比/%	累计百分比/%
不管什么情景都会靠右边站/行	1 511	44. 1	44. 2	100. 0
缺失值	5	0. 1		
合计	3 423	100. 0		

5. 助人为乐情况

在助人为乐方面，只有 7. 1% 的青少年表示“怕被人欺骗，根本不理睬”，有 61. 9% 的青少年表示遇到陌生人问路时不管什么情况都会热心指路（见表 25）；在公共汽车上看到一位老人或孕妇上车而没有座位时，只有 6. 1% 的青少年表示“假装没看见，不让座”，77. 2% 的表示立即主动让出座位（见表 26）；面对参加志愿者服务，高达 85. 6% 的青少年表示会参加，但表示经常参加志愿服务的青少年只有 16. 3%，在社会公德的诸多具体行为中，青少年群体中有该行为的人员比重最低（见表 27）。这一方面说明了志愿者在我国虽然刚刚起步，但在实践中通过奥运服务、地震灾区服务等活动已经逐渐被人们接受；另一方面也说明志愿活动作为一项外来的活动，迫切需要得到社会的鼓励、引导和支持。自 2009 年起，北京市鼓励大、中、小学生注册成为志愿者，参加志愿服务，是有预见性的，也是正确的、重要的①。

表 25　青少年遇到陌生人问路时的行为情况

项　目	频数/人	百分比/%	有效百分比/%	累计百分比/%
不管什么情况都会热心指路	2 118	61. 9	62. 0	62. 0
看当时自己是否有时间，没时间就找借口推托，有时间就给对方指路	1 057	30. 9	30. 9	92. 9
怕被人欺骗，根本不理睬	243	7. 1	7. 1	100. 0
缺失值	6	0. 2		
合计	3 423	100. 0		

① 据《京华时报》报道：北京市委教育工委、市教委、团市委联合制定相关意见，自 2009 年（2 月 8 日）起，北京市建立和完善学生志愿服务长效机制，引导学生积极参与志愿服务活动. 北京大、中、小学生都可在自愿的前提下，通过一定方式注册成为志愿者，参与志愿服务. 参加志愿服务的经历将在高校招生中作为录取参考.

表 26　青少年公共汽车上的让座行为

项　目	频数/人	百分比/%	有效百分比/%	累计百分比/%
立即主动让出座位	2 644	77.2	77.5	77.5
虽不太情愿，但在乘务员或司机提示下会让座	558	16.3	16.4	93.9
假装没看见，不让座	209	6.1	6.1	100.0
缺失值	12	0.3		
合计	3 423	100.0		

表 27　青少年参与志愿服务的情况

项　目	频数/人	百分比/%	有效百分比/%	累计百分比/%
经常参加志愿服务，而且很喜欢	560	16.3	16.4	16.4
偶尔参加过，以后还会继续参加	1 350	39.4	39.5	55.8
曾经参加过，但以后不会参加了	323	9.4	9.4	65.3
从来没有过，但以后有机会会参加	1 017	29.7	29.7	95.0
从来没有过，也不想参加	170	5.0	5.0	100.0
缺失值	3	0.1		
合计	3 423	100.0		

就整体而言，只有 8.4% 的青少年选择“经常习惯性地做违反公德的事情”和“从未遵守过”；有 1 838 名青少年表示在日常生活中一直都能遵守社会公德，占调查总人数的 53.7%（见表 28）。

表 28　青少年社会公德实践情况

项　目	频数/人	百分比/%	有效百分比/%	累计百分比/%
一直都能遵守，总是有意识地控制自己	1 838	53.7	53.8	53.8
偶尔不能遵守，而且很容易原谅自己	1 292	37.8	37.8	91.6
经常习惯性地做违反公德的事情	200	5.8	5.8	97.4
从未遵守过	87	2.5	2.6	100.0
缺失值	6	0.2		
合计	3 423	100.00		

具体分析北京市青少年群体在社会公德行为5个维度的实践情况，51.5%的青少年认为自己一直都能做到“爱护公物”，在5个维度中排在第一位；其次是“遵守公共秩序”，有50.9%的青少年表示一直都能做到；5个维度中青少年自评实践情况最差的一项是“助人为乐”，只有40.7%的被访者表示一直都能做到（见表29）。青少年社会公德实践行为强弱维度依次为：爱护公物、遵守公共秩序、文明礼貌、保护环境和助人为乐（见表29）。关于“经常不能做到”和“从未做到过”两类社会公德实践情况，北京市青少年社会公德实践行为强弱维度则是：爱护公物（93.2%）、文明礼貌（92.7%）、保护环境（92.7%）、遵守公共秩序（92.1%）和助人为乐（88.3%）。

表29　青少年群体不同维度社会公德实践情况

项　目		一直都能做到	偶尔不能做到	经常不能做到	从未做到过	合计
日常生活中与人交往时能否做到文明礼貌	频数/人	1 612	1 558	208	42	3 421
	百分比/%	47.1	45.6	6.1	1.2	100.0
日常生活中能否做到爱护公物	频数/人	1 762	1 426	177	55	3 421
	百分比/%	51.5	41.7	5.2	1.6	100.0
日常生活中能否做到保护环境	频数/人	1 522	1 637	205	44	3 408
	百分比/%	44.7	48.0	6.0	1.3	100.0
日常生活中能否做到遵守公共秩序	频数/人	1 739	1 407	213	57	3 416
	百分比/%	50.9	41.2	6.2	1.7	100.0
日常生活中能否做到助人为乐	频数/人	1 393	1 626	303	96	3 418
	百分比/%	40.7	47.6	8.9	2.8	100.0
合计	百分比/%	46.98	44.82	6.48	1.72	100.00

（四）青少年社会公德动机剖析

为了解北京市青少年遵守社会公德的动机，本次调查设计了两个问题：一个问题是让青少年对身边朋友能否一直坚持做符合社会公德行为的情况进行评价，从间接角度分析其遵守社会公德的动机；另一个问题则是直接询问其遵守社会公德的动机。

调查结果显示，61.9%的青少年认为朋友的行为是其榜样，以后他们也会这样；另外有12.5%的青少年表示要视具体情况而定，在不损害自身利益的前提下也会坚持。在直接分析自己遵守社会公德的动机时，排在第一位的动机是“得到社会的认可和表扬”，有37.8%的青少年选择了这一动机；排在第二位的动机则是“得到伙伴群体的认同”，有20.5%的青少年选择了此项，这两项就占了总体的58.3%（见表30）。由此，本课题组认为，家长、伙伴群体、老师，以及学校和社会可以正面影响79.6%的青少年遵守社会公德；同时，家长、伙伴群体、老师、学校和社会媒体也可以从反面影响15.9%的青少年遵守社会公德。

表30 青少年遵守社会公德的动机情况

项目	频数/人	百分比/%	有效百分比/%	累计百分比/%
得到家庭/学校/社会的物质奖励	222	6.5	6.7	6.7
得到家长的认可和表扬	287	8.4	8.6	15.3
得到伙伴群体的认同	703	20.5	21.1	36.4
得到老师/学校的认可和表扬	218	6.4	6.5	42.9
得到社会的认可和表扬	1 294	37.8	38.9	81.8
怕不遵守时受到经济处罚	141	4.1	4.2	86.0
怕不遵守时受到家长的批评	87	2.5	2.6	88.6
怕不遵守时受到老师/学校的批评	40	1.2	1.2	89.9
怕不遵守时受到伙伴群体的嘲笑	104	3.0	3.1	93.0
怕不遵守时受到社会媒体的谴责	176	5.1	5.3	98.2
其他	59	1.7	1.8	100.0
缺失值	93	2.7		
合计	3 423	100.0		

综上所述，从青少年社会公德认知现状分析，北京市大部分青少年对社会公德的整体认识基本正确，对社会公德的基础性位置、社会公德与个人的关系以及其在现代社会中的位置与表现有比较正确的认识；从青少年社会公德意志及情感现状分析，大多数北京市青少年在道德情感方面不再“显出淡漠的倾向，对失德行为缺乏强烈的批判意识和情感反应”，对失德行为的评价已经发生了比较明显的变化，对社会公德行为问题有一定道德情感共鸣；从青少年社会公德行为分析，大多数北京市青少年能够较为严格地要求自己，在日常生活中能做到“文明礼貌”“诚实守信”“遵守公共秩序”“关心他人，助人为乐”“保护环境”；从青少年社会公德动机剖析分析，大多数青少年遵守社会公德是为了获得肯定和认可，只有少部分青少年遵守社会公德是因为害怕受到否定性评价和惩戒，基本符合现代社会的道德现状。当然，青少年作为国家的未来、民族的希望，如果用更高的道德标准来要求，北京市青少年对公德的某些特质的认识还有模糊的一面，对社会公德建设途径的认知也比较矛盾，表明北京市青少年对社会公德的认知缺

乏系统学习，对保护环境、建设生态文明的重要性也认识不够，迫切需要推进相应的社会公德教育。

二、不同群体青少年社会公德现状分析

1978 年召开的党的十一届三中全会是中国社会进入现代化加速期的标志性事件，在此之后，中国社会在政治、经济、文化等各个层面都发生了理性化、世俗化、异质化等具有现代化特征的快速变迁。在政治方面，我国进入了一种从"总体性社会"向"多元社会"过渡的转型期。在经济方面，我国从供给型经济转向需求型经济，从封闭和半封闭的经济转为开放型的经济，从温饱型经济转为小康型经济。在文化方面，改革开放使我国的文化在科学技术的推动下迅速与国际接轨，文化的功能、形式、内涵、传播等由单一走向了多元。在这个过程中，社会成员之间的关系也发生了从改革开放之前的价值观念、行为方式高度统一、同质性强的状态向异质化状态的转变，不同性别、不同年龄、不同地区和社会身份社会成员的价值观开始分化。因此，为了达到确切把握青少年社会公德现状的目标，除了从整体上进行分析外，还有必要按照不同社会属性对青少年进行细分，对不同群体青少年的公德现状进行深入分析。

（一）不同性别青少年社会公德现状分析

性别有两层含义，生物意义上的性别关心的是人类体质上的差异，因而是生理学的研究对象；社会学意义上的性别关心的是社会赋予男人和女人的行为模式、社会角色。在经济欠发达社会，女性的角色更多地体现在家庭的范畴，而随着人类社会进入工业文明时代，社会经济的发展与现代普适性教育的推行，使女性角色内容越来越丰富，角色意识也越来越强。中国社会正处于由前现代到现代的转换与确立时期，处于东西方文明激烈冲撞之中，传统文化和历史传统中对男女不同性别的角色期待依然发挥着非常重要的影响，但现代性又赋予了不同性别全新的角色定位和行为模式，由此所引发的强烈的角色冲突导致不同性别的青少年社会公德状况呈现了比较鲜明而又耐人寻味的差异。

1. 社会公德认知的性别差异

根据本次调查的结果，在北京市青少年的社会公德认知方面，女性对社会公德的认知程度好于男性。在"社会公德是做人的基本道德品质"这一对社会公德的描述上，虽然不同性别的青少年表示同意的比例都很高，即有 97.6% 的女性和 96.8% 的男性表示同意，但在这些人员中，有 81.7% 的女性表示非常同意，而男性表示非常同意的比例为 76.9%；在"只要从每个人做起，社会风气一定会好转"的判断上，有 87.6% 的女性表示同意，明显高于表示同意的男性比例 82.1%，同时，在这些人员中，女性中有 56.4% 的人表示非常同意，男性持这一态度的比例是 53.5%，依然低于女性（见表 31）。

表 31 青少年社会公德认知的性别差异情况

%

项目	非常同意		比较同意		说不清		反对		非常反对	
	男	女	男	女	男	女	男	女	男	女
社会公德是做人的基本道德品质	76.9	81.7	19.9	15.9	2.4	1.4	0.6	0.5	0.2	0.5
讲究社会公德与发扬个性是矛盾的	18.4	13.4	15.3	10.6	21.2	19.9	31.5	40.4	13.6	15.8
社会公德的性质是相对的，不同的人可以有不同的理解	31.8	27.7	42.7	44.6	15.8	17.3	8.2	8.5	1.5	1.9
只要从每个人做起，社会风气一定会好转	53.5	56.4	28.6	31.2	11.9	8.3	4.7	2.9	1.2	1.1
社会公德问题与我无关	7.8	4.5	4.7	3.9	6.6	4.6	36.6	32.1	44.3	54.9
现在都是市场经济时代了，再谈社会公德就落伍了	8.3	4.5	5.9	4.5	8.1	6.9	35.7	34.2	41.9	49.9
生活水平提高了，社会公德自然会好转	15.1	10.3	21.1	19.7	25.2	27.5	27.7	32.3	11.0	10.2

从不同性别青少年对社会公德具体体现的认知情况看，与整体水平非常接近。似前所述，在本课题组列出的 9 个公德行为中，北京市青少年认为人与人之

间的“文明礼貌、互相尊重”“诚实守信”和“助人为乐、济困扶贫”分别居前3位。尽管男、女性青少年排列前3位的选项同样也是“文明礼貌、互相尊重”“诚实守信”和“助人为乐、济困扶贫”，同时，男、女性认为社会公德首先体现为人与人之间的“文明礼貌、互相尊重”，其次是“诚实守信”，但从社会公德的全部体现看，男性青少年的选项排序依次是“文明礼貌、互相尊重”“诚实守信”和“助人为乐、济困扶贫”，而女性青少年的选项排序则依次是“文明礼貌、互相尊重”“助人为乐、济困扶贫”和“诚实守信”，并且，对于“讲究卫生、爱护环境”“遵守公共场所秩序”和“不影响他人”，女性青少年的认知程度也明显高于男性青少年（见表32）。

表32　青少年社会公德具体表现认知的性别差异情况

%

项　目	社会公德首要体现		社会公德体现二		社会公德体现三	
	男	女	男	女	男	女
文明礼貌、互相尊重	46.7	46.3	22.8	11.2	26.5	10.6
诚实守信	32.0	31.7	33.3	5.9	30.7	7.5
助人为乐、济困扶贫	4.2	3.8	13.1	25.8	11.3	25.8
见义勇为，与不良现象作斗争	2.7	3.0	5.8	8.6	5.0	7.4
爱护公物	2.5	1.2	4.9	5.0	3.3	4.9
有主人翁精神	1.8	2.8	3.1	7.2	2.3	5.9
讲究卫生、爱护环境	2.2	3.2	6.9	10.4	7.6	13.6
遵守公共场所秩序	5.7	6.0	7.5	16.6	10.7	16.2
不影响他人	2.1	1.9	2.6	9.3	2.6	7.9

在“社会公德是做人的基本道德品质”这一对社会公德的描述上，有97.6%的女性对此表示同意，而男性表示同意的比例为96.8%。

就社会公德发展性特性的两个论述看，56.20%的女性对“讲究社会公德与发扬个性是矛盾的”表示反对，但男性中只有45.10%的人表示反对；就“社会公德的性质是相对的，不同的人可以有不同的理解”，女性青少年中表示同意的人占43.5%，而男性中则高达74.5%的人表示同意。可见，就社会公德的这一特性而言，北京市男性青少年对其认识是比较模糊的，而女性青少年从社会公德的普适化角度出发，对其认可程度也不高。

就社会公德与个人关系的判断，女性中有56.4%的人对“只要从每个人做起，社会风气一定会好转”的论述表示非常同意，男性持这一态度的比例是53.5%，依然低于女性（见表31）；而就“社会公德问题与我无关”的论述，

87.0%的女性表示反对，男性青少年中表示反对的占80.9%。这一结果说明，北京市青少年对公德与个人关系的判断，虽然女性好于男性，但其对这一关系的认知却是不稳定和模糊的。

就社会公德在现代社会中的作用，女性中有84.10%的人对“现在都是市场经济时代了，再谈社会公德就落伍了”这一说法表示反对，男性青少年中表示反对的比例只有77.6%。

就社会公德的建设途径，有35.5%的女性对“生活水平提高了，社会公德自然会好转”表示同意，有42.5%的女性对此表示反对，还有27.5%的女性表示说不清。男性中，表示同意的比例为36.2%，表示反对的占38.7%，有19.7%的人表示说不清。这一结果说明，北京市青少年对社会公德的建设途径认知是比较模糊的。

根据本次调查结果，北京市不同性别的青少年对社会公德的基础性位置及其在现代社会中的作用有比较清楚的认知，但其对社会公德发展性特性、与个人的关系以及其建设途径的认知是比较模糊的。从整体来看，在社会公德的认知方面，北京青少年群体中女性对社会公德的认知准确性优于男性。

2. 社会公德意志及情感的性别差异

在社会公德意志方面，对于本课题组设计的问题，即看到有人正在做违反社会公德的行为时的反应，男女性之间没有显著性差异，分别有44.4%的男性、48.4%的女性选择“在不损害自身利益的前提下出面制止”，分别有18.1%和15.2%的男性、女性选择“即便牺牲一定的自身利益，也会出面制止”，选择“随大溜，有人出面时也出面，否则就不出面”的分别占21.9%和22.8%（见表33）。

表33 青少年社会公德意志的性别差异情况

项目		性别		合计
		男	女	
在不损害自身利益的前提下出面制止	频数/人	696	844	1 540
	百分比/%	44.4	48.4	46.5
即便牺牲一定的自身利益，也会出面制止	频数/人	284	265	549
	百分比/%	18.1	15.2	16.6
随大溜，有人出面时也出面，否则就不出面	频数/人	343	397	740
	百分比/%	21.9	22.8	22.3
怕打击报复，敢怒不敢言	频数/人	112	124	236
	百分比/%	7.1	7.1	7.1

续表

项　目		性别		合计
		男	女	
制止违反社会公德的行为是有关部门的事，与自己不相干	频数/人	133	115	248
	百分比/%	8.5	6.6	7.5
合计	频数/人	1 568	1 745	3 313
	百分比/%	100.0	100.0	100.0

在社会公德情感方面，对问卷所列的13项违反社会公德的行为，男性、女性中平均分别有77.88%和83.05%的人表示“反感”，女性的道德情感更加强烈。对“随地吐痰，乱扔垃圾、废弃物”“习惯插队”“公共场所光膀子、脱鞋”，以及“在阅览室等需要安静的公共场所大声说话”“在公共场所乱涂乱画”“在公共场所异性间过度亲密”“污损图书馆书籍”这几类行为的情感评价，女性对此表示反感的比例均比男性超过5个百分点（见表34）。

表34　青少年社会公德具体表现认知的性别差异情况

%

项　目	反感		与我无关，但不赞成		无所谓，有时我也会这样做	
	男	女	男	女	男	女
随地吐痰，乱扔垃圾、废弃物	88.5	95.8	7.8	3.3	3.7	1.0
用厕所后不冲水	89.9	94.8	8.1	4.2	2.0	0.9
习惯“长明灯”“长流水”	82.5	86.3	14.4	11.0	3.1	2.7
习惯插队	83.9	89.3	11.4	8.4	4.7	2.2
不按秩序上下公交车	82.5	87.3	12.3	9.6	5.2	3.2
公共场所光膀子、脱鞋	81.0	87.0	14.9	11.5	4.1	1.4
在阅览室等需要安静的公共场所大声说话	84.9	90.8	12.5	8.2	2.7	1.0
在公共场所乱涂乱画	77.8	83.2	19.8	15.6	2.4	1.3
在公共场所异性间过度亲密	59.5	64.9	30.5	31.0	10.0	4.1
污损图书馆书籍	79.8	87.5	18.0	11.6	2.2	1.0
遇到熟人不打招呼	58.4	59.2	28.2	29.0	13.4	11.9
在观看体育比赛时随意走动	65.9	70.5	24.9	24.1	9.2	5.4
在赛场上向不喜欢的对手起哄	68.6	77.6	22.1	18.0	9.4	4.4
合计	77.88	83.05	16.90	13.96	5.23	3.01

3. 社会公德行为的性别差异

根据本次调查结果，在日常生活中，整体而言，男性青少年和女性青少年的社会公德表现都比较好，只有7.2%的男性青少年和4.9%的女性青少年“经常习惯性地做违反公德的事情”和“从未遵守过”社会公德，但是，具体来说，女性好于男性，女性中有1 137名表示在日常生活中一直都能遵守社会公德，占被调查总人数的65.2%，而男性中则只有51.3%的人表示能够一直遵守公德；对公德行为偶尔不能遵守，而且很容易原谅自己的情况中，男性有此类行为的比重也远高于女性群体（见表35）。

表35 青少年社会公德实践的性别差异情况

%

项 目	男	女	合计
一直都能遵守，总是有意识地控制自己	51.3	65.2	58.6
偶尔不能遵守，而且很容易原谅自己	41.5	30.0	35.4
经常习惯性地做违反公德的事情	4.8	3.7	4.2
从未遵守过	2.4	1.2	1.7

调查结果显示，在社会公德5个维度的具体表现上均呈现较为显著的性别差异，即在日常生活中女性青少年群体中能够一直践行社会公德的比例高于男性青少年（见表36）。

表36 青少年社会公德具体行为的性别差异情况

%

项 目	一直都能做到		偶尔不能做到		经常不能做到		从未做到过	
	男	女	男	女	男	女	男	女
日常生活中与人交往时能否做到文明礼貌（$p<0.05$）	44.6	54.0	49.0	41.6	5.4	3.4	0.9	1.0
日常生活中能否做到爱护公物（$p<0.05$）	49.9	61.7	43.7	34.8	4.7	3.0	1.7	0.5
日常生活中能否做到保护环境（$p<0.05$）	42.3	51.8	50.5	44.2	5.8	3.4	1.3	0.6
日常生活中能否做到遵守公共秩序（$p<0.05$）	51.0	58.5	42.4	36.9	5.4	3.6	1.2	0.9
日常生活中能否做到助人为乐（$p<0.05$）	39.7	43.9	49.5	49.0	8.7	5.4	2.1	1.7

男性青少年群体中，5 个维度实践情况最好的是“遵守公共秩序”，有 51.0% 的男性被访者表示一直都能做到；其次是爱护公物，男性中有 49.9% 的被访者表示能够一直做到；排在第三位的是文明礼貌，实践情况最差的一项是助人为乐，仅有 39.7% 的人表示能够一直做到。因此，对于男性来说，社会公德实践行为强弱维度依次为：遵守公共秩序、爱护公物、文明礼貌、保护环境和助人为乐。

与男性群体不同，女性中实践情况最好的是“爱护公物”，有 61.7% 的女性被访者表示一直都能做到；其次是遵守公共秩序，有 58.5% 的女性被访者表示一直都能做到；排在第三位的是文明礼貌，5 个维度中女性青少年自评实践情况最差的一项也是“助人为乐”，只有 43.9% 的被访者表示一直都能做到。总的来看，对于女性青少年来说，社会公德实践行为强弱维度依次为：爱护公物、遵守公共秩序、文明礼貌、保护环境和助人为乐。

在文明礼貌方面，86.4% 的女性青少年表示能够自觉使用“请”“您好”“谢谢”“对不起”“再见”等礼貌用语，而男性青少年中只有 73.5% 的人有此类表示，二者相差 13 个百分点；同时，只有 6.2% 的女性青少年表示很少使用礼貌用语，而表示很少使用礼貌用语的男性青少年的比例却占到 11.2%，二者相差 5 个百分点（见表 37）。与别人谈话想打喷嚏或咳嗽时，有 88.7% 的女性会加以遮掩或避开对方，以示尊重，而男性青少年选择该项的占比为 83.4%（见表 38）。在待人礼节方面，依然是女性青少年比男性做得好一些。前者在遇到老师或认识的人时主动热情问好的比例为 81.7%，男性青少年有此类行为的比例仅为 76.1%（见表 39）。

表 37　青少年文明用语使用情况的性别差异

%

项　目	男	女	合计
很少使用	11.2	6.2	8.6
在别人提醒时会使用	15.3	7.4	11.1
能自觉使用	73.5	86.4	80.3

表 38　青少年与人交流时个人卫生习惯的性别差异

%

项　目	男	女	合计
不加遮掩就打喷嚏或咳嗽，认为这是生理现象，顺其自然	7.1	4.5	5.8
不加以遮掩，觉得那样做太别扭	9.5	6.7	8.0
加以遮掩或避开对方，以示尊重，也认为关系到个人的修养	83.4	88.7	86.2

表39　青少年待人礼节的性别差异

%

项　目	男	女	合计
别人首先问好时自己才问好	17.6	13.7	15.5
主动热情问好	76.1	81.7	79.0
装作看不见或绕着走	6.3	4.6	5.4

在爱护公物方面，与文明礼貌的实践情况类似，依然是女性青少年的实践情况比男性青少年好。调查显示，女性青少年选择绕开草坪走的比例达到了74.9%，而男性则只有64.2%的人选择了此项，二者相差10个百分点（见表40）；有79.1%的女性青少年表示从不在学校的课桌、椅凳或树木上乱刻画，而男性能够坚持这一行为的比例仅为69.3%，二者相差近10个百分点（见表41）。此外，有90.0%的女性青少年看到别人没有关紧水龙头时会马上把水龙头关掉，而男性只有82.0%的人能够做到这一点，二者相差8个百分点（见表42）。

表40　青少年爱护草坪行为的性别差异

%

项　目	男	女	合计
从草坪直走过去方便快捷，没必要走远路	10.9	6.5	8.6
没人看管时就从草坪走过去，否则就绕道走	24.9	18.6	21.6
绕道走，以免踩坏小草，绿化遭破坏	64.2	74.9	69.8

表41　青少年乱刻画情况的性别差异

%

项　目	男	女	合计
无聊的时候，随手在上面刻画以解闷	15.9	11.0	13.3
当看到别人刻画时我也跟着刻画，凑热闹	14.9	9.9	12.3
从不乱刻画，人人都应该爱护公共财物	69.3	79.1	74.4

表42　青少年节约用水情况的性别差异

%

项　目	男	女	合计
不去关水龙头，认为是平常小事，无所谓	6.8	2.7	4.6
只是非常生气，但不是自己开的，不去管它	11.2	7.3	9.2
马上去把水龙头关掉	82.0	90.0	86.2

在保护环境方面，不管是男性还是女性，手中有果皮或废弃物时虽然能够做到“习惯往下丢，这样方便省事”的比例都很低，分别是7.4%和3.8%，但能够做到把手中的果皮或废弃物都丢进垃圾桶的比例也都不太高。相比较而言，能够做到“都丢进垃圾桶里，注意保持环境卫生”的男性青少年占51.3%，女性青少年占62.7%，女性青少年优于男性青少年（见表43）；在处理塑料袋的问题上，不同性别的青少年能够考虑环保问题的比例更低，有此类意识的被访者在男女青少年被访者中仅分别占37.5%和39.8%，当然从未考虑过环保问题的男性青少年和女性青少年的比例也只有15.3%和9.4%（见表44）。

表43　青少年处理垃圾行为的性别差异

%

项　目	男	女	合计
习惯往下丢，这样方便省事	7.4	3.8	5.5
如有垃圾桶就丢进去，否则就丢到废弃物多的地方	41.3	33.6	37.2
都丢进垃圾桶里，注意保持环境卫生	51.3	62.7	57.3

表44　青少年处理塑料袋情况的性别差异

%

项　目	男	女	合计
从未考虑过	15.3	9.4	12.2
看到相关宣传后短期内会考虑	47.1	50.8	49.0
一直都有这种意识	37.5	39.8	38.7

在遵守公共秩序方面，不同性别青少年的实践情况存在显著差异。对于骑自行车在十字路口遇红灯时的行为情况，有63.4%的女性青少年表示骑自行车在十字路口遇红灯时，不管车多车少、有无警察，都会等绿灯亮才走，而男性青少年能够如此的比例只占55.4%（见表45）；对于上下楼梯时靠右边站或行的行为，分别有46.7%的女性、41.6%的男性青少年表示不管什么情景都会靠右边站或行（见表46）。

表45　青少年骑自行车在十字路口遇红灯时行为的性别差异

%

项　目	男	女	合计
车少就直接过去，车多时如有人过也跟着过	28.0	23.3	25.5
如有交通警察，等绿灯亮才走	16.6	13.3	14.8
不管车多车少、有无警察，等绿灯亮才走	55.4	63.4	59.6

表 46　青少年上下楼梯时自觉靠右边站或行情况的性别差异

%

项　目	男	女	合计
人多的时候会	25.2	22.5	23.8
人少的时候就随便站/行	33.3	30.8	31.9
不管什么情景都会靠右边站/行	41.6	46.7	44.3

在助人为乐这一维度上，调查显示，遇到陌生人问路时虽然能够做到“怕被人欺骗，根本不理睬”的比例都很低，分别是 7.1% 和 5.0%，也比较接近，但经仔细研究后发现，女性青少年中有 68.8% 的人表示遇到陌生人问路时不管什么情况都会热心指路，高于有此类行为男性青少年的比例（见表 47）；对于公交车上的让座行为，依然是女性好于男性，女性中有 85.3% 的人表示会立即主动让出座位，有此类行为男性的比例为 78.4%（见表 48）。在志愿者服务方面，男性中有 15.5%、女性中有 16.1% 的被访者表示以前经常参加志愿服务。另外，有 69.5% 的男性青少年、76.1% 的女性青少年表示以后还会继续参加（见表 49）。

表 47　青少年遇到陌生人问路时的行为情况的性别差异

%

项　目	男	女	合计
不管什么情况都会热心指路	62.1	68.8	65.6
看自己当时是否有时间，没时间就找借口推托，有时间就给对方指路	30.7	26.2	28.4
怕被人欺骗，根本不理睬	7.1	5.0	6.0

表 48　青少年公共汽车上的让座行为的性别差异

%

项　目	男	女	合计
立即主动让出座位	78.4	85.3	82.1
虽不太情愿，但在乘务员或司机提示下会让座	15.7	11.3	13.4
假装没看见，不让座	5.9	3.4	4.6

表 49 青少年参与志愿服务行为的性别差异

%

项目	男	女	合计
经常参加志愿服务，而且很喜欢	15.5	16.1	15.8
偶尔参加过，以后还会继续参加	41.7	45.4	43.7
曾经参加过，但以后不会参加了	8.5	6.0	7.1
从来没有过，但以后有机会会参加	27.8	30.7	29.3
从来没有过，也不想参加	6.5	1.8	4.0

4. 社会公德动机方面的性别差异

在遵守社会公德的动机方面，女性中有 73.8% 的人认为朋友的行为是其榜样，以后他们也会这样做，而男性群体中只有 61.8% 的人选择了该项。在“视具体情况而定，在不损害自身利益的前提下我也会坚持遵守社会公德”这一选项上，能做到此的男性的比例要高于女性，其比例分别为 12.4% 和 11.4%（见表 50）。就遵守社会公德的直接动机来说，男性、女性排在第一位的动机是“得到社会的认可和表扬”，分别有 37.0% 和 45.0% 的青少年选择了这一动机；排在第二位的动机则是“得到伙伴群体的认同”，男性、女性中分别有 21.1% 和 19.5% 的青少年选择了此项。由此，本课题组认为，在遵守社会公德的动机方面，男性、女性之间存在着显著性的差异，男性比女性更容易受到同辈群体的影响，而女性在社会遵从程度方面高于男性（见表 51）。

表 50 青少年社会公德动机的性别差异情况

项目		S1 性别		合计
		男	女	
社会公德是做人的基本道德品质，他们是我的榜样，以后我也会这样	频数/人	969	1 287	2 256
	百分比/%	61.8	73.8	68.1
他们为了得到家长/学校/社会的表扬或认可，没什么大不了的	频数/人	160	100	260
	百分比/%	10.2	5.7	7.9
现代社会监控技术极其发达，他们是为了避免受到惩罚	频数/人	119	81	200
	百分比/%	7.6	4.6	6.0
视具体情况而定，在不损害自身利益的前提下我也会坚持遵守社会公德	频数/人	194	199	393
	百分比/%	12.4	11.4	11.9
视具体情况而定，他人在场时我也能够较好遵守规则，人少时则可能不遵守	频数/人	74	47	121
	百分比/%	4.7	2.7	3.7

续表

项目		S1 性别		合计
		男	女	
他们自身道德修养高，我做不到，也不想那样做	频数/人	32	18	50
	百分比/%	2.0	1.0	1.5
其他	频数/人	19	13	32
	百分比/%	1.2	0.7	1.0
合计	频数/人	1 567	1 745	3 312
	百分比/%	100.0	100.0	100.0

表 51 青少年社会公德直接动机的性别差异情况

项目		S1 性别		合计
		男	女	
得到家庭/学校/社会的物质奖励	频数/人	114	81	195
	百分比/%	7.6	4.9	6.2
得到家长的认可和表扬	频数/人	128	132	260
	百分比/%	8.6	8.0	8.2
得到伙伴群体的认同	频数/人	316	324	640
	百分比/%	21.1	19.5	20.3
得到老师/学校的认可和表扬	频数/人	116	106	222
	百分比/%	7.8	6.4	7.0
得到社会的认可和表扬	频数/人	554	746	1 300
	百分比/%	37.0	45.0	41.2
怕不遵守时受到经济处罚	频数/人	62	52	114
	百分比/%	4.1	3.1	3.6
不遵守时受到家长的批评	频数/人	33	31	64
	百分比/%	2.2	1.9	2.0
怕不遵守时受到老师/学校的批评	频数/人	25	25	50
	百分比/%	1.7	1.5	1.6
怕不遵守时受到伙伴群体的嘲笑	频数/人	40	37	77
	百分比/%	2.7	2.2	2.4

续表

项　目		S1　性别		合计
		男	女	
怕不遵守时受到社会媒体的谴责	频数/人	62	73	135
	百分比/%	4.1	4.4	4.3
其他	频数/人	46	52	98
	百分比/%	3.1	3.1	3.1
合计	频数/人	1 496	1 659	3 155
	百分比/%	100.0	100.0	100.0

综上所述，根据本次调查的结果，北京市不同性别的青少年存在着明显的性别差异：女性比男性对社会公德的认知水平更高，道德情感更稳定，更倾向于一直遵守社会公德行为。

在北京市青少年的社会公德的认知方面，女性对社会公德的认知程度和准确性好于男性；在社会公德意志方面，男女性之间没有显著性差异，但在社会公德情感方面，女性的道德情感更加强烈；在社会公德行为方面5个维度的具体表现上，女性青少年践行社会公德的比例均高于男性。因此，简单分析北京市男性与女性青少年在社会公德认知、情感、实践及动机方面的现状，北京市青少年群体中女性比男性更容易遵守社会公德。

但本课题组认为，导致这一结果的原因，不是因为女性对社会公德内容的真正认同，而是由于虽然现代教育的实施已经大大扩展了当代社会对女性角色的界定，但中国几千年的传统女性文化却仍然发挥着它巨大的规训作用，只是这种作用不再是非常明显，而是潜隐在社会的无意识层面，在悄然地继续发挥着塑造女性的功能。例如，在遵守社会公德的动机方面，女性中有73.8%的人认为朋友的行为是其榜样，以后他们也会这样做，但男性青少年的比例只有61.8%。

与传统社会固定不变的性别认同不同，由于现代社会的性别认同并不是个人特性，它与变动的社会密切相连，所以，现代的性别认同和性别建构不是一次性就可以完成的，它可以在不同的语境、不同的关系中进行多次的重复而逐渐确立。因此，随着社会环境的不断发展，北京市青少年的性别认同会朝向何种方面变化以及其会对青少年遵守社会公德行为产生什么样的影响是一个需要长期关注的问题。

（二）城乡青少年社会公德现状分析

如前文所述，从1978年开始，我国进入加速实现现代化的阶段，但作为后发外生型现代化国家，现代化的启动条件和社会历史环境的独特性，决定了中国在现代化的道路上会面临诸多困境，其中城乡二元社会结构的长期存在就是一个典型现象。美国著名经济学家刘易斯等人认为，发展中国家的经济通常是由落后的农业和先进的工业两大部门组成，二者之间存在着明显差距，由此形成二元经济。由于工业主要分布在城市，农业分布在乡村，因此工业与农业之间的差距也就同时表现为城市与乡村的差距，而且这种差距不仅仅体现在经济领域，同时也渗透到社会政治、思想文化和社会生活等方面。在城市中，社会化大生产代替了村社生产和家庭生产，社会逐渐由封闭走向开放，公共领域开始发育扩张，人们的生活越来越多地显露于社会公共空间，与之相适应，对社会公共生活规则与秩序的需求开始成为一种非常普遍的需求，并成为在这一场域生活的社会成员的必然要求。但在农村地区，受传统生产模式的限制，社会公共空间的发育非常有限，农村社会成员在社会公共空间方面的行为方式和意识自然也会受到限制。概括来说，社会公德作为公共生活中调节人与人、人与社会、人与自然关系的基本道德要求，一个国家或地区的社会经济发展程度将直接影响到该国家或地区社会公共空间的数量及类别，进而会对在该场域生活的社会成员社会公德意识和行为产生直接的影响。因而，通常来说，在社会经济发展水平高、公共空间发育良好的城市中生活的青少年，其社会公德意识和行为要好于社会经济发展水平较低，公共空间发育不充分的农村地区青少年。那么，北京市青少年的社会公德认知、行为和动机是否也会受到城乡社会经济发展水平不同的影响呢？

由于本次调查对象是北京市 18 个区县常住人口中年龄在 11～28 岁的青少年，其中必然包括出生地不是北京而是近年来到北京求学或工作的青少年。分析北京市城乡青少年社会公德水平的差异，不仅需要考虑北京市城乡社会经济发展水平，还需要考虑在全国范围内农村与城市之间的差异。

就全国范围的城乡差异而言，首先从收入来看，2000 年，城市居民可支配收入为 6 280 元，农村居民纯收入为 2 253 元，前者收入是后者的 2.79 倍。2007 年，城镇居民可支配收入为 13 786 元，农村居民收入为 4 140 元，二者之间的倍数扩大到 3.33。如果加上社会保障、教育等方面的差距，城乡之间的差距则更加显著。

其次，从教育发展水平来看，城乡之间的差距更为显著。1996 年，农村小学生预算内教育事业费平均 249 元，相当于全国小学平均水平的 82.22%，与城市相差 275.49 元。到 2003 年这个差值上升至 609.50 元，相对 1996 年上升了 151.52%。直到 2003 年这个差值才开始减小，但 2006 年这个差值又有所扩大。2006 年城市小学生均教育经费为 1 811.6 元，农村为 1 531.2 元，二者相差 280.3 元。在办学条件方面，虽然近年来政府为改造危房投入了大量资金，但是农村小学的生均危房率仍然偏高，达到生均 0.37m^2。此外，数字鸿沟的问题已见端倪。在城市的小学中，生均计算机已经达到 0.08 台，也就是说，每 12 个学生有 1 台计算机，而农村学校中每 30 个学生有 1 台计算机。在固定资产总值方面，城市小学超过农村小学的 1.9 倍。

另外需要说明的是，农村学校与城市学校在师资方面也存在显著的差异，特别是我国农村小学聘用了大量代课教师和兼任教师，目前超过 94% 的代课教师在农村或县镇的学校中任教，人数达到 45 万。另外，城乡教师素质差异悬殊。例如在城市小学中，专科以上学历的教师比例达到57.2%，该比例在县镇小学为40%，而在农村小学仅为 25.1%。在初中学校中，城市中有 43.1% 的教师具有本科以上学历，而在农村初中该比例仅有 11.4%。

就北京市而言，虽然在全国 31 个省市地区，不论是从现代化实现程度，还是从小康实现率来看，北京市都位居前列。根据北京现代化进程评价研究课题组专家的研究，早在 2001 年北京市的现代化水平就居全国内地第一。另据国家统计局发布信息，2005 年北京市全面实现小康程度已达 86.5%，其中农村城镇化综合指标数也从 2000 年的 59.6% 提高到 2005 年的 67.4%。即使这样，北京市依然存在着较为明显的城乡差距，城乡在收入、教育、社会保障以及公共空间的发育程度方面差距显著。

从北京市城乡居民收入状况可以清晰地看到城市与农村地区在经济发展方面的差距（见表 52）。1999 年，北京市农村居民家庭人均纯收入为 4 226.59 元，城镇居民家庭人均可支配收入为 9 182.76 元，城乡居民收入水平比为 2.2。之后，城乡居民收入差距持续扩大，到 2004 年达到最高峰，收入比达到 2.77。近年来，北京市政府采取多种措施提高农村居民收入并取得了一定的成效，城乡居民收入从 2005 年开始下降，但 2007 年，收入比依然达到 2.4，可见北京市城乡居民收入依然存在较大差距。

表 52　1999—2007 年北京市城乡居民收入情况

年份	农村居民 家庭人均纯收入/元	城镇居民家庭 人均可支配收入/元	城乡居民收入 水平比（农村居民 = 1）
1999	4 226.59	9 182.76	2.2
2000	4 604.5	10 349.7	2.2
2001	5 025.5	11 577.8	2.3
2002	5 398.48	12 463.92	2.31
2003	5 601.6	13 882.6	2.48
2004	6 170.33	17 116.46	2.77
2005	7 346.3	17 653.0	2.4
2006	8 275.5	19 977.5	2.4
2007	9 559	21 989	2.3

资料来源：2000—2007 年北京市统计年鉴

在教育方面，2006 年，北京市小学生均教育经费支出为 7 765. 37 元，城市生均教育经费为 8 205. 99 元，二者相差 440. 62 元；对于初中生均教育经费支出农村为 12 624. 44 元，城市为 13 072. 84 元，二者相差不到 448 元。同年，全国小学生均教育经费支出城市为 1 811. 6 元，农村为 1 531. 2 元；初中生均平均水平为 1 962. 67 元，城市为 2 161. 6 元，农村为 1 763. 75 元（见表 53）。与全国教育经费支出平均水平相比较，北京市教育经费支出较多且城乡之间的差距较小。但是，从小学、初中办学效益情况看，情况却并非如此。2006 年年底，北京市农村小学校舍面积为 2 290 000 m^2，城市为 9 450 200 m^2；在专用设备支出方面，农村小学为 52 173. 3 万元，城市小学为 327 054. 1 万元，城市是农村的 6. 27 倍。在学校图书数量方面，城市小学拥有的一般图书册数为 3 387. 6 万册，电子图书为 273. 6 万册，而农村小学仅分别有 724 万册、10. 2 万册，城市小学分别是农村小学的 4. 68 倍和 26. 8 倍（见表 54）。城乡之间的差异在中学也同样存在。

表 53　2006 年北京市小学生、初中生生均教育经费支出情况

元

项　目	农村	城市	全国
小学	7 765. 37	8 205. 99	1 671. 41
初中	12 624. 44	13 072. 84	1 962. 67

资料来源：2006 年中国教育经费统计年鉴

表 54　2006 年北京市小学、初中办学效益情况

项　目		年末校舍面积 /千平方米	年末固定资产总值 /千元	房屋和建筑物价值 /千元	专用设备价值 /千元	年末一般图书册数 /千册	年末电子图书册数 /千册
小学	城市	9 452	11 585 218	6 818 132	3 270 541	33 876	2 736
	农村	2 290	1 838 490	1 102 036	521 733	7 240	102
初中	城市	7 405	9 495 043	5 861 732	2 615 468	24 420	1 800
	农村	1 225	1 425 387	935 136	323 238	4 004	176

资料来源：2006 年中国教育经费统计年鉴

家庭收入的差距会影响到青少年成长的家庭和外界环境，而教育发展水平的悬殊则直接导致青少年接受道德教育方面的差异和其接触社会公共空间机会的差异。在不同环境中成长的青少年，其社会公德认知、情感和行为必然会受到影响，那么北京市城乡青少年的社会公德现状到底是一种什么状况呢？

1. 社会公德认知的城乡差异

问卷共列出 7 个表述，其中在北京市青少年对社会公德的基础地位认知（即

"社会公德是做人的基本道德品质")、社会公德的发展性特质（即"讲究社会公德与发扬个性是矛盾的"）和社会公德在现代社会中的作用（即"现在都是市场经济时代了，再谈社会公德就落伍了"）这3个表述上存在一定的城乡差异（见表55）。

表55　青少年社会公德认知的城乡差异情况

%

项　目	非常同意		比较同意		说不清	
	农村	城市	农村	城市	农村	城市
社会公德是做人的基本道德品质（$p<0.05$）	75.6	80.5	20.4	17.1	2.9	1.6
讲究社会公德与发扬个性是矛盾的（$p<0.05$）	16.1	15.3	12.6	13.0	27.6	18.4
社会公德的性质是相对的，不同的人可以有不同的理解（$p>0.05$）	26.9	30.3	45.0	43.4	18.2	16.2
只要从每个人做起，社会风气就一定会好转（$p>0.05$）	55.1	55.2	27.1	30.6	12.2	9.4
社会公德问题与我无关（$p>0.05$）	6.7	5.6	5.0	3.9	5.8	5.5
现在都是市场经济时代了，再谈社会公德就落伍了（$p<0.05$）	8.3	5.7	5.2	4.9	10.9	6.6
生活水平提高了，社会公德自然会好转（$p>0.05$）	13.6	12.3	21.6	20.1	26.9	26.0

项　目	反对		非常反对	
	农村	城市	农村	城市
社会公德是做人的基本道德品质（$p<0.05$）	0.4	0.5	0.7	0.2
讲究社会公德与发扬个性是矛盾的（$p<0.05$）	32.0	37.6	11.8	15.8
社会公德的性质是相对的，不同的人可以有不同的理解（$p>0.05$）	8.3	8.4	1.7	1.7
只要从每个人做起，社会风气就一定会好转（$p>0.05$）	4.1	3.8	1.5	1.0

续表

项　目	反对		非常反对	
	农村	城市	农村	城市
社会公德问题与我无关（$p>0.05$）	36.2	33.6	46.3	51.4
现在都是市场经济时代了，再谈社会公德就落伍了（$p<0.05$）	36.5	34.1	39.1	48.7
生活水平提高了，社会公德自然会好转（$p>0.05$）	28.5	30.8	9.4	10.8

在存在城乡认知差异的3个表述中，虽然对“社会公德是做人的基本道德品质”表示同意的城市青少年和农村青少年分别占97.6%和96.0%，差异不明显，但对“社会公德是做人的基本道德品质”表示非常同意的城市青少年占80.5%，高于农村青少年的75.6%。这一差异说明，在城市中，公共场所的发育使得社会公德所要求的行为已经成为青少年日常生活的一部分，社会公德已经是一种生活方式的体现。而农村公共场所发育不充分，导致社会公德所涉及的行为对于农村青少年而言比较传统，这自然会导致该群体对公德基础性作用的认知持保留态度。另外，受公共场域发展程度不同而导致认知差异的另外一个体现就是，在城乡青少年对“现在都是市场经济时代了，再谈社会公德就落伍了”的认知上，一方面有82.8%的城市青少年反对这一说法，而农村青少年中对此表示反对的只占75.6%；另一方面，13.5%的农村青少年赞成这一说法，而城市青少年对此表示赞成的只占10.6%。

在“讲究社会公德与发扬个性是矛盾的”这一表述上，城市青少年中高达53.4%的人表示反对，而农村青少年中只有43.8%的人表示反对，二者相差10个百分点，但是，对“讲究社会公德与发扬个性是矛盾的”表示认同的城乡差异并不明显。这一差异一方面从侧面反映了城市青少年在日常生活中实际遭遇到公德与个性矛盾后的一种心态，另一方面则反映出现代北京市的乡村社会传统特质依然比较浓厚，在这种社会环境中成长的农村青少年遵从性比较强。

在不明显存在城乡认知差异的表述中，分别有71.9%的农村青少年、73.7%的城市青少年对“社会公德的性质是相对的，不同的人可以有不同的理解”这一表述表示同意；有82.20%的农村青少年、85.80%的城市青少年对“只要从每个人做起，社会风气就一定会好转”的表述表示支持。但在对“生活水平提高了，社会公德自然会好转”的表述上，城市青少年中表示同意、反对和说不清的人分别占32.4%、41.6%、26.0%，而农村青少年的这一比例分别为35.2%、37.9%、26.9%。由此可见，在社会公德的建设途径上，与对前3项认知比较集中的结果相比，城乡青少年的认知呈现高度分化的状态。

分析城乡青少年对社会公德在日常生活中的具体体现的认知，结果与整体情况非常接近（见表56）。在本课题组列出的9个公德行为中，选择“文明礼貌、互相尊重”“诚实守信”和“助人为乐、济困扶贫”的居多，并且不存在明显的城乡差异。

表56　青少年社会公德具体表现认知的城乡差异情况

%

项　目	社会公德首要体现（$p>0.05$）		社会公德体现二（$p>0.05$）		社会公德体现三（$p<0.05$）	
	农村	城市	农村	城市	农村	城市
文明礼貌、互相尊重	48.4	45.8	21.9	25.9	9.1	11.4
诚实守信	29.7	32.6	34.0	31.3	5.9	7.0
助人为乐、济困扶贫	4.7	3.8	12.3	11.8	27.7	25.2
见义勇为，与不良现象作斗争	3.6	2.6	6.0	5.2	9.8	7.4
爱护公物	2.1	1.8	5.0	3.8	5.5	4.7
有主人翁精神	2.9	2.3	2.5	2.7	7.8	6.1
讲究卫生、爱护环境	2.9	2.7	7.0	7.2	13.1	11.9
遵守公共场所秩序	4.1	6.3	7.8	9.8	14.1	17.3
不影响他人	1.7	2.1	3.5	2.4	7.0	9.0

2. 社会公德意志及情感的城乡差异

在社会公德情感方面，就问卷所列的13项违反社会公德行为，城市、农村青少年中分别平均有80.65%、78.02%的人表示“反感”，城市青少年的道德情感相对而言较为强烈（见表57）。

表57　青少年社会公德具体表现认知的性别差异情况

%

项　目	反感		与我无关，但不赞成		无所谓，有时我也会这样做	
	农村	城市	农村	城市	农村	城市
随地吐痰，乱扔垃圾、废弃物（$p<0.05$）	89.7	93.2	6.3	5.1	4.0	1.8
用厕所后不冲水（$p>0.05$）	90.9	93.0	7.0	5.8	2.1	1.2

续表

项　目	反感		与我无关，但不赞成		无所谓，有时我也会这样做	
	农村	城市	农村	城市	农村	城市
习惯“长明灯”“长流水”（$p>0.05$）	82.2	85.2	14.5	12.0	3.3	2.8
习惯插队（$p<0.05$）	82.6	88.3	10.8	9.3	6.6	2.4
不按秩序上下公交车（$p<0.05$）	78.9	86.9	13.7	10.0	7.5	3.1
公共场所光膀子、脱鞋（$p<0.05$）	80.2	85.4	14.9	12.4	4.8	2.2
在阅览室等需要安静的公共场所大声说话（$p<0.05$）	84.1	89.0	13.0	9.5	2.9	1.4
在公共场所乱涂乱画（$p>0.05$）	77.8	81.3	20.2	16.9	2.1	1.8
在公共场所异性间过度亲密（$p>0.05$）	62.4	62.0	30.3	31.2	7.3	6.9
污损图书馆书籍（$p<0.05$）	80.8	84.8	16.7	13.9	2.5	1.3
遇到熟人不打招呼（$p<0.05$）	63.1	57.6	26.0	29.3	10.9	13.1
在观看体育比赛时随意走动（$p>0.05$）	70.2	67.7	22.9	24.9	6.9	7.4
在赛场上向不喜欢的对手起哄（$p>0.05$）	71.3	74.0	21.7	19.1	7.0	6.8
合计	78.02	80.65	16.77	15.34	5.22	4.02

具体而言，城市青少年对“习惯插队”“不按秩序上下公交车”“公共场所光膀子、脱鞋”和“在阅览室等需要安静的公共场所大声说话”等这些行为表示反感的比例要高于农村青少年5个百分点。另外，值得注意的是，在“遇到熟人不打招呼”这一行为的评价上，农村青少年则比城市青少年表现出了更加强烈的反感，同样高出5个百分点。

对于城乡青少年对违反社会公德行为情感评价的不同情况，一个非常重要的原因就在于现代教育的影响。早在20世纪50年代，英格尔斯等人就明确提出，教育水平与现代性有显著的正相关，教育对人的现代化起着更为直接的作用。近年来义务教育的发展，使得越来越多的适龄儿童接受到内容几乎完全一致的教育，而不管这些教育内容是否与这些儿童的具体生活场景相契合。在这种教育模式的影响下，城市和农村青少年在小学和中学中接受的教育内容基本上是一致的，因此他们会在抽象意义上形成对公德行为的认知和对违反公德行为的谴责，这显著体现在“观看体育比赛时随意走动”“在赛场上向不喜欢的对手起哄”“习惯‘长明灯’‘长流水’”，以及“在公共场所乱涂乱画”等较为常见或较为抽象的行为上，城乡青少年之间不存在显著差异。但是，对那些在日常生活中经常遭遇到的一些具体行为，由于城乡公共领域发育程度的差异，在农村中，公共交通系统、学校阅览室等公共场所建设的匮乏等原因造成农村青少年没有条件形成相应的生活习惯，因此这就造成城乡青少年在这些行为的情感评价方面存在显著差异。

另外，在对“遇到熟人不打招呼”这一行为的评价上存在城乡差异，则意味着农村社会中传统道德依然在发挥较大的影响作用，即农村依然是一个熟人社会，传统道德对人和人关系的调整作用依然存在。相对而言，在城市这样的陌生人社会中，因为遇到熟人不打招呼的行为而受到的社会压力则弱得多。

对于违反社会公德的行为，城乡差异也不明显。本次调查结果显示，分别有45.7%的农村青少年、46.9%的城市青少年选择了“在不损害自身利益的前提下出面制止”；有21.4%的农村青少年、22.7%的城市青少年选择了“随大溜，有人出面时也出面，否则就不出面”；同时，还有6.7%、7.6%的城、乡青少年选择了“怕打击报复，敢怒不敢言”（见表58）。总体而言，不论是城市青少年，还是农村青少年，其对违反社会公德行为采取是否制止的行动时，都会考虑到自身利益是否受到损害。

表58　青少年对违反社会公德行为的态度的城乡差异情况

%

项　目	农村青少年	城市青少年	合计
在不损害自身利益的前提下出面制止	45.7	46.9	46.6
若要牺牲一定的自身利益，也会出面制止	19.2	15.9	16.6
随大溜，有人出面时也出面，否则就不出面	21.4	22.7	22.4
怕打击报复，敢怒不敢言	7.6	6.7	6.9
制止违反社会公德的行为是有关部门的事，与自己不相干	6.1	7.9	7.5

注：$p > 0.05$

3. 社会公德行为的城乡差异

根据本次调查结果，就日常生活中社会公德的实践情况来说，城市青少年好于农村青少年。城市青少年中有60.1%的人表示在日常生活中一直都能遵守社会公德，而农村青少年中只有54.4%的人表示能够一直遵守公德；对公德行为偶尔不能遵守，而且很容易原谅自己以及经常习惯性违反公德的行为，会有此类行为农村青少年的比例也略高于城市青少年群体（见表59）。

表59　青少年社会公德实践的城乡差异情况

%

项　目	农村青少年	城市青少年	合计
一直都能遵守，总是有意识地控制自己	54.4	60.1	58.8
偶尔不能遵守，而且很容易原谅自己	35.8	35.1	35.3
经常习惯性地做违反公德的事情	7.2	3.3	4.2
从未遵守过	2.6	1.4	1.7

根据在社会公德的5个维度的具体表现的调查结果，在日常生活中城市青少年能够一直践行社会公德的比例高于农村青少年，其中对于“一直都能做到”践行社会公德的比例，除了在助人为乐的维度上城乡青少年的差异不显著外，在其他4个纬度上均呈现较为显著的城乡差异，差距都超过6个百分点，其中对于“日常生活中与人交往时能否做到文明礼貌”选项甚至超过11个百分点，按照差距排序分别是“文明礼貌”“保护环境”“爱护公物”“遵守公共秩序”和“助人为乐”（见表60）。

表60　青少年社会公德具体行为的城乡差异情况

%

项　目	一直都能做到		偶尔不能做到		经常不能做到		从未做到过	
	城市	农村	城市	农村	城市	农村	城市	农村
日常生活中与人交往时能否做到文明礼貌（$p<0.05$）	51.7	40.6	43.1	53.5	4.3	4.6	0.8	1.4
日常生活中能否做到爱护公物（$p<0.05$）	57.8	51.2	38.0	41.9	3.2	5.9	1.0	1.0
日常生活中能否做到保护环境（$p<0.05$）	49.4	40.4	45.6	52.4	4.2	6.0	0.8	1.2

续表

项　目	一直都能做到		偶尔不能做到		经常不能做到		从未做到过	
	城市	农村	城市	农村	城市	农村	城市	农村
日常生活中能否做到遵守公共秩序（$p<0.05$）	56.4	49.9	38.5	42.9	4.2	5.8	0.9	1.4
日常生活中能否做到助人为乐（$p>0.05$）	42.9	39.0	48.3	53.0	7.1	5.7	1.7	2.4

关于社会公德的5个维度的排序，在城市青少年中，57.8%的被访者认为自己一直都能做到“爱护公物”，在5个维度中排在第一位；其次是“遵守公共秩序”，有56.4%的被访者表示一直都能做到；5个维度中青少年自评实践情况最差的一项是“助人为乐”，只有42.9%的被访者表示一直都能做到。城市青少年社会公德实践行为强弱维度依次为：爱护公物、遵守公共秩序、文明礼貌、保护环境和助人为乐。与城市青少年的情况比较接近，农村青少年中，实践情况最好的一项也是爱护公物，有51.2%的被访者表示自己一直都能做到。其次是遵守公共秩序，实践情况最差的一项也是助人为乐，仅有39.0%的被访者表示能够一直做到。

具体来看，在文明礼貌方面，82.6%的城市青少年表示能够自觉使用“请”“您好”“谢谢”“对不起”“再见”等礼貌用语，农村青少年中只有73.1%有此类表示，二者相差近10个百分点，而“很少使用”礼貌用语的差距也在5个百分点以上（见表61）。与别人谈话想打喷嚏或咳嗽时，有87.2%的城市青少年表示会加以遮掩或避开对方，以示尊重，而农村青少年中选择该项的为82.9%，甚至高达8.6%的人认为这是生理现象，应顺其自然，所以会不加遮掩就打喷嚏或咳嗽（见表62）。但是，在待人礼节方面，城乡青少年的具体行为没有统计上的差异，城乡青少年中在遇到老师或认识的人时会主动热情问好的比例均为79%，农村青少年群体中有此类行为的比例并不比城市青少年高（见表63）。这与农村青少年对类似违反公德的行为表示反感的比例比城市高的情况不一致，但恰恰与知易行难的观点和人们接受传统道德而不一定践行传统道德的现实是一致的，也在一定程度上反映了农村青少年存在知行脱节的情况。

表61　青少年文明用语使用情况的城乡差异

%

项　目	农村青少年	城市青少年	合计
很少使用	12.6	7.3	8.5
在别人提醒时会使用	14.4	10.1	11.0
能自觉使用	73.1	82.6	80.5

表 62 青少年与人交流时个人卫生习惯的城乡差异

%

项　目	农村青少年	城市青少年	合计
不加遮掩就打喷嚏或咳嗽，认为这是生理现象，顺其自然	8.6	4.9	5.7
不加以遮掩，觉得那样做太别扭	8.6	7.9	8.0
加以遮掩或避开对方，以示尊重	82.9	87.2	86.3

表 63 青少年待人礼节的城乡差异

%

项　目	农村青少年	城市青少年	合计
别人首先问好时自己才问好	15.4	15.7	15.6
主动热情问好	79.0	79.1	79.1
装作看不见或绕着走	5.7	5.2	5.3

在爱护公物方面，如果从“一直都能做到”爱护公物的标准计算，有57.8%的城市青少年表示在日常生活中能够做到爱护公物，农村青少年中有此类表示的仅占51.2%，城市青少年的表现好于农村青少年，两者的差异呈统计显著（见表64）。但涉及一些具体行为，如爱护草坪、不乱刻画和节约用水3个问题，城乡之间的差距则不显著，分别有70.7%、67.2%的城、乡青少年会选择绕开草坪走（见表65）；有75.3%、71.4%的城、乡青少年表示从不在学校的课桌、椅凳或树木上乱刻画（见表66）；有86.8%、84.4%的城、乡青少年看到别人没有关紧水龙头时会马上把水龙头关掉（见表67）。当然，如果以“经常不能做到”和“从未做到过”爱护公物为标准来计算，虽然也是城市青少年的表现好于农村青少年，但两者的差异未呈统计显著，即城、乡青少年在爱护公物方面并不存在明显差异。

表 64 青少年爱护公物行为的城乡对比

%

项　目	日常生活中能够做到爱护公物				合计
	一直都能做到	偶尔不能做到	经常不能做到	从未做到过	
农村青少年	51.2	41.9	5.9	1.0	100.0
城市青少年	57.8	38.0	3.2	1.0	100.0
合计	56.4	38.8	3.8	1.0	100.0

表65　青少年爱护草坪行为的城乡差异

%

项　目	农村青少年	城市青少年	合计
从草坪直走过去方便快捷，没必要走远路	9.3	8.1	8.4
没人看管时就从草坪走过去，有人管就绕道走	23.5	21.2	21.7
绕道走，以免踩坏小草，绿化遭破坏	67.2	70.7	70.0

表66　青少年乱刻画情况的城乡差异

%

项　目	农村青少年	城市青少年	合计
无聊的时候，随手在上面刻画以解闷	14.8	12.8	13.3
当看到别人刻画时我也跟着刻画，凑热闹	13.8	11.8	12.3
从不乱刻画，人人都应该爱护公共财物	71.4	75.3	74.5

表67　青少年节约用水情况的城乡差异

%

项　目	农村青少年	城市青少年	合计
不去关水龙头，认为是平常小事，无所谓	4.4	4.7	4.7
只是非常生气，但不是自己开的，故不去管它	11.2	8.4	9.0
马上去把水龙头关掉	84.4	86.8	86.3

在保护环境方面，城乡青少年能够做到把手中的果皮或废弃物丢进垃圾桶的比例均不太高，能够做到的比例分别为59.3%、51.4%，城市青少年优于农村青少年（见表68）。但需要注意的是，在“如有垃圾桶就丢进去，否则就丢到废弃物多的地方”这一选项上，农村青少年的比例是40.6%，高于城市青少年的36.1%，可见这种差异是对城乡不同生活场景中的卫生要求和垃圾桶设置情况的反映，我们不能要求一个在很少见垃圾桶的社会环境中生活的青少年与城市青少年有相同的行为。在处理塑料袋的问题上，表示会考虑环保问题的城乡青少年所占的比例更低，能够有此类意识的被访者在城乡青少年被访者中仅分别占39.6%、36.8%（见表69）。

表 68 青少年处理垃圾行为的城乡对比

%

项目	农村青少年	城市青少年	合计
习惯往下丢，这样方便省事	8.0	4.7	5.4
如有垃圾桶就丢进去，否则就丢到废弃物多的地方	40.6	36.1	37.1
都丢进垃圾桶里，注意保持环境卫生	51.4	59.3	57.5

注：$p<0.05$

表 69 青少年环保意识的城乡对比

%

项目	农村青少年	城市青少年	合计
从未考虑过	14.1	11.6	12.1
看到相关宣传后短期内会考虑	49.1	48.9	48.9
一直都有这种意识	36.8	39.6	38.9

注：$p>0.05$

在遵守公共秩序方面，统计显示，“经常不能做到”和“从未做到过”遵守公共秩序的城市青少年的比例是 5.1%，低于农村青少年的 7.2%，但是“一直都能做到”遵守公共秩序在城乡青少年的行为上存在显著差异（见表 70），城市青少年的比例比农村青少年高 6 个百分点。对于骑自行车在十字路口遇红灯时的情况，有 61.1% 的城市青少年表示骑自行车在十字路口遇红灯时，不管车多车少、有无警察，都会等绿灯亮才走，但是只有 55.5% 的农村青少年表示会有此类行为，城市青少年能做到此的比例比农村青少年高 5 个百分点（见表 71）；对于上下楼梯时靠右边站或行的行为，城乡青少年的实际情况均不理想，分别只有 45.5%、40.1% 的城乡青少年表示不管什么情景都会靠右边站或行，但城市青少年能做到此的比例要比农村青少年高 5 个百分点（见表 72）。

表 70 城乡青少年遵守公共秩序的情况一览

%

项目	农村青少年	城市青少年	合计
一直都能做到	49.9	56.4	55.0
偶尔不能做到	42.9	38.5	39.5
经常不能做到	5.8	4.2	4.5
从未做到过	1.4	0.9	1.0

注：$p<0.05$

表 71　青少年骑自行车在十字路口遇红灯时的行为情况的城乡对比

%

项　目	农村青少年	城市青少年	合计
车少就直接过去，车多时如有人过也跟着过	28.2	24.7	25.5
如有交通警察，等绿灯亮才走	16.3	14.2	14.7
不管车多车少、有无警察，等绿灯亮才走	55.5	61.1	59.9

注：$p<0.05$

表 72　青少年上下楼梯时自觉靠右边站或行的情况的城乡对比

%

项　目	农村青少年	城市青少年	合计
人多的时候会	25.7	23.5	24.0
人少的时候就随便站/行	34.2	31.1	31.8
不管什么情景都会靠右边站/行	40.1	45.5	44.3

注：$p<0.05$

如上文所提，在社会公德的 5 个维度上，不论是城市青少年，还是农村青少年，助人为乐都是实践情况最差的一项。根据本次调查结果，农村青少年中有 68.7% 的人表示遇到陌生人问路时不管什么情况都会热心指路（见表 73），高于城市青少年中有此类行为的比例；在公共汽车上看到一位老人或孕妇上车而没有座位时，城市青少年的表现略好于农村青少年，前者有 82.9% 的人表示立即主动让出座位，后者有此类行为的比例为 80.2%（见表 74）。在志愿者服务方面，虽然只有 16.4%、14.1% 的城乡青少年表示经常参加志愿服务，但高达 72.6%、73.9% 的青少年表示以后还会继续参加（见表 75）。

表 73　青少年遇到陌生人问路时行为的城乡对比

%

项　目	农村青少年	城市青少年	合计
不管什么情况都会热心指路	68.7	65.3	66.1
看自己当时是否有时间，没时间就找借口推托，有时间就给对方指路	24.3	29.1	28.0
怕被人欺骗，根本不理睬	6.9	5.6	5.9

注：$p<0.05$

表 74 青少年公共汽车上的让座行为的城乡对比

%

项　目	农村青少年	城市青少年	合计
立即主动让出座位	80.2	82.9	82.3
虽不太情愿，但在乘务员或司机提示下会让座	13.6	13.2	13.3
假装没看见，不让座	6.2	3.8	4.4

注：$p<0.05$

表 75 青少年参与志愿服务行为的城乡对比

%

项　目	农村青少年	城市青少年	合计
经常参加志愿服务，而且很喜欢	14.1	16.4	15.9
偶尔参加过，以后还会继续参加	40.3	44.8	43.8
曾经参加过，但以后不会参加了	6.9	7.3	7.2
从来没有过，但以后有机会会参加	33.6	27.8	29.1
从来没有过，也不想参加	5.1	3.7	4.0

注：$p<0.05$

logistic 回归结果显示，户籍因素对青少年社会公德行为的影响呈现不一致的情况（见表 76）。与农村青少年相比，城市青少年在日常生活中偶尔不遵守社会公德的概率更低，其发生比为 0.570，即农村青少年偶尔违反社会公德行为的概率高于城市青少年。但户籍因素在其他两类行为中没有呈现统计显著性，即青少年一直遵守社会公德的行为和经常违反社会公德的行为并没有受到城乡差异的影响。

表 76 logistic 回归结果一览表

		一直都能遵守			偶尔不能遵守			经常违反		
		B	Sig.	Exp（B）	B	Sig.	Exp（B）	B	Sig.	Exp（B）
	Intercept	1.169	0.345		0.098	0.938		0.774	0.598	
参照类 = 农村	城市	−0.244	0.350	0.783	−0.562	0.033	0.570	0.407	0.183	1.503

注：① 整个模型的参照类是“从未遵守过”

② This parameter is set to zero because it is redundant

在社会公德的行为选择上，由于现代社会公德的内容主要是围绕城市公共场域而设计的，除因农村地区客观条件限制外，如无垃圾箱，无交通灯，城乡青少年在其他行为方面的区别也不甚明显，如关于尊重他人、爱护公物、遵守纪律，这说明农村地区的青少年也不同程度地具有了一些城市社会公德的意识和行为。

4. 社会公德动机的城乡差异

在遵守社会公德的动机方面，分别有69.2%的城市青少年、65.7%的农村青少年表示朋友的行为是其榜样，以后他们也会这样（见表77）。就其遵守社会公德的直接动机，虽然城乡青少年群体中，排在第一位的动机都是得到社会的认可和表扬、第二位动机均为得到伙伴群体的认同，排在第三位的是得到家长的认可和表扬，但就不同的动机而言，城乡之间存在统计上的差异。就排序为第一位的动机而言，城市青少年选择该项的占42.2%，农村青少年占了39.5%，前者高于后者；但就第二位动机来看，城市青少年选择该项的占19.5%，而农村青少年的这一比例为22.1%，前者低于后者。总体而言，本课题组认为，在遵守社会公德的动机方面，城市青少年的动机选择更倾向于现代社会中的规则，而农村青少年的行为更容易受到同辈群体的影响（见表78）。

表77　青少年社会公德动机的城乡差异情况

%

项　目	农村青少年	城市青少年	合计
社会公德是做人的基本道德品质，他们是我的榜样，以后我也会这样做	65.7	69.2	68.4
他们为了得到家长/学校/社会的表扬或认可，没什么大不了的	9.1	7.3	7.7
现代社会监控技术极其发达，他们是为了避免受到惩罚	7.2	5.8	6.1
视具体情况而定，在不损害自身利益的前提下我也会坚持遵守社会公德	11.8	11.8	11.8
视具体情况而定，他人在场时我也能够较好遵守规则，人少时则可能不遵守	3.6	3.6	3.6
他们自身道德修养高，我做不到，也不想那样做	2.2	1.2	1.4
其他	0.4	1.1	0.9

注：$p > 0.05$

表 78 青少年社会公德直接动机的城乡差异情况

%

项目	农村青少年	城市青少年	合计
得到家庭/学校/社会的物质奖励	7.4	5.8	6.2
得到家长的认可和表扬	7.8	8.4	8.2
得到伙伴群体的认同	22.1	19.5	20.1
得到老师/学校的认可和表扬	7.6	7.0	7.1
得到社会的认可和表扬	39.5	42.2	41.6

注：$p>0.05$

由于社会发展水平的不同，城市与农村地区在经济发展方面、教育方面也存在着明显的差距。在社会经济发展水平高、公共空间发育良好的城市中生活的青少年，其社会公德意识和行为要好于生活在社会经济发展水平较低、公共空间发育不充分的农村地区的青少年。在社会公德实践中，城市青少年比农村青少年更倾向于一直遵守社会公德行为。

具体来说，在社会公德认知方面，北京市青少年对社会公德的基础地位认知，由于公共场所的发育程度不同，城乡青少年对社会公德的基础地位认知也就有些不同。相对而言，农村青少年对社会公德的认知比较传统，因此对公德基础性作用的认知持保留态度，在日常生活中遵从性也比较强；在社会公德情感方面，城市青少年的道德情感相对而言较为强烈；在日常生活中就社会公德的实践情况而言，由于现代社会公德的内容主要是围绕城市公共场域来设计的，而农村地区受客观条件限制，如无垃圾箱，无交通灯，除了在助人为乐的维度上城乡青少年的差异不显著外，在文明礼貌、保护环境、爱护公物和遵守公共秩序等方面均呈现较为显著的城乡差异，城市青少年好于农村青少年；在遵守社会公德的动机方面，城市青少年的动机选择更倾向于现代社会中的规则，而农村青少年的行为更容易受到同辈群体的影响。

由于北京的农村依然是一个熟人社会，传统道德规范对人和人关系的调整作用依然发挥着潜移默化的作用，因此，在一些具体行为和社会公德观念选择的价值取向上，农村青少年更倾向于传统社会价值观念这一端，并在这些价值观念的影响下将某些观念付诸实践。此外，需要说明的是，如前文所述，由于北京市在全国 31 个省市自治区（不包括港澳台），不论是从现代化实现程度还是从小康实现率看，都位居前列，早在 2001 年北京市的现代化水平就居全国内地第一，农村城镇化程度也相对较高。由于全国范围的城乡差异更加显著，城乡青少年社会公德水平可能存在更加显著的差异。

（三）不同身份青少年社会公德现状分析[①]

这里所谓的不同身份青少年，主要是基于受教育程度的分类，包括初中生、高中生、职高学生、大学生和其他社会身份青少年（主要是非在校青少年，包括就业的青少年和非就业的青少年）。

1. 社会公德认知的身份差异

本次调查结果显示，就“社会公德是做人的基本道德品质”的叙述，大学生群体对此表示同意的比例最高，达98.2%，初中生和高中生表示同意的比例非常接近，分别占该群体调查人数的97.4%、97.5%，职高生和其他社会身份青少年群体中同意此论述的比例也很高，分别达到了96.5%和96.2%（见表79）。简单的统计推论是，虽然不同身份的青少年对社会公德基础性的认知程度均比较高，但受教育程度与对社会公德的认知还是呈现一种正相关的关系，受教育程度越高，对社会公德的认知也越好[②]。

表79 社会公德认知的群体差异

%

项目	赞同				
	初中	高中	职高	大学	非在校
社会公德是做人的基本道德品质（$p<0.05$）	97.4	97.5	96.5	98.2	96.2
讲究社会公德与发扬个性是矛盾的（$p<0.05$）	39.7	16.4	44.4	20.3	35.4
社会公德的性质是相对的，不同的人可以有不同的理解（$p<0.05$）	74.7	71.3	81.1	73.7	71.2
只要从每个人做起，社会风气就一定会好转（$p<0.05$）	88.1	91.1	80.0	86.6	80.1
社会公德问题与我无关（$p<0.05$）	5.1	6.3	22.0	6.0	17.6

① 为确保对不同社会身份青少年（初中生、高中生、职高学生、大学生及其他身份青少年）进行分类分析时获得足够的样本量，课题组在抽样设计中，没有按照这些群体在人群中的实际分布确定数量，而是对其进行了适当调整．因此，在对由这些群体构成的青少年总体进行整体分析以及在各群体之间进行对比分析时，为了与实际分布情况一致，课题组按照2005年1%人口抽样提供的信息对样本量进行了加权处理，各群体的权重分别是其在北京市常住人口所占比例．本报告中的整体分析部分、不同身份青少年社会公德现状对比部分，均使用的是加权后的数据，因此，可能会与其他部分数据不完全一致．

② 虽然职高学生的受教育年限可能长于初中生，但是，在北京市，职高学生的中考分数一般低于普通高中的学生，所以本课题组不认为受教育年限应该等同于受教育程度．

续表

项目	赞同				
	初中	高中	职高	大学	非在校
现在都是市场经济时代了，再谈社会公德就落伍了（$p<0.05$）	7.4	7.7	21.3	7.2	18.9
生活水平提高了，社会公德自然会好转（$p<0.05$）	25.3	31.9	40.2	29.8	40.6
项目	**说不清**				
	初中	高中	职高	大学	非在校
社会公德是做人的基本道德品质（$p<0.05$）	1.9	1.9	1.9	1.9	1.9
讲究社会公德与发扬个性是矛盾的（$p<0.05$）	22.8	22.8	22.8	22.8	22.8
社会公德的性质是相对的，不同的人可以有不同的理解（$p<0.05$）	17.8	17.8	17.8	17.8	17.8
只要从每个人做起，社会风气就一定会好转（$p<0.05$）	5.5	5.5	5.5	5.5	5.5
社会公德问题与我无关（$p<0.05$）	6.0	6.0	6.0	6.0	6.0
现在都是市场经济时代了，再谈社会公德就落伍了（$p<0.05$）	10.0	10.0	10.0	10.0	10.0
生活水平提高了，社会公德自然会好转（$p<0.05$）	24.7	24.7	24.7	24.7	24.7
项目	**反对**				
	初中	高中	职高	大学	非在校
社会公德是做人的基本道德品质（$p<0.05$）	0.8	0.4	1.3	0.8	1.2
讲究社会公德与发扬个性是矛盾的（$p<0.05$）	37.5	62.6	35.7	64.5	40.2
社会公德的性质是相对的，不同的人可以有不同的理解（$p<0.05$）	7.6	8.1	3.1	11.3	13.3
只要从每个人做起，社会风气就一定会好转（$p<0.05$）	6.4	2.3	9.6	2.8	6.6

续表

项　目	反对				
	初中	高中	职高	大学	非在校
社会公德问题与我无关（$p<0.05$）	88.8	90.8	70.1	90.3	74.3
现在都是市场经济时代了，再谈社会公德就落伍了（$p<0.05$）	82.6	87.6	67.7	89.2	70.1
生活水平提高了，社会公德自然会好转（$p<0.05$）	50.0	42.7	32.3	41.3	34.6

就社会公德发展性的两个论断，即“社会公德的性质是相对的，不同的人可以有不同的理解”，以及“讲究社会公德与发扬个性是矛盾的”，大部分不同身份的青少年都能够做出正确的判断，但其比例却低于社会公德基础性判断的比例。在5个不同身份的群体中，就读于职高的青少年中有81.1%的人对“社会公德的性质是相对的，不同的人可以有不同的理解”持赞同态度，初中生和大学生群体持赞同意见的人分别占74.7%、73.7%，而其他社会身份青少年群体对这个论断持赞同态度的人占的比例最低，仅为71.2%。

另外，就社会公德与个人的关系判断而言，不同身份青少年的态度是不一致的。就“只要从每个人做起，社会风气一定会好转”的论述，高中生群体中高达91.1%的人对此表示赞同；其次是初中生群体，有88.1%的人表示赞同；职高学生和其他社会身份青少年对此表示赞同的比例较低，仅为80%，与高中生群体相差近10个百分点。就“社会公德问题与我无关”这一论述，判断最为准确的依然是高中生群体，有90.8%的人表示反对；其次是大学生，有90.3%的人反对；职高学生明确表示反对的比例最低，只有70.1%。

就社会公德在现代社会中的作用来看，初中生、高中生和大学生这3个群体比较认可社会公德在市场经济条件下已经能够发挥作用，因此，分别占该群体82.6%、87.6%、89.2%的青少年对“现在都是市场经济时代了，再谈社会公德就落伍了”的表述表示反对。但另外两个群体，即职高学生和其他社会身份青少年则对社会公德在现代社会中的作用持一定程度的质疑，职高学生群体中仅有67.7%、其他社会身份青少年群体中70.1%的人对相关表述表示反对，在5个群体中所占的比例均比较低。

就社会公德的建设途径而言，青少年群体对其认知呈现较为分散的局面。就“生活水平提高了，社会公德自然会好转”的表述而言，平均来说有40.18%的青少年表示反对，有33.56%的人表示赞同，还有26.26%的青少年持中立的立场。就5个不同性质的青少年群体而言，职高和其他社会身份青少年这两个群体中持赞同意见的居多，分别有40.2%、40.6%的人表示赞同；其他3个群体青少年持反对意见的居多，50.0%的初中生、42.7%的高中生和41.3%的大学生对该论述表示反对，即这3个群体认为社会公德不是自然而然就能形成的。

就社会公德在日常生活中的具体体现而言，在本课题组列出的9个具体公德行为中，5个不同身份青少年群体均认为社会公德首先体现为人与人之间的“文明礼貌、互相尊重”，其次是“诚实守信”（见表80）。其中，46.6%的初中生、49.2%的高中生、47.4%的职高学生、43.7%的大学生群体、47.3%的其他社会身份青少年群体选择了“文明礼貌”。与文明礼貌相比，虽然“诚实守信”是其第二选择，但选择的比例就低了很多，只有29.4%的初中生、28.8%的高中生、27.3%的职高学生、37.9%的大学生群体、29.4%的其他社会身份青少年群体选择了此项。相比较而言，高中生群体比其他群体更加注重文明礼貌、相互尊重，而大学生群体更为注重诚实守信。

表80 社会公德体现的群体差异情况

%

项目		文明礼貌、互相尊重	诚实守信	助人为乐、济困扶贫	见义勇为，与不良现象作斗争	爱护公物	有主人翁精神	讲究卫生、爱护环境	遵守公共场所秩序	不影响他人
初中生	社会公德首要体现	46.6	29.4	2.1	4.7	2.1	1.3	4.5	7.6	1.7
	社会公德体现二	24.4	28.8	15.8	6.9	4.8	1.0	10.1	6.7	1.5
	社会公德体现三	10.7	9.2	27.1	10.0	3.6	3.8	15.7	12.7	7.1
高中生	社会公德首要体现	49.2	28.8	3.3	1.7	1.0	2.1	2.9	7.7	3.3
	社会公德体现二	28.4	35.6	8.9	3.3	2.5	1.7	7.7	8.9	2.9
	社会公德体现三	8.5	7.7	26.5	7.5	4.4	4.6	13.7	18.4	8.5
职高学生	社会公德首要体现	47.4	27.3	7.6	3.8	4.5	1.7	2.1	4.5	1.0
	社会公德体现二	17.4	34.7	10.4	9.0	7.3	2.8	6.2	9.7	2.4
	社会公德体现三	10.6	6.3	21.5	7.4	4.9	12.3	9.9	19.4	7.7
大学生	社会公德首要体现	43.7	37.9	4.1	1.0	1.2	3.0	1.8	5.3	1.8
	社会公德体现二	29.4	32.0	9.5	3.4	1.9	3.2	6.0	11.0	3.5
	社会公德体现三	13.1	6.4	26.0	5.8	3.6	6.6	11.7	16.9	9.8
其他社会身份青少年	社会公德首要体现	47.3	29.4	4.4	4.4	2.3	2.4	3.3	4.5	2.0
	社会公德体现二	19.5	30.7	15.2	6.8	6.2	3.7	7.1	8.6	2.1
	社会公德体现三	10.1	5.3	24.6	10.0	7.3	7.2	10.6	16.3	8.5

在社会公德的次要体现上，不论是哪个群体，都选择了“文明礼貌”和“诚实守信”这两个项目，只是排在前面的是“诚实守信”，而“文明礼貌”随后。具体来看，28.8%的初中生、35.6%的高中生、34.7%的职高学生、32.0%的大学生、30.7%的其他社会身份青少年群体认为社会公德体现在“诚实守信”上；他们选择“文明礼貌”的比例分别为24.4%、28.4%、17.4%、29.4%和19.5%。

在社会公德的体现领域之三上，不同属性的青少年群体均选择了“助人为乐、济困扶贫”，27.1%的初中生、26.5%的高中生、21.5%的职高学生、26.0%的大学生、24.6%的其他社会身份青少年选择了该项，其中初中生群体比其他任何群体都更看重这一项。

2. 社会公德意志及情感的身份差异

在社会公德情感方面，就问卷所列的13项违反社会公德行为而言，其中“随地吐痰，乱扔垃圾、废弃物”“用厕所后不冲水”“习惯‘长明灯’‘长流水’”“习惯插队”“不按秩序上下公交车”“公共场所光膀子、脱鞋”“在阅览室等需要安静的公共场所大声说话”“在公共场所乱涂乱画”和“污损图书馆书籍”等9项行为，都是其他社会身份青少年反感程度最低的，其中对于“随地吐痰，乱扔垃圾、废弃物”“用厕所后不冲水”“习惯‘长明灯’‘长流水’”“习惯插队”“不按秩序上下公交车”和“在阅览室等需要安静的公共场所大声说话”等6项行为，大学生最反感，而对于“公共场所光膀子、脱鞋”“在公共场所乱涂乱画”“污损图书馆书籍”，初中生最反感。此外，对于“在公共场所异性间过度亲密”，也是初中生最反感的，而对于“遇到熟人不打招呼”“在观看体育比赛时随意走动”和“在赛场上向不喜欢的对手起哄”3项行为，并无明显的区别。总体而言，受教育程度较高的青少年和正在接受教育的青少年总体上的社会公德情感相对而言更强烈，简单的排序是大学生、初中生或高中生、职高生、其他社会身份青少年。

就13项违反社会公德的行为而言，在初中生群体中，最为反感的行为是在“公共场所光膀子、脱鞋”，92.4%的人选择了此项；其次是“用厕所后不冲水”，有92.3%的初中生选择了该项，排在第三位的是“随地吐痰，乱扔垃圾、废弃物”，有92.1%的初中生选择此项（见表81）。高中生与职高学生这两个群体最为反感的行为都是“随地吐痰，乱扔垃圾、废弃物”，有93.1%的高中生、93.8%的职高学生选择了此项。这两个群体比较反感的第二类行为是“用厕所后不冲水”。大学生群体中，最为反感的失德行为是“用厕所后不冲水”，高达96.4%的人选择了此项，其次是“随地吐痰，乱扔垃圾、废弃物”，排在第三位的行为是“在阅览室等需要安静的公共场所大声说话”，有93.7%的大学生选择了该项。值得注意的是最后一个类别的青少年群体，即其他社会身份青少年，其比较反感的行为与大学生完全一致，只是表示反感的比例略低于大学生群体。图书馆是大学生群体日常生活中经常涉及的一个公共领域，该群体对这一领域的失德行为表示反感不言自明，但令人费解的是，其他社会身份青少年群体中竟有高达80.4%的人也对此类行为表示反感。

表81　青少年社会公德情感的群体差异情况

%

项　目	反感				
	初中	高中	职高	大学	非在校
随地吐痰，乱扔垃圾、废弃物（$p<0.05$）	92.1	93.1	93.8	95.4	88.5
用厕所后不冲水（$p<0.05$）	92.3	90.7	92.4	96.4	88.7
习惯"长明灯""长流水"（$p<0.05$）	86.0	82.6	89.7	87.8	78.5
习惯插队（$p<0.05$）	88.6	89.9	86.3	92.2	77.6
不按秩序上下公交车（$p<0.05$）	87.4	86.7	84.9	88.1	78.5
公共场所光膀子、脱鞋（$p<0.05$）	92.4	86.6	85.9	83.9	77.8
在阅览室等需要安静的公共场所大声说话（$p<0.05$）	88.1	89.2	85.5	93.7	80.4
在公共场所乱涂乱画（$p<0.05$）	84.3	81.2	81.8	83.5	74.3
在公共场所异性间过度亲密（$p<0.05$）	68.8	52.6	64.3	61.9	64.3
污损图书馆书籍（$p<0.05$）	84.0	85.9	85.2	85.6	79.6
遇到熟人不打招呼（$p<0.05$）	62.8	52.3	70.8	53.1	63.6
在观看体育比赛时随意走动（$p<0.05$）	70.6	62.9	78.4	65.5	70.1
在赛场上向不喜欢的对手起哄（$p<0.05$）	76.4	71.2	79.7	72.1	72.8
项　目	与我无关，但不赞成				
	初中	高中	职高	大学	非在校
随地吐痰，乱扔垃圾、废弃物（$p<0.05$）	6.4	6.4	5.2	2.9	7.0
用厕所后不冲水（$p<0.05$）	7.0	8.3	6.9	2.9	8.0
习惯"长明灯""长流水"（$p<0.05$）	12.3	14.9	8.6	10.3	16.0
习惯插队（$p<0.05$）	9.1	7.9	10.3	5.8	16.2
不按秩序上下公交车（$p<0.05$）	10.8	11.8	12.0	6.9	15.2
公共场所光膀子、脱鞋（$p<0.05$）	7.0	12.0	12.1	13.3	17.1
在阅览室等需要安静的公共场所大声说话（$p<0.05$）	10.9	8.9	13.1	5.4	16.3

续表

项目	与我无关，但不赞成				
	初中	高中	职高	大学	非在校
在公共场所乱涂乱画（$p<0.05$）	15.1	17.0	16.5	15.0	22.6
在公共场所异性间过度亲密（$p<0.05$）	29.5	39.5	30.2	30.5	27.0
污损图书馆书籍（$p<0.05$）	15.5	12.7	13.8	13.4	17.1
遇到熟人不打招呼（$p<0.05$）	31.0	31.3	20.6	31.7	24.2
在观看体育比赛时随意走动（$p<0.05$）	25.1	29.3	17.5	26.4	21.3
在赛场上向不喜欢的对手起哄（$p<0.05$）	20.4	21.8	15.8	18.9	20.4
项目	无所谓，有时我也会这样做				
	初中	高中	职高	大学	非在校
随地吐痰，乱扔垃圾、废弃物（$p<0.05$）	1.5	0.6	1.0	1.7	4.5
用厕所后不冲水（$p<0.05$）	0.8	1.0	0.7	0.6	3.3
习惯“长明灯”“长流水”（$p<0.05$）	1.7	2.5	1.7	1.8	5.6
习惯插队（$p<0.05$）	2.3	2.1	3.4	2.0	6.2
不按秩序上下公交车（$p<0.05$）	1.9	1.5	3.1	5.0	6.4
公共场所光膀子、脱鞋（$p<0.05$）	0.6	1.4	2.1	2.9	5.1
在阅览室等需要安静的公共场所大声说话（$p<0.05$）	0.9	1.9	1.4	0.9	3.3
在公共场所乱涂乱画（$p<0.05$）	0.6	1.7	1.7	1.5	3.2
在公共场所异性间过度亲密（$p<0.05$）	1.7	7.9	5.5	7.6	8.7
污损图书馆书籍（$p<0.05$）	0.6	1.4	1.0	0.9	3.3
遇到熟人不打招呼（$p<0.05$）	6.2	16.4	8.6	15.2	12.2
在观看体育比赛时随意走动（$p<0.05$）	4.3	7.7	4.1	8.1	8.5
在赛场上向不喜欢的对手起哄（$p<0.05$）	3.2	6.9	4.5	9.0	6.8

在问卷所列违反社会公德行为中，除了职高学生这一群体外，其他 4 个群体对社会公德情感最弱的一项均是“遇到熟人不打招呼”，分别有 62.8% 的初中生、52.3% 的高中生、53.1% 的大学生和 63.6% 的其他身份青少年表示对此类行为反感。而在公共印象中，就社会公德水平较低的职高学生而言，道德情感最弱的一项是“在公共场所异性间过度亲密”，有 64.3% 的人表示对此类行为比较反感。

在社会公德意志方面，就看到有人正在做违反社会公德的行为时的反应而言，5 个群体中，表示“在不损害自身利益的前提下出面制止”态度的占主流，分别有 44.9% 的初中生、49.1% 的高中生、41.9% 的职高学生、51.3% 的大学生、40.9% 的其他社会身份青少年群体选择了该项，其中大学生群体中有此类行为的比例最高（见表 82）。简单的排序依次是大学生、高中生、初中生、职高生、其他社会身份青少年。由此可见，受教育程度与社会公德意志呈现一种正相关的关系，受教育程度越高，社会公德意志也越好。

除了上述的主流态度，对于不同群体的青少年，其具体行为也呈现显著差异。初中生群体中，有 28.0% 的人选择了“即便牺牲一定的自身利益，也会出面制止”，在 5 个群体中所占比例最高；这一群体对违反社会公德的行为的第三类态度是“随大溜，有人出面时也出面，否则就不出面”，所占比例为 16.1%。

表 82　青少年社会公德意志的群体差异

%

项　目	初中生	高中生	职高学生	大学生	其他社会身份青少年	合计
在不损害自身利益的前提下出面制止	44.9	49.1	41.9	51.3	40.9	45.8
即便牺牲一定的自身利益，也会出面制止	28.0	11.6	21.3	9.7	20.7	16.2
随大溜，有人出面时也出面，否则就不出面	16.1	24.0	21.0	24.4	22.9	23.1
怕打击报复，敢怒不敢言	7.2	6.0	4.8	7.3	8.3	7.4
制止违反社会公德的行为是有关部门的事，与自己不相干	3.8	9.3	11.0	7.4	7.2	7.6

与初中生群体不同，高中生、大学生群体和其他社会身份青少年群体除了有上述态度外，排在第二位的选择是“随大溜，有人出面时也出面，否则就不出面”，分别有 24.0%、24.4% 和 22.9% 的青少年选择了该项。高中生、大学生群体和其他社会身份青少年这 3 个群体是青少年群体的主要构成者，尤其是大学生群体，他们的选择和表现往往成为其他年龄阶段社会成员对这一群体进行评价的主要来源。本次调查揭示的这 3 个群体的选择在一定程度上印证了其他相关研究中关于青少年群体失德行为较为严峻的结论，也与现实生活中高中、大学和用人单位重智育，强调能力而忽视德育的情况基本一致。

另外值得关注的一个群体是职高学生。调查显示，这一群体中，有 21.3% 的人选择了“即便牺牲一定的自身利益，也会出面制止”，再次才是“随大溜，有人出面时也出面，否则就不出面”。这一情况与整个社会对职高生群体社会公德水平较低的印象有所出入。稍后会对该群体的行为进行具体阐释。

3. 社会公德行为的身份差异

根据本次调查结果，就整体而言，从日常生活中社会公德的实践情况来看，5个群体中，初中生群体的实践情况最好，有66.4%的初中生表示在日常生活中一直都能遵守社会公德，其次是高中生，有62.4%的高中生表示能够一直遵守，大学生群体排在第三位，职高生群体排在最后一位，只有49.3%的人表示能够一直遵守公德（见表83）。另外，对公德行为“偶尔不能遵守，而且很容易原谅自己”的情况中，5个群体中有此类行为的群体以其他社会身份青少年中的男性为最高，有39.6%的人表示有此类行为；其次是职高学生群体，有38.9%的人选择该项。总体而言，受教育程度较高的青少年和正在接受教育的青少年总体上的社会公德实践情况较好，简单的排序依次是大学生、初中生或高中生、职高生或其他社会身份青少年。

表83　青少年社会公德实践的群体差异

%

项　目	初中生	高中生	职高学生	大学生	其他社会身份青少年	合计
一直都能遵守，总是有意识地控制自己	66.4	62.4	49.3	61.6	50.2	56.2
偶尔不能遵守，而且很容易原谅自己	30.8	34.5	38.9	34.3	39.6	36.7
经常习惯性地做违反公德的事情	2.5	2.1	8.3	2.9	7.0	4.9
从未遵守过	0.4	1.0	3.5	1.1	3.2	2.1

注：$p<0.05$

调查结果显示，不同群体青少年在社会公德5个维度的行为呈现显著差异（见表84）。无论是根据“一直都能做到”文明礼貌、爱护公物、保护环境、遵守公共秩序和助人为乐的数据，还是根据“日常生活中不能做到”文明礼貌、爱护公物、保护环境、遵守公共秩序和助人为乐的数据，初中生最好，高中生其次。简单的排序依次是初中生、高中生、大学生、职高学生、其他社会身份青少年。由此可见，正在接受教育的青少年和受教育程度较高的青少年在总体上更能从事社会公德行为。

表 84 青少年社会公德具体行为的群体差异情况

%

项目	一直都能做到				
	初中生	高中生	职高学生	大学生	其他社会身份青少年
日常生活中与人交往时能否做到文明礼貌	53.1	49.8	50.0	50.4	45.2
日常生活中能否做到爱护公物	59.6	62.0	50.9	59.4	47.9
日常生活中能否做到保护环境	51.5	50.0	52.1	46.5	42.4
日常生活中能否做到遵守公共秩序	64.6	59.9	51.6	54.1	47.8
日常生活中能否做到助人为乐	51.1	41.0	45.0	38.4	39.8
项目	偶尔不能做到				
	初中生	高中生	职高学生	大学生	其他社会身份青少年
日常生活中与人交往时能否做到文明礼貌	43.5	47.1	40.3	45.9	46.0
日常生活中能否做到爱护公物	36.8	35.5	42.2	37.3	43.8
日常生活中能否做到保护环境	44.9	45.4	38.7	49.6	49.1
日常生活中能否做到遵守公共秩序	31.6	36.8	38.1	42.5	42.6
日常生活中能否做到助人为乐	45.5	51.5	43.3	53.7	46.4
项目	经常不能做到				
	初中生	高中生	职高学生	大学生	其他社会身份青少年
日常生活中与人交往时能否做到文明礼貌	2.5	2.5	7.9	3.2	7.3
日常生活中能否做到爱护公物	2.8	1.9	4.8	2.9	6.3
日常生活中能否做到保护环境	3.0	3.8	7.0	3.5	7.0
日常生活中能否做到遵守公共秩序	3.2	2.7	8.3	3.0	7.4
日常生活中能否做到助人为乐	2.7	6.3	7.3	7.2	10.3

注：$p < 0.05$

初中生群体中，5 个维度中实践情况最好的“遵守公共秩序”，有 64.6% 的初中生表示在日常生活中一直都能做到；其次是“爱护公物”，该群体中有 59.6% 的被访者表示能够一直做到；该群体实践情况排在第三位的是“文明礼貌”，实践情况最差的一项是“助人为乐”，有 51.1% 人表示能够一直做到。这一群体中，社会公德实践行为强弱维度依次为：遵守公共秩序、爱护公物、文明礼貌、保护环境和助人为乐。

高中生群体中，实践情况最好的是“爱护公物”，有62.0%的被访者表示一直都能做到；其次是“遵守公共秩序”，有59.9%的被访者表示一直都能做到；排在第三位的是“保护环境”“文明礼貌”的实践情况在高中生群体中仅排在第四位，有49.8%的高中生表示日常生活中与人交往时能够一直做到文明礼貌；5个维度中自评实践情况最差的一项也是“助人为乐”，只有41.0%的被访者表示一直都能做到。总的来看，高中生中，社会公德实践行为强弱维度依次为：爱护公物、遵守公共秩序、保护环境、文明礼貌和助人为乐。

与上述两个群体不同，职高学生群体中，实践情况最好的是“保护环境”，有52.1%的被访者表示一直都能做到；其次是“遵守公共秩序”，有51.6%的被访者表示一直都能做到；排在第三位的是“爱护公物”，有50.9%的职高学生表示日常生活中能够一直做到这一点；5个维度中自评实践情况最差的一项也是“助人为乐”，只有45.0%的被访者表示一直都能做到。职高生群体中，社会公德实践行为强弱维度依次为：保护环境、遵守公共秩序、爱护公物、文明礼貌和助人为乐。

大学生群体中，实践情况最好的是“爱护公物”，有59.4%的被访者表示一直都能做到；其次是“遵守公共秩序”，有54.1%的被访者表示一直都能做到；排在第三位的是文明礼貌，有50.4%的学生表示日常生活中能够一直做到这一点；5个维度中自评实践情况最差的一项也是“助人为乐”，只有38.4%的被访者表示一直都能做到。大学生群体中，社会公德实践行为强弱维度依次为：爱护公物、遵守公共秩序、文明礼貌、保护环境和助人为乐。

与大学生群体的实践情况非常相像，其他社会身份青少年群体中，实践情况最好的是“爱护公物”，有47.9%的被访者表示一直都能做到；其次是“遵守公共秩序”，有47.8%的被访者表示一直都能做到；排在第三位的是“文明礼貌”，5个维度中自评实践情况最差的一项也是“助人为乐”，只有39.8%的被访者表示一直都能做到。这一群体中，社会公德实践行为强弱维度依次为：爱护公物、遵守公共秩序、文明礼貌、保护环境和助人为乐。

整体来看，社会公德的5个维度中，“文明礼貌”自评实践情况最好的是初中生群体，其次是大学生群体，而其他社会身份青少年群体实践情况最差。“爱护公物”实践情况最好的群体是高中生群体，初中生与大学生群体的比例非常接近，最差的依然是其他社会身份青少年群体。在保护环境方面，自评实践情况最好的是职高群体，其次是初中生，再次是高中生，大学生与其他社会身份青少年群体在该项上的实践情况均比较差。在遵守公共秩序方面，依然是初中生群体，其次是高中生群体。在助人为乐方面，初中生群体的实践情况最好，其次是职高学生，值得注意的是，大学生群体在5个群体中该项自评实践情况最差。

在文明礼貌方面，具体来说，在自觉使用礼貌用语方面，简单的排序依次是大学生、高中生、初中生、职高学生、其他社会身份青少年（见表85）；在与别人谈话想打喷嚏或咳嗽时能够加以遮掩或避开对方以示尊重方面，简单的排序依次是大学生、高中生、初中生、其他社会身份青少年、职高学生（见表86）；在待人礼节方面，简单的排序依次是大学生、初中生、高中生、其他社会身份青少年、职高学生（见表87），其中大学生、初中生、高中生在文明礼貌方面明显比其他社会身份青少年和职高学生好。例如，与别人谈话想打喷嚏或咳嗽时，大学生群体中有92.3%的人会加以遮掩或避开对方，比职高学生群体高出20个百分点。在待人礼节方面，职高学生的实践情况依然比较不好，在遇到老师或认识的人时主动热情问好的人只占68.3%，高达23.8%的人选择了“别人首先问好时自己才问好”。受教育程度较高和正在接受教育的青少年明显更讲文明礼貌。

表85 青少年文明用语使用情况的群体差异

%

项 目	初中生	高中生	职高学生	大学生	其他社会身份青少年	合计
很少使用	8.5	6.2	12.9	4.2	14.1	9.4
在别人提醒时会使用	13.9	6.2	17.1	6.1	17.3	12.0
能自觉使用	77.6	87.7	69.9	89.7	68.5	78.7

注：$p<0.05$

表86 青少年与人交流时个人卫生习惯的群体差异

%

项 目	初中生	高中生	职高学生	大学生	其他社会身份青少年	合计
不加遮掩就打喷嚏或咳嗽，认为这是生理现象，顺其自然	3.8	3.3	13.1	2.8	9.8	6.6
不加以遮掩，觉得那样做太别扭	4.3	4.6	16.6	5.0	14.1	9.6
加以遮掩或避开对方，以示尊重，也认为关系到个人的修养	91.9	92.1	70.3	92.3	76.1	83.9

注：$p<0.05$

表 87　青少年待人礼节的群体差异

%

项　目	初中生	高中生	职高学生	大学生	其他社会身份青少年	合计
别人首先问好时自己才问好	12.5	13.3	23.8	11.3	21.2	16.6
主动热情问好	83.4	81.5	68.3	84.4	71.3	77.4
装作看不见或绕着走	4.2	5.2	7.9	4.3	7.4	6.0

注：$p<0.05$

在爱护公物方面，具体来说，在爱护草坪方面，初中生、高中生、大学生明显要比职高学生、其他社会身份青少年好，根据“绕道走，以免踩坏小草，绿化遭破坏”的调查数据，初中生、高中生、大学生明显要比职高学生、其他社会身份青少年高出 10 多个百分点（见表 88）；而在从不在学校的课桌、椅凳或树木上乱刻画方面，初中生、高中生、大学生比职高学生、其他社会身份青少年做得更好，初中生、高中生和大学生群体选择“从不乱刻画，人人都应该爱护公共财物”的比例比其他社会身份至少高出 15 个百分点，比职高学生至少高出 20 多个百分点（见表 89）；在节约用水方面，看到别人没有关紧水龙头时会马上把水龙头关掉的初中生、高中生、大学生的比例也要比职高学生、其他社会身份青少年高出 10 多个百分点（见表 90）。

表 88　青少年爱护草坪行为的群体对比

%

项　目	初中生	高中生	职高学生	大学生	其他社会身份青少年	合计
从草坪直走过去方便快捷，没必要走远路	6.2	6.9	16.9	6.3	10.9	9.1
没人看管时就从草坪走过去，有人管就绕道走	15.7	20.8	22.1	18.9	28.0	23.0
绕道走，以免踩坏小草，绿化遭破坏	78.1	72.3	61.0	74.8	61.0	68.0

注：$p<0.05$

表 89　青少年乱刻画情况的群体比较

%

项　目	初中生	高中生	职高学生	大学生	其他社会身份青少年	合计
无聊的时候，随手在上面刻画以解闷	9.1	10.8	20.0	11.5	17.4	14.4
当看到别人刻画时我也跟着刻画，凑热闹	7.4	6.9	23.8	8.9	18.6	13.8
从不乱刻画，人人都应该爱护公共财物	83.6	82.3	56.2	79.6	64.0	71.8

注：$p < 0.05$

表 90　青少年节约用水情况的群体比较

%

项　目	初中生	高中生	职高学生	大学生	其他社会身份青少年	合计
不去关水龙头，认为是平常小事，无所谓	2.1	3.7	11.1	2.9	6.9	5.2
只是非常生气，但不是自己开的，不去管它	3.4	10.2	12.8	4.7	16.8	10.8
马上去把水龙头关掉	94.5	86.2	76.1	92.4	76.3	84.0

注：$p < 0.05$

在保护环境方面，与爱护公物的实践情况类似，初中生群体是5个群体中实践情况最好的一个群体，但职高学生这一群体在该维度的实践方面呈现一种比较矛盾的情况。对于处理手中果皮或废弃物的情况，调查显示，初中生、高中生、大学生明显要比职高学生、其他社会身份青少年好（见表91）。但在处理塑料袋的问题上，虽然“从未考虑过”环保的情况依然是大学生、初中生、高中生明显要比其他社会身份青少年、职高学生好，但值得关注的是，职高学生中有42.0%的人有环保意识，在5个群体中比例最高，甚至比初中生还要高出5个百分点。不过从“看到相关宣传后短期内会考虑”的情况看，大学生、初中生、高中生明显要比其他社会身份青少年、职高学生更容易接受环保宣传，这也从一个侧面反映了宣传的重要性（见表92）。

表91　青少年处理手中果皮或废弃物情况的群体比较

%

项　目	初中生	高中生	职高学生	大学生	其他社会身份青少年	合计
习惯往下丢，这样方便省事	2.8	2.9	14.2	2.4	9.4	6.3
如有垃圾桶就丢进去，否则就丢到废弃物多的地方	33.2	39.6	35.3	36.5	39.6	37.9
都丢进垃圾桶里，注意保持环境卫生	63.9	57.5	50.5	61.1	51.0	55.9

注：$p<0.05$

表92　青少年处理塑料袋情况的群体比较

%

项　目	初中生	高中生	职高学生	大学生	其他社会身份青少年	合计
从未考虑过	10.0	11.0	16.3	9.3	15.7	12.7
看到相关宣传后短期内会考虑	53.4	48.5	41.7	53.4	43.8	48.1
一直都有这种意识	36.6	40.6	42.0	37.3	40.5	39.2

注：$p<0.05$

在遵守公共秩序方面，实践情况较好的群体是高中生群体和初中生群体，大学生群体和职高学生群体、其他社会身份青少年的实践情况差强人意。对于骑自行车在十字路口遇红灯时的情况，有73.4%的高中生、70.0%的初中生表示骑自行车在十字路口遇红灯时，“不管车多车少、有无警察，都会等绿灯亮才走”，而大学生群体和职高学生群体、其他社会身份青少年中能够如此行为的比例分别占54.3%、51.9%、54.3%，相差约20个百分点（见表93）。对于上下楼梯时靠右边站或行的行为，简单的排序依次是初中生、高中生、其他社会身份青少年、大学生、职高学生（见表94）。

表 93 青少年骑自行车在十字路口遇红灯时的行为情况的群体比较

%

项目	初中生	高中生	职高学生	大学生	其他社会身份青少年	合计
车少就直接过去，车多时如有人过也跟着过	18.6	18.7	23.2	34.6	23.5	26.9
如有交通警察，等绿灯亮才走	11.4	7.9	24.9	11.1	22.2	16.5
不管车多车少、有无警察，等绿灯亮才走	70.0	73.4	51.9	54.3	54.3	56.6

注：$p<0.05$

表 94 青少年上下楼梯时自觉靠右边站或行的情况的群体比较

%

项目	初中生	高中生	职高学生	大学生	其他社会身份青少年	合计
人多的时候会	22.0	20.4	27.7	25.3	23.9	24.3
人少的时候就随便站/行	27.3	33.5	33.9	33.1	31.6	32.3
不管什么情景都会靠右边站/行	50.7	46.1	38.4	41.6	44.5	43.4

注：$p<0.05$

在助人为乐这一维度上，调查显示，大学生是5个群体中表现最好的群体，大学生、初中生、高中生与其他社会身份青少年、职高学生的差别也比较明显。大学生中有71.5%的人表示遇到陌生人问路时不管什么情况都会热心指路（见表95），而职高学生中只有57.1%的人表示会有此类行为，二者相差14个百分点。对于在公交车上的让座行为，大学生中有88.4%的人表示会立即主动让出座位，初中生、高中生中有此类行为的比例为82.9%、85.4%，而职高学生和其他社会身份青少年中只有74.0%的人会这样做（见表96）。在志愿者服务方面，最不愿意参加的是其他社会身份青少年，最愿意参加的是大学生，5个群体中，处于学习较为紧张阶段的高中生和初中生群体“经常参加志愿服务，而且很喜欢”的比例明显要低，在北京市委教育工委、市教委、团市委联合制定了鼓励北京市建立和完善学生志愿服务的文件后，这种情况也许可以得到改善（见表97）。

表 95　青少年遇到陌生人问路时的行为情况的群体比较

%

项　目	初中生	高中生	职高学生	大学生	其他社会身份青少年	合计
不管什么情况都会热心指路	66.9	67.2	57.1	71.5	59.2	64.7
看自己当时是否有时间，没时间就找借口推托，有时间就给对方指路	26.7	27.0	31.8	25.2	33.0	29.2
怕被人欺骗，根本不理睬	6.4	5.8	11.1	3.3	7.8	6.1

注：$p<0.05$

表 96　青少年公共汽车上的让座行为的群体比较

%

项　目	初中生	高中生	职高学生	大学生	其他社会身份青少年	合计
立即主动让出座位	82.9	85.4	74.0	88.4	74.0	80.8
虽不太情愿，但在乘务员或司机提示下会让座	13.7	11.5	18.1	9.3	18.6	14.2
假装没看见，不让座	3.4	3.1	8.0	2.3	7.4	5.0

注：$p<0.05$

表 97　青少年参与志愿服务的情况的群体比较

%

项　目	初中生	高中生	职高学生	大学生	其他社会身份青少年	合计
经常参加志愿服务，而且很喜欢	10.6	9.8	20.8	19.3	16.5	17.0
偶尔参加过，以后还会继续参加	31.1	49.0	37.7	55.1	35.9	44.2
曾经参加过，但以后不会参加了	5.7	6.5	5.9	5.1	11.4	8.0

续表

项目	初中生	高中生	职高学生	大学生	其他社会身份青少年	合计
从来没有过，但以后有机会会参加	49.1	30.4	29.4	18.3	30.4	26.6
从来没有过，也不想参加	3.4	4.2	6.2	2.1	5.8	4.2

注：$p<0.05$

从上述分析来看，不同社会身份的青少年在社会公德多个维度上的实践都存在一定差异，那么，不同社会身份青少年社会公德实践行为的发生概率会呈现什么情况？为获得这方面的数据，本课题组采用 logistic 回归方法对不同群体青少年的社会公德行为进行了多元分析，以便在有统计控制的条件下检验有关自变量的单独影响，从而分别了解不同群体社会公德实践情况的发生概率。

回归模型中，因变量是青少年社会公德情况的整体实践情况（问卷中第 27 题），自变量是被访者的社会身份，控制变量是被访者的性别、年龄、户口情况。整个模型的参照类别是社会公德实践中的极端行为“从未遵守过社会公德”。将上述自变量全部纳入模型，回归结果详见表 98。

表 98 logistic 回归结果一览表

		一直都能遵守			偶尔不能遵守			经常违反		
		B	Sig.	Exp(B)	B	Sig.	Exp(B)	B	Sig.	Exp(B)
	Intercept	1.169	0.345		0.098	0.938		0.774	0.598	
参照类=其他社会身份青少年	初中生	2.761	0.017	15.814	2.377	0.041	10.772	0.558	0.664	1.748
	高中生	1.569	0.056	4.800	1.448	0.080	4.253	-0.025	0.979	0.975
	职高学生	0.003	0.996	1.003	0.127	0.795	1.136	-0.137	0.809	0.872
	大学生	1.160	0.010	3.191	0.899	0.048	2.458	0.180	0.731	1.198

注：① 整个模型的参照类是“从未遵守过社会公德”

② This parameter is set to zero because it is redundant

logistic 回归结果显示，与已参加工作或目前已经离开学校而不再是学校注册学生的青少年相比，初中生、大学生一直遵守社会公德的发生比分别为 15.814、3.191，即初中生、大学生一直遵守社会公德的行为比其他身份青少年的此类行为有更高的概率。另外，这两个群体的青少年偶尔不能遵守公德行为的概率小于其他身份青少年。除此之外，不同身份的青少年在遵守社会公德行为方面不存在显著性差异。

4. 社会公德动机的身份差异

在遵守社会公德的动机方面，大学生、初中生、高中生与其他社会身份青少年、职高学生存在显著差异。初中生、高中生和大学生群体中认同朋友遵守公德行为的人占了3/4，3个群体中认为“朋友的行为是其榜样，以后他们也会这样做”的比例分别为78.1%、76.9%和72.4%，但职高学生和其他社会身份青少年中只有一半左右的人认同朋友坚持遵守社会公德的行为，两个群体中分别有52.2%、57.4%的人选择了该项。另外，这两个群体中，各占15.9%、10.6%的人认为朋友坚持社会公德行为是为了获得来自家长或学校或社会的认可，没什么大不了的，并且高达11.4%、10.8%的人认为朋友的行为是为了避免受到惩罚（见表99）。这种对同龄群体行为的评价从侧面反映出职高学生和其他社会身份青少年对社会公德认识存在诸多问题。

表99 青少年社会公德动机的群体差异情况

%

项目	初中生	高中生	职高学生	大学生	其他社会身份青少年	合计
社会公德是做人的基本道德品质，他们是我的榜样，以后我也会这样做	78.1	76.9	52.2	72.4	57.4	65.3
他们为了得到家长/学校/社会的表扬或认可，没什么大不了的	7.9	5.4	15.9	4.4	10.6	8.1
现代社会监控技术极其发达，他们是为了避免受到惩罚	3.0	3.3	11.4	3.5	10.8	7.1
视具体情况而定，在不损害自身利益的前提下我也会坚持遵守社会公德	8.3	9.1	14.2	13.6	12.9	12.7
视具体情况而定，他人在场时我也能够较好遵守规则，人少时则可能不遵守	1.1	1.7	4.5	3.3	6.1	4.3
他们自身道德修养高，我做不到，也不想那样做	0.9	1.9	1.7	1.1	2.0	1.6
其他	0.6	1.7		1.7	0.2	0.9

注：$p<0.05$

就遵守社会公德的直接动机而言，5 个群体均把“得到社会的认可和表扬”放在第一位，其中大学生群体对这一因素更为看重，有 50. 6% 的大学生选择了该项；其次是高中生群体，有 43. 1% 的人选择了该项。已经离开校园的青少年群体也非常看重这一动机，有 37. 3% 的人选择此项；职高学生是 5 个群体中选择该项比例人数最少的群体，只占该群体人数 31. 6% 的人选择该项。除了获得来自社会的认可这一动机外，在实践公德行为的第二位动机，除了初中生是为了获得来自老师和学校的认可和表扬外，其他 4 个群体均把得到伙伴群体的认同排在第二位，其中有 21. 1% 的高中生、26. 4% 的职高学生、18. 6% 的大学生和 21. 5% 的其他社会身份青少年选择了此项。另外，在职高群体中，还有 10. 4% 的人遵守社会公德的动机是为了获得家庭/学校/社会的物质奖励，以及 5. 6% 的人是为了避免受到经济处罚，这两项在 5 个群体中所占比例均为最高。总体而言，相对于职高生和其他社会身份青少年，初中生、高中生和大学生这 3 个群体更倾向于认同社会主流的价值观，其社会遵从程度更高（见表 100）。

表 100　青少年社会公德动机的群体差异情况

%

项　目	初中生	高中生	职高学生	大学生	其他社会身份青少年	合计
得到家庭/学校/社会的物质奖励	5. 6	5. 7	10. 4	4. 6	7. 0	6. 2
得到家长的认可和表扬	12. 4	7. 2	11. 5	5. 2	8. 8	7. 8
得到伙伴群体的认同	17. 8	21. 1	26. 4	18. 6	21. 5	20. 7
得到老师/学校的认可和表扬	19. 6	3. 9	5. 2	4. 5	6. 0	5. 9
得到社会的认可和表扬	32. 1	43. 1	31. 6	50. 6	37. 3	41. 9
怕不遵守时受到经济处罚	1. 8	3. 3	5. 6	2. 7	4. 8	3. 8
怕不遵守时受到家长的批评	3. 0	1. 4	1. 4	1. 1	3. 1	2. 1
怕不遵守时受到老师/学校的批评	4. 2	1. 6	1. 7	0. 7	0. 9	1. 1
怕不遵守时受到伙伴群体的嘲笑	1. 2	2. 0	1. 7	2. 1	3. 7	2. 7
怕不遵守时受到社会媒体的遣责	1. 8	4. 1	3. 8	4. 0	6. 1	4. 8
其他	0. 6	6. 5	0. 7	5. 6	0. 7	3. 0

注：$p < 0.05$

根据本次调查结果，北京市青少年社会公德存在非常显著的身份差异，即受教育程度的差异。总体而言，受教育程度较高的青少年和正在接受教育的青少年的社会公德较好，相对于职高学生和其他社会身份青少年，初中生、高中生和大学生这 3 个群体更倾向于认同社会主流的价值观，其社会遵从程度更高。具体来说，在社会公德认知方面，虽然不同身份的青少年对社会公德基础性的认知程度均比较高，但受教育程度与对社会公德的认知还是呈现一种正相关的关系，即受教育程度越高，对社会公德的认知也越好；在社会公德意志及情感方面，受教育程度较高的青少年和正在接受教育的青少年总体上的社会公德情感相对而言更强烈，社会公德意志也更好；在社会公德行为方面，实践情况最好的是大学生，简单的排序依次是大学生或初中生或高中生、职高学生或其他社会身份青少年；在遵守社会公德的动机方面，大学生、初中生、高中生与其他社会身份青少年、职高学生存在显著差异，初中生、高中生和大学生群体中认同朋友遵守公德行为的人占了 3/4，但职高学生和其他社会身份青少年中只有一半左右的人认同朋友坚持遵守社会公德的行为，职高学生和其他社会身份青少年两个群体对同龄群体行为的评价从侧面反映出他们对社会公德认识存在诸多问题，需要得到来自社会、学校和家庭的关注。

三、北京市青少年社会公德现状的判断及问题剖析

(一) 对北京市青少年群体社会公德现状的基本判断

社会公德作为道德价值观的最基础部分，对于维持人们之间正常的交往和共处，保持社会公共生活的安定有序具有重要作用。通过本次对北京市青少年社会公德调查可以判断，目前北京市青少年公德水平相对比较高，整体上都具有较强的社会公德意识，在日常生活中也能够践行社会公德，反对不讲公德的行为，是一个良好的群体。在“对社会公德的认知情况”“对社会公德行为的态度和情感”“实践社会公德的行为及意志”“遵守社会公德的评价及对遵守社会公德行为的动机”“基本价值观”等几个方面，大多数人能够认同社会的基本规范和原则，表现出令人满意的认知水平和比较积极的行动倾向。

1. 北京市绝大多数青少年具有较高的社会公德意识水平

北京市绝大多数青少年具有较高的社会公德意识水平，主要体现在以下几个方面。

首先，大部分青少年对社会公德的认识基本正确。如本报告第二部分进行的分析，这个群体既能够准确辨析一些与社会公德相关，富有模糊性的论断（有 96.7% 的青少年同意“公德是做人的基本道德品质”这一观点；有 82.3% 的青少年同意“只要从每个人做起，社会风气就一定会好转”，仅有 5.9% 的青少年对此表示反对），还能够正确指出社会公德在日常生活中的具体体现。这一结果

说明北京市青少年对社会公德问题及其表现有比较正确的认识，普遍认同公共生活应讲公德。

其次，大部分青少年能够对身边遵守和不遵守社会公德的行为产生正确而稳定的情绪态度。

调查显示，北京市青少年对失德行为的评价具有强烈的批判意识和情感反应。如对问卷所列的13项违反社会公德行为中，平均有78.25%的青少年对此表示“反感”。当有人正在做违反社会公德的行为时，只有7.3%的青少年选择了“制止违反社会公德的行为是有关部门的事，与自己不相干”，7.7%的青少年选择了“怕打击报复，敢怒不敢言”，这意味着北京市青少年对社会公德行为问题有一定的道德情感共鸣。

2. 大多数青少年能自觉践行社会公德

从社会公德行为方面看，北京市大多数青少年能够较为严格地要求自己，在日常生活中能做到“文明礼貌”“诚实守信”“遵守公共秩序”“关心他人，助人为乐”“保护环境”。调查显示，表示经常习惯性地做违反公德的事情、从未遵守过社会公德的青少年只占调查总人数的5.8%和2.6%，而1 838名青少年表示在日常生活中一直都能遵守社会公德，占调查总人数的53.7%。

3. 青少年遵守社会公德的动机在于获得社会及同辈群体的认可

在遵守社会公德的动机方面，调查结果显示，61.9%的青少年认为朋友的行为是其榜样，以后他们也会这样做。另外有12.5%的青少年表示要视具体情况而定，在不损害自身利益的前提下也会坚持。在直接分析遵守社会公德的动机时，排在第一位的动机是“得到社会的认可和表扬”，有37.8%的青少年选择了这一动机；排在第二位的动机则是“得到伙伴群体的认同”，有20.5%的青少年选择了此项，这两项就占了总体的58.3%。由此，本课题组认为，北京市青少年遵守社会公德的动机主要在于获得社会及同辈群体的认可方面。

4. 青少年社会公德意识及行为存在较为显著的群体性差异

分析北京市不同性别、户籍和社会身份青少年社会公德意识及行为所得出的结果显示，北京市青少年的社会公德意识及行为存在较为显著的群体性差异，其中最显著的是身份差异，即受教育程度的差异。

统计结果显示，北京市不同性别的青少年除了在社会公德的体现，对社会公德的判断（社会公德的性质是相对的，不同的人可以有不同的理解），对部分违反社会公德行为的态度（遇到熟人不打招呼），看到有人正在做违反社会公德行为后的反应等这几个问题上不存在显著差异外，而在其他所有问题上均呈现明显的性别差异：女性比男性对社会公德的认知水平更高，道德情感更稳定，更倾向于一直遵守社会公德行为。

城乡青少年除了在社会公德的具体体现，对社会公德的认知（社会公德的性质是相对的，不同的人可以有不同的理解；只要从每个人做起，社会风气就一定会好转；社会公德问题与我无关；生活水平提高了，社会公德自然会好转），对部分违反社会公德行为的态度（如用厕所后不冲水；习惯“长明灯”“长流水”；在公共场所乱涂乱画；在公共场所异性间过度亲密；在观看体育比赛时随意走动；在赛场上向不喜欢的对手起哄），对违反社会公德行为的反应以及遵守社会公德的动机（对身边一些朋友能够一直坚持符合社会公德的行为的评价、遵守社会公德的动机）等这些问题上不存在显著差异外，在其他问题上均呈现明显的城乡差异。在社会公德实践中，城市青少年比农村青少年更倾向于一直遵守社会公德行为。

不同社会身份的青少年除在“在赛场上向不喜欢的对手起哄”“上下楼梯时能否自觉靠右边站或行”“与其他年龄段的人相比，青少年公德意识的水平”这3个问题上不存在显著差异外，在其他问题上均呈现明显差异。总体而言，受教育程度较高的青少年和正在接受教育的青少年的社会公德较好，相对于职高学生和其他社会身份青少年，初中生、高中生和大学生这3个群体更倾向于认同社会主流的价值观，其社会遵从程度更高。在社会公德实践中，职高学生、其他社会身份青少年的实践情况都不容乐观，需要得到来自社会、学校和家庭的关注。

（二）北京市青少年群体社会公德活动存在的问题

1. 社会公德知识系统性不佳，道德认知水平相对较低

道德认识主要是对伦理关系以及调节伦理关系的道德理论、原则和规范的认识，也可以说是人们所具有的道德观。它包括道德经验的积累、道德价值观念的形成、道德理论知识的掌握，以及对道德原则和规范的理解和把握。在道德社会化过程中，道德认识是形成道德的首要成分，并且是形成其他道德成分的思想基础和前提。没有道德认识，就不可能形成某种道德品质。尽管人们可能对自己的道德认识没有充分的自觉，但这种认识在他的品德形成中仍然是存在的。虽然北京市青少年对社会公德的认知基本正确，但从其对问卷第一部分关于社会公德的各种表述的判断来看，他们对社会公德发展性特性及建设途径的判断以及对公德行为的差异性认可，表明北京市青少年对社会公德的认知缺乏系统学习，其目前掌握的社会公德知识是零碎的、不完整的。例如，就社会公德的发展性而言，“讲究社会公德与发扬个性是矛盾的”“社会公德的性质是相对的，不同的人可以有不同的理解”正是从正反两个方面对社会公德发展性特性的操作化和具体化。可是，就第一个论断，累计有32.8%的青少年表示同意，44.9%的人对此表示反对，还有22.4%的人表示说不清；就第二个论断，却有72.4%的青少年表示同意，11.7%的人表示反对，这组正好矛盾的数据显示出北京市青少年对公德发展性这一特质在认识上是模糊和不清晰的。

2. 道德情感较为淡漠，道德信念不太坚定

道德情感是个体对于客观的道德事实、现象是否符合主体需要的一种情绪体验，是主体内蕴涵的道德要求得到满足与否的情感反应。它是个体在道德生活中无数理性和感性的情感经验凝结的结果①。它虽然不是具体的道德内容、道德准则，但它却表现为一种力量使道德规范得以存在，使道德意识得以传播。道德情感一经形成，就成为一种稳定力量，积极影响人们的道德行为，其在从道德认知到道德行为的过程中起着非常关键的动力作用。在道德实践中，如果感情淡漠，就不能自觉地履行他们应尽的义务。即使凭“理智”去做了，也总是显得勉强，显得不自然，甚至会出现认识到“善”但爱不起来，认识到“恶”但恨不起来，“情不自禁”做与认识相反的事情。调查结果显示，北京市青少年在道德情感方面较为淡漠，道德信念不太坚定。如就“遇到陌生人问路”这一问题而言，有30.9%的青少年选择“看自己当时是否有时间，没时间就找借口推托，有时间就给对方指路”；而“无聊的时候，随手在上面刻画以解闷”的被访者就有15.7%。

3. 道德自我约束力较小，在道德意志上显得软弱

道德意志指自觉克服困难和障碍，做出行为抉择和实现理想目标的坚持精神。这种精神力量主要来源于明确的道德认识和强烈的道德情感，同时也来源于个性心理素质。它直接决定着道德实践活动的深度和广度，是道德实践活动得以顺利进行的决定性机制。在履行道德义务过程中，如果缺乏克服困难和障碍的能力和毅力，他们自我控制能力和忍受挫折的能力就较弱，在善与恶的抉择中优柔寡断，在物欲和外力的干扰下难以构筑起坚固的道德城墙，以致丧失青少年应有的义务感、责任感和羞耻感，甚至连最起码的“有所为有所不为”的基本生活准则也难以遵循。例如，一些青少年会对“乱扔果皮与纸屑”等不文明行为视而不见；24.9%的青少年会选择“没人看管时就从草坪走过去，有人管就绕道”；15.9%的青少年“当看到别人刻画时我也跟着刻画，凑热闹”。道德意志上的弱化必然使得青少年无法坚定地完成道德的社会化，因此，对于“在公共场所异性间过度亲密”“遇到熟人不打招呼”“在观看体育比赛时随意走动”等并不很明显的失范行为青少年的接受程度比较高。

4. 道德认知未能完全外化为道德行为，在道德实践上存在知行脱节的现象

在个别领域，例如，对“讲究社会公德与发扬个性是矛盾的”“生活水平提高了，社会公德自然会好转”“在公共场所异性间过度亲密”“遇到熟人不打招呼”“在观看体育比赛时随意走动”等问题的看法上，还有不少青少年对此并不明确，或者持无所谓甚至片面的态度。面对开着的水龙头，虽然“非常生气”，

---

① 何亚云，冯江平．道德理论的新进展——道德判断的社会直觉模式［J］．心理科学，2004，(5)．

但因为“不是自己开的”，就“不去关它”，而且选择“不管车多车少、有无警察，等绿灯亮才走”和“不管什么情景都会靠右边站/行”的比例不高，以及“如有垃圾桶就丢进去，否则就丢到废弃物多的地方”的现象，也值得引起注意。这表明了青少年道德思想与道德行为之间存在着明显的脱节现象，也表现出了青少年对道德价值评价标准的困惑和矛盾心态。道德实践上的知行脱节必然使青少年的道德社会化中断。例如，本次调查结果显示，非常同意和比较同意“社会公德是做人的基本道德品质”的青少年虽然占96.7%，但是，“总体而言，在日常生活中对社会公德的实践情况”选择“一直都能遵守，总是有意识地控制自己”的青少年只占53.8%；同样，从北京市青少年对社会公德的具体体现认知看，在本课题组列出的9个公德行为中，认为社会公德体现在“文明礼貌、互相尊重”“助人为乐、济困扶贫”的青少年比较多，认知程度较低的有“爱护公物”，但青少年社会公德实践行为强弱维度却依次为：爱护公物、遵守公共秩序、文明礼貌、保护环境和助人为乐（或爱护公物、文明礼貌、保护环境、遵守公共秩序和助人为乐），知而不行的比例比较大。特别明显的表现是在志愿服务上，虽然经过了2008年奥运会，虽然“志愿者是北京最美丽的名片”，但是，似前所述，北京市青少年中“经常参加志愿服务，而且很喜欢”的人只有16.4%，加上“偶尔参加过，以后还会继续参加”的也只有55.8%，并没有人们想象中的好。

四、关于北京市青少年社会公德的历时比较

在本书第一部分已经提到，目前国内学术界关于青少年社会公德的实证研究成果并不多，而以北京青少年为研究对象的则更少。在为数很少的研究中，北京市青少年研究所余逸群、纪秋发于2001年发表的《品德教育亮起红灯——来自北京青少年社会公德的调查报告》、穆青于2000年发表的《北京青少年社会公德行为特征及分析》两篇文章为本课题组就北京市青少年社会公德水平进行历时考察提供了非常重要的参考价值。

在社会公德的认知水平上，在穆青2000年进行的调查中，95.2%的人赞同“只要从每个人做起，社会风气就一定会好转”，96.2%的人不赞成“社会公德问题与我无关”，96.1%的人反对“现在是市场经济时代了，再谈社会公德就落伍了”。在相同的3个问题上，本次调查显示，有82.30%的青少年赞同“只要从每个人做起，社会风气就一定会好转”这一判断，比2000年的调查结果降低了13个百分点；就“社会公德问题与我无关”的论断，有78.50%的青少年表示反对，比2000年的调查结果减低了18个百分点；就“现在是市场经济时代了，再谈社会公德就落伍了”这一问题，有74.90%的被访者表示反对，也低于2000年的调查结果。

但是，公德作为一种基础性的公共伦理体系，更强调行为主体对规范的践行而非抽象的理解和认知。针对穆青描述的2000年“在公德认知方面，青少年普遍表现得较好，对基本的公德行为和范畴，他们都有比较清晰的认识，但在具体行为方面的表现却不容乐观”的“知行脱节”现象，目前北京市大部分青少年对社会公德的整体认识基本正确，对失德行为的评价已经发生了比较明显的变化，北京市绝大多数青少年对社会公德行为问题有一定的道德情感共鸣。统计结果显示，在社会公德意志以及情感上，两次调查的结果与社会公德的认知水平的调查结果完全不同。结果显示，北京市青少年公德意识和情感也发生了明显的变化，对一些违反社会公德的具体行为，本次调查结果中表示反感和不赞成的青少年所占的比例均明显高于2000年的调查结果（见表101）。

表101　北京市青少年社会公德情感的历时比较

%

项　目	反感和不赞成	
	2000年调查结果	本次调查结果
食堂买饭不排队（本次调查题目为“习惯插队”）	80.4	95.1
长明灯、长流水	85.6	95.7
随地吐痰、乱扔杂物	92.6	96.6
公共场所大声喧哗	87.1	97.4
课桌上乱涂乱画（本次调查题目是“在公共场所乱涂乱画”）	74.1	97.5
如厕后不冲水	93.6	97.6

从社会公德的实践情况来看，据北京青少年研究所余逸群、纪秋发在《品德教育亮起红灯——来自北京青少年社会公德的调查报告》中所做的介绍，在他们的调查结果中，在公共卫生方面，当被问及“您对随地吐痰、乱扔杂物的看法”时，19.1%的青少年认为“很普遍”，38.5%的青少年认为“普遍”，22.7%的青少年认为“不普遍”，17.6%的青少年认为这类情况“很少”；当被问及“您对上厕所后不冲水的看法”时，认为“很普遍”的青少年达12.6%，认为“普遍”的达28.5%，认为“不普遍”的达30.4%，认为“很少”的达26.1%，并且认为“自己有时也会这样做”的高达34.1%；39.6%的人认为现今青少年普遍存在“在食堂买饭不排队”的现象，54.2%的人认为青少年普遍存在“在公共场所大声喧哗”的现象；对于“在公共汽车上见到老弱病残幼，您是否会主

动让座”的问题，19.6%的人选择了“假装没看见”“别人不让，我也不让”；对于“您对课桌上乱涂乱画的看法”，高达60.1%的人认为“很普遍”和“普遍”，而根据本次调查，结果要好得多，对于“随地吐痰，乱扔垃圾、废弃物”，96.6%的青少年表示“反感”和“不赞成”，仅有3.4%的青少年表示“无所谓，有时我也会这样做”；对于“用厕所后不冲水”，97.6%的青少年表示“反感”和“不赞成”，仅有2.4%的青少年表示“无所谓，有时我也会这样做”；对于“习惯插队”，95.1%的青少年表示“反感”和“不赞成”，仅有4.9%的青少年表示“无所谓，有时我也会这样做”；对于“在阅览室等需要安静的公共场所大声说话”，97.4%的青少年表示“反感”和“不赞成”，仅有2.6%的青少年表示“无所谓，有时我也会这样做”；对于“若您坐在公共汽车上看到一位老人或孕妇上车而没有座位，您会怎么做”，93.5%的青少年表示“让出座位”，仅有6.1%的青少年表示“假装没看见，不让座”；对于“您对课桌上乱涂乱画的看法”，97.5%的青少年表示“反感”和“不赞成”。以上数据显示，几年来北京市青少年社会公德教育取得了很好的效果，成绩非常明显。

另外，根据原国家教委、中央教科所与瑞士兰德研究院国际教育发展研究所在全国范围进行“青少年道德行为规范教育”的抽样调查表明：“当在拥挤的公共汽车上见到老人上车时”，急于让座的人占31.2%，想让座又不好意思的占57.3%，11.6%的学生见到老人上车后态度是视而不见或指望别人让座。本次调查中93.5%的青少年表示“让出座位”，77.2%的青少年表示“立即主动让出座位”。由此可见，该比例是非常高的。

社会公德是社会环境的风向标，而社会环境的变化，必然导致社会成员在社会公德认知、情感和具体行为上也发生较为显著的变化。2003年，我国人均GDP突破1 000美元，根据世界发展进程的规律，在人均GDP处于1 000~3 000美元的发展阶段，意味着经济社会发展进入一个新的关键阶段，也往往对应着社会矛盾最为严重的时期。可喜的是，近年来，虽然就业问题、教育问题、卫生问题、食品安全问题、社会保障问题、弱势群体问题、公共安全问题、环境保护问题、居民收入问题、住房问题等在影响着人们的生活，但北京市抓住2008年举办奥运会和残奥会的契机，按照建设社会主义核心价值体系的要求，广泛开展了邓小平理论、“三个代表”重要思想和科学发展观的学习教育活动，广泛开展社会公德、职业道德、家庭美德教育，引导和帮助青少年用科学的理论武装头脑，充实思想，指导实践，促进广大青少年道德素质的提高；同时，大力弘扬爱国主义、集体主义、社会主义思想，以增强诚信意识为重点，加强社会公德、职业道德、家庭美德、个人品德建设，发挥道德模范榜样作用，引导人们自觉履行法定义务、社会责任、家庭责任，动员社会各方面共同做好青少年的思想道德教育工作，为青少年健康成长创造良好的社会环境，取得了较好的效果。

五、关于北京市青少年社会公德的相关比较

公交车上让座状况既是反映社会公德的重要窗口，同时也是人们长期关注的热点问题。据江苏省黄明理、宣云凤在《当前我国公民社会公德信仰状况研究》中所做的介绍，面对公共汽车上看到一位老人或孕妇上车而没有座位，85.2%的被访者会“立即主动让出座位”，只有4.9%的被访者表示“不让座”，好于本次调查的结果。本次调查中对应的比例分别是77.2%和6.1%。对于骑自行车在十字路口遇红灯时的情况，有66.3%的被访者表示在十字路口遇红灯时，不管车多车少、有无警察，都会等绿灯亮才走，好于本次调查结果（56.2%），但在另外两个相似的问题上，即“遇到陌生人问路”和“一个陌生的饥饿者（非职业讨饭者）向您要几元钱买点吃的”，本次调查的结果明显更好，61.9%的被访者会热心帮忙，只有7.1%的被访者会因怕被人欺骗而不理睬，而上次调查的对应比例分别是40.2%和23.4%。

与贵州省洪明、李丽在《中学生社会公德状况调查分析》中所提供的数据相比较，本次调查结果中对插队（81.9%:76.5%），用厕所后不冲水（90.5%:75.9%），“长明灯”“长流水”（81.4%:74.1%），随地吐痰，乱扔垃圾、废弃物（90.4%:85.1%），不按秩序乘公交车（81.4%:70.6%）等违反社会公德行为持反感态度的人所占的比例明显要高一些。

六、北京奥运会志愿者访谈语录

我们坚守着自己的岗位，认认真真服务好每一个观众，服务好每一个环节，服务好每一分钟。(2008北京奥运会赛会志愿者杨明旭)

如果有人心情不好，或对你的服务不满意，很可能冲你发脾气。这时的我们如何给自己定位就显得很重要了，想想肩上的责任、那些需要我们的人吧。(2008北京奥运会赛会志愿者杨明旭)

在别人看来，做志愿者很辛苦，没有报酬，却要拼命地工作。可是，我们的大家庭之中从来没有人想过退缩，即使一站就是两个小时，即使寂寞得只能和蚊子说话；即使每天要扯着喉咙喊很久，即使甜美的嗓音会变得沙哑；即使头顶着毒辣的阳光，即使白皙的皮肤会变得黝黑；即使就在场内却必须背对着赛场，即使看见最爱的球星也得不到一个签名。其实，这点困难根本算不了什么，因为我们都明白，既然穿上了这件志愿者的衣服，我们就有责任向世界呈现出一届精彩的奥运、不一样的奥运，也要让世界看到一个强大的中国、不一样的中国。(2008北京奥运会赛会志愿者邵辰婷)

志愿工作的成效很大一部分取决于志愿者的积极性。如果你积极地投入、热情地参与、耐心地引导、不厌其烦地解释说明，那么任何棘手的问题都可以迎刃

而解。同时，志愿工作是一个良性循环的过程。你付出得越多，收获越大，积极性也就越高，就会继续投入，取得更大的成果。然而，迈出第一步对于每个人来说并不容易，话说万事开头难。可当经历了无从下手的慌乱，承受了屡被指责的苦恼，体味了气温骤变的无奈，以及在志愿工作中观众的愤怒、烦躁、冷漠、挑剔所带来的委屈，就会发现志愿工作才真正是挑战者的乐园。它能给予一个意气风发却又稚气未脱的年轻人缜密的思考、严谨的行动、周详的言语和亲善的姿态；它告诉每个深入其中的人事在人为的道理和协作共事的重要，甚至让人体味到物竞天择的一丝残酷。它锻炼人的思维，更磨炼人的意志。更重要的是，它能给予每个积极的挑战者极大的乐趣和成功的快慰。它让人知道了付出与回报之间的等价关系，更让人了解到懒惰与一事无成之间的必然联系。它让人学会洞察与观望他人的意图和态度，让人懂得积极进取和不懈奋争。它给人无限的动力，激励我们在这个能够证明自己实力和展示个人才华的舞台上，勇往直前！（2008 北京奥运会赛会志愿者邵辰婷）

没有鲜花，没有掌声，只有在炎炎夏日忙碌的工作；没有絮叨，没有埋怨，有的只是热情的笑脸、亲切的解答和一丝不苟的工作态度，争取帮助到所有需要帮助的人！这就是我们可爱的奥运城市志愿者。（2008 北京奥运会城市志愿者陈强）

蔚蓝的志愿者制服，鼓舞着我们的精神，就算挥汗如雨，就算没有关注，就算没有掌声；哪怕有不理解的目光，哪怕有不公平的埋怨，哪怕有不负责的言语。作为奥运城市志愿者的我们依旧坚守岗位，阳光灿烂，兢兢业业，时刻保持着热情和微笑，默默地为奥运会付出着。当看到人民群众和外国友人在得到帮助后显现出的满意的表情和会心的微笑的时候，我们付出的所有辛勤汗水都是无比值得的！（2008 北京奥运会城市志愿者陈强）

在服务过程中，我们的真诚和微笑有时不一定换来服务对象的理解，相反可能是不同的埋怨——这种事每天都会有。但是，志愿者们心里似乎只有“微笑、服务”这两个概念，所以这样的问题总会很好被处理掉，因为每个人心里都清楚，我们是志愿者。（2008 北京奥运会城市志愿者陈强）

盼望已久的志愿服务终于开始了，谁料到信心满满的我们刚一上岗便被一位游客冷嘲热讽了几句，但我们热情的心并没有因此而冷却，反而更加热情起来。我们要以自己的实际行动来得到大家的认可和支持！终于，我们迎来了越来越多的理解、善意、支持、认可的微笑。我们的热情也更是随之高涨……

早起、炎热、劳累……这些以前看来有些令人头大的问题也随着奥运一天一天的顺利举办以及我国奥运健儿的屡创佳绩而变得不算什么了。伴随着奥运的脚步我们微笑着、努力着、感动着、快乐着、感悟着、成长着……（2008 北京奥运会城市志愿者王金喜）

在志愿服务的这段时间里让我懂得了，付出了就会有收获，志愿者不只是付出，还会得到很多的回报，你微笑着去帮助别人，别人也会微笑地对你说声谢谢，这时心里真的美滋滋的，有种说不出的成功感。在志愿服务期间，我体会到志愿者的真正意义是帮助他人，为他人带来方便的同时也让自己更加快乐，让生活更加充实。(2008 北京奥运会城市志愿者刘建影)

感谢奥运会给了我们这样一次难得的机会，让我们在这里得到锻炼，让我们又迈出了成长的一步，与社会更加亲近。也感谢我们的家人、老师及同学、领导对我们的支持与鼓舞，让我们能圆满地完成这次志愿服务。我想这将是我人生中很难忘的经历。(2008 北京奥运会社会志愿者刁伟)

第四章　北京市青少年社会公德影响机制解构

一、社会公德型塑机制的模型建构

青少年时期是个体成长的关键时期，尤其是 11、12 岁到 17、18 岁之间的这段时间，其处于一个半幼稚与半成熟、独立性与依赖性错综，充满矛盾的状态。在这个时期，家庭、学校、社会、同龄群体是影响其公德意识和公德行为的重要变量。例如，根据本次调查的结果，家长、伙伴群体、老师、学校和社会可以从正面影响 79.6% 的青少年遵守社会公德；同时，家长、伙伴群体、老师、学校和社会媒体也可以从反面影响 15.9% 的青少年遵守社会公德。

家庭是个体道德社会化的起点，家庭教育是促使个体实现道德社会化的重要渠道；学校作为专门的教育机构，是他们进入社会的课堂，学校不仅向学生传授知识，教会他们认识自己，并在纷繁复杂的社会中学会做人；社会则是青少年在实践中消化所学道德知识并内化为自身道德评价体系的重要场所，只有经过实践检验并被他们真心接受的道德准则，才会变成他们的行动指南；同辈群体则是青少年在成长特定时期获得社会支持，接触亚文化，内化价值观的重要因素。家庭、学校、社会文化和同龄群体的社会支持网作为社会资本，发挥着型塑青少年社会公德意识，指导其行动的作用。

本课题组认为，家庭、学校、社会、同龄群体影响当代北京市青少年的社会公德活动（意识和行为）机制如图 2 所示。

家庭因素的影响是通过家庭软环境和家庭硬环境两个方面发挥作用的。家庭软环境是家庭成员间相处及互动的方式，以及由此所营造的家庭氛围，在实际生活中主要指家庭关系（父母关系、亲子关系）、家教方式等。家庭硬环境是指家庭的客观现状，主要包括家庭的经济状况、家庭结构、父母的文化程度及父母的职业等。

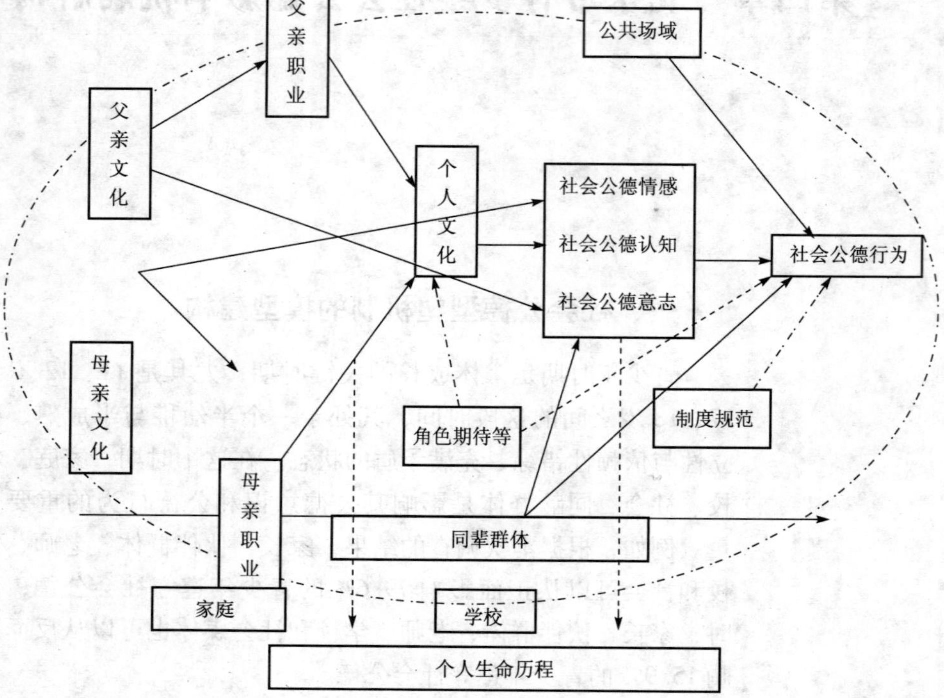

图2　影响当代北京市青少年的社会公德活动机制示意图

从家庭软环境来说，青少年的依赖生活期都是在家庭环境中度过的，由于青少年在生活上和心理上对父母的依赖，很容易使父母在他们心中树立起权威，父母借助这种权威形象对子女进行社会化指导，且使子女无法抗拒。父母往往可以通过耳濡目染、潜移默化的形式，在日常生活中自然而然实现其对青少年公德的教育。另外，家庭成员间的沟通与互动，更多地体现了一种人格的力量，正如苏联教育家乌申斯基提出的“只有人格才能影响人格的形成与发展”。

社会学家鲍尔斯强调，孩子的性格发展主要受家庭的影响，受其父母所处的阶级地位中的文化的熏陶，即家庭硬环境对青少年社会公德水平也会发生非常重要的影响。青少年的父亲、母亲的文化程度和受文化程度影响的职业，决定这个家庭的社会经济地位和可以获得的社会资源，这形成了青少年社会公德意识和行动的家庭变量，这一变量一方面直接影响青少年社会公德意识的形成；另一方面，已有的研究显示，家庭变量对子代影响的中间机制是家庭的社会经济地位，其地位决定了这个家庭能够提供的教育资源（对小学和中学的选择）（刘精明，2003）。在目前北京市不同性质的学校师资力量、校舍设备、学习资源等各个方面存在悬殊差距的现实下，不同的学校意味着不同的生活环境、学习资源和发展机会，也意味着其能够赋予青少年获得水平不同的公德教育，这将对青少年的公德意识和活动发挥重要的影响。

在青少年社会化的过程中，学校是诸多社会化机构中唯一一个专门为社会化目的而设立的机构。德国哲学家康德认为，人之所以为人，完全靠教育。莱布尼茨也说，如果给他以教育的全权，不需要一百年，就可以使欧洲改观。可见，教育在他的眼里是无所不能的。如果说家庭中的社会公德社会化是自然而然实现的，那么学校中的公德社会化则强调专门的学习，带有半强制性。学校在青少年社会公德形成过程中所发挥的作用主要通过下述方式体现出来。

首先，学校在超越了家庭教育中所包含的血缘关系为基础的人与人之间的关系的基础上，为青少年的成长拓展出最初的公共生活领域。学校里的社会情境比家庭更接近真实的社会生活。人与人之间的关系超越家庭生活中血缘关系的限制，这里存在着非血缘性的人际交往，如学生与教师、学生与同辈群体之间的交往。儿童从家庭来到学校，扩展了其公共生活的时空环境，其社会交往空间也随之扩大了，并开始逐步学会过一种公共生活。青少年在此过程中通过不断做出同情、共享的反应而掌握基本的公共生活规范。

其次，学校通过开设专门的课程，采取特定的教育方式，对青少年进行有组织、有目的、系统化的教育，帮助青少年养成适应公共生活的规范和行为习惯，从而使“人类最优秀的道德文化在这里播种、生根、发芽”。比如，根据国家的教育政策，任何一所学校都可以依照国家德育大纲、德育目标和德育内容的要求设置公德教育等课程，通过安排专门的教师、专门的时间和多种方式，对学生进行公德教育，这种公德培养的系统化、正规化是家庭、社会和同龄群体无法做到的。

同辈群体是那些在年龄、兴趣爱好、家庭背景等方面比较接近的人们自发结成的社会群体。青年期，按照美国心理学家霍尔的话说，是个“狂飙突起”，充满矛盾的时期。青年总是由于心理或生理上的共同点而走到一起，从而形成同辈群体。从这一角度来说，青年文化是一种同辈文化。当青年开始走出家庭，疏远父母权威，寻求社会独立性时，同辈群体提供了一种温暖而有力的支持。在这个文化群体里，成员有着平等的地位和共同的兴趣爱好，有着共同的生理和心理年龄特征，可以为青年个体提供发展角色技能的机会，从而成为个人道德社会化的一个重要环境因素。同龄群体对青少年公德意识和行为的影响主要是通过提供行动参照系、伙伴支持发挥作用的。波特斯认为，同龄群体中形成的关系网络本身有 4 种特征：互惠交换、强制信任、价值内化和有机整合。网络中的成员处于一个共同体中，通过长期交往、合作互利，会形成一系列大家预期和认同的关系。在这些关系形成的背后会积淀出一些被认可的价值理念、信仰和行为范式，因为要达到网络内部的认同和有机整合，必然会强制推行一些约束性的因素，把大家认可的这些资源传递给他人，这样通过网络才会产生遵守期望的行为。而在兴趣爱好、家庭背景等方面具有较大相似性的同龄人之间，最容易发生人际吸引和人际影响，因此，其群体规范和价值往往非常容易被其成员当做社会化过程的重要参照系而逐渐内化，并在实际生活中将其付诸行动。

人的道德情感、道德意志、道德信念这些非理性因素的生长必须有日常生活世界的土壤，“真正有效的道德教育最终也必须体现为一种生活世界的教育，因为现实的伦理只能在社会生活中”。社会构成了青少年在实践中消化所学道德知识并内化为自身道德评价体系的重要场所，自然是影响青少年公德水平另一非常重要的因素。社会对青少年公德的影响是通过下述 3 种渠道发挥作用的：第一，随着社会的不断发展和成熟，它会形成不同层次、不同内容、不同特点的公共领域，为青少年实践其公德意识提供了真实的生活场景。第二，社会通过大众传播媒介、公共舆论等多种途径，多层次、多方面地把社会对社会成员的基本道德要求、对不同性别的角色期待等内容传递给青少年，通过潜移默化的方式对其进行公德教育。第三，社会通过设置一定的社会保障体制对遵守社会公德的行为予以肯定，如建立切实可行的监督和奖惩制度，抑恶扬善，确保遵守社会公德的社会成员获得社会认同，从而使公德行为得以持久和普及。

二、北京市青少年社会公德现状成因分析

虽然北京市青少年社会公德水平已处于较高的水平，但作为国家的未来、民族的希望，其社会公德水平可以更高，特别是在某些方面，可以进一步改善和提高。例如，对违反社会公德的行为，有 22.6% 的青少年选择“随大溜，有人出面时也出面，否则就不出面”，有 24.9% 的青少年选择“没人看管时就从草坪走过去，有人管就绕道走”，高达 38.3% 的青少年选择“如有垃圾桶就丢进去，否则就丢到废弃物多的地方”。具体剖析影响北京市青少年社会公德水平的因素，课题组认为，主要涉及以下 5 个方面。

（一）我国社会历史文化中可继承的“公德资源”匮乏，青少年社会公德的形成缺乏文化积淀

公共精神培育的载体是发达的公共生活环境，只有公共生活成为人们日常生活的重要组成部分时，人们才会主动地关心社会的公共事物，从而形成以自主、尊重为重要内容的社会公德。而我国历史上恰恰缺乏这种公共生活的传统。延续了近 5 000 年的分散的小农经济使我国社会千百年来都是一个以血缘关系为纽带的宗法色彩浓厚的社会，家庭、家族是个人和社会生活的基础，社会、国家是家的“放大”，以血缘关系为基础的家庭伦理被引申为社会和国家统治的政治伦理。黄建中先生曾这样写道：“中土以农立国，国基于乡，民多聚族而居，不轻易离其家而远其族，故道德以家庭为本位。”这种以个人家庭为本位的社会生活，

只能使人们习惯于被迫或自觉认同家庭伦理道德观念的约束，而不可能从中产生具有一般性、广泛性的公共道德观念，更难以形成自觉遵守公德的习惯。此外，当家庭私德与社会公德发生矛盾时，人们会放弃社会公德而选择具有本根性的家庭私德，以致一些基本的公共生活道德规范，如遵守公共秩序，讲究公共卫生，爱护公共财物等，时常受到漠视。虽然经过多年的社会公德教育，例如，在本课题组列出的 9 个公德行为中，认知程度最低的是“爱护公物”，平均只有 12.0% 的青少年认为这是社会公德的表现，而认为“爱护公物”是社会公德的首要表现的比例只有 2.1%；面对违反社会公德的行为，43.2% 的青少年选择“在不损害自身利益的前提下出面制止”；同时，虽然有 37.8% 的青少年遵守社会公德是为了“得到社会的认可和表扬”，但也有 8.4% 的青少年遵守社会公德是为了“得到家长的认可和表扬”。家庭私德的至上性，经过世代不断完善、不断倡导以及诸多社会成员的不断践履，已经积淀成为国人的一种道德文化心理。社会历史文化中可继承的“公德资源”匮乏，必然致使青少年社会公德的形成缺乏文化积淀。

（二）社会结构中公共空间发育不足，阻碍青少年公德意识和行为的产生和发展

中国社会在近 30 年内以社会转型、经济转轨为主要内容的社会变迁，打破了中国社会以家庭或家族为中心的生活圈，也打破了以血缘、地缘关系为基础，适用于熟人社会的道德观念。伴随经济发展，现代都市中的公共领域开始发育，但是与改革开放 30 年来市场机制主导的私人领域的快速发展相比，中国公共领域的发展依然不足。

就城市而言，根据北京市统计局提供的数据，截至 2007 年年底，在文化娱乐公共场所方面，北京市全市共有公共图书馆 25 个，年末总藏量达 3 921 万册（件）；有博物馆 141 座，馆藏文物达 329.5 万件；有国家综合档案馆 19 个，已开放各类档案 83.34 万卷；北京地区院线影院共有 84 个，该年度共放映电影 34.7 万场；有公园 181 座，其中收费公园 58 座，免费公园 123 座，城镇居民人均公园绿地面积为 12.6m^2。与 1 633 万人的常住人口相比，这些公共场所远不能满足社会成员的正常需要。因此，类似于“五一黄金周北京各大公园严控游客数量，防重大事故”“北京国庆期间部分公园限制游客数量”等报道频频见诸报端。

在农村，公共空间发育不足的情况更加严峻。传统社会中，中国农村的公共场域是比较丰富的。正如杨懋春所描述的中国山东乡村，夏时的河堤柳岸、冬日的街角墙脚、村民收获庄稼的打谷场等都是村庄的社交中心和公共广场。在这些场所里，平日里村民们休闲取乐，进行情感交流，互相沟通信息。村庄旧式私塾、学校既是孩子们学习和受教育的地方，同时还是他们儿时玩耍、培养情感的场所；基督教堂是持有共同信仰的教民的精神栖息之地，也是他们进行宗教活动的安全地，使基督教活动具有合法性。祠庙神祇作为现世的人们向祖先、神灵供奉的场所更是多见，人们在这些场所或祭祀先人，或供奉神灵。新中国成立后，肇始于1958年的公社化运动及其他有关运动对中国的乡村社会产生了极大的影响，其中一个非常重要的影响就是参加政治活动，开会，开展集体化大生产，学习新文化，组建文艺宣传队等成为村庄公共生活的主要内容，乡村社会中的公共空间也转移到了特定的空间，如生产队的会议室等。与此相对应的是，新中国成立前的各种家族公共活动被取消了。

改革开放之后，随着政策的不断调整，市场又以极强的气势侵入乡村社会，使得中国农村社会的秩序再次发生变革。在市场的侵蚀下，劳动力市场在乡村社会的出现，农业生产的机械化操作，以货币为主要媒介的市场交换行为越来越普遍时，原本已经脆弱的合作、帮工便失去了继续存在下去的空间。更为主要的是，市场经济的运行及其进入乡村社会，使村落社会原本狭小的生活空间被大大拓展，劳动力的外流更进一步打破了村庄原先的封闭而走向开放，市场经济的价值观念、商品生产的方式及宣扬的消费主义和城市的现代生活方式等，成为推动村民生活及观念变迁的主导力量。正如阎云翔所分析的那样，国家在地方干预的减少及市场经济的各种价值观念及村民自主性的增强，导致了乡村社会公共生活的衰落、私人生活的发展。

作为与公共领域并生的社会公德，公共空间的发育不足，必然影响到在这个领域中成长、生活的青少年的公德意识和行为的产生和发展。

（三）三大教育体系存在诸多问题，影响社会公德教育的实施及效果

如前文所述，家庭德育、学校德育和社会教育仍然是现代社会对青少年社会公德教育培养的三大体系，缺少任何一个都会影响道德教育的实效性。当然，有些因错误认识而形成的不良习惯行为，如青少年在与别人谈话时打喷嚏或咳嗽而“不加以遮掩”，只要该行为人进行必要的教育，很容易改变其不良的习惯行为。就这三者在社会公德教育中所发挥的作用，调查结果显示，认为影响一个青少年公德意识的最主要因素是“家庭陶冶”的共有1 453人，占42.5%；认为是“社会风气”的共有782人，占22.9%；认为是“学校教育”的共有661人，占19.3%。对于次要因素认为是“学校教育”的共有1 098人，占32.7%；认为是“社会风气”的共有747人，占22.3%；认为是“同龄群体的影响”的，共有646人，占19.2%。对于第三位因素认为是“社会风气”的共有946人，占28.3%；认为是“同龄群体的影响”的，共有777人，占23.3%。总之，认为是“社会风气”的共有2 475人，占73.5%；认为是“家庭陶冶”的共有2 298人，占68.3%；认为是“学校教育”的共有2 221人，占65.9%；认为是“同龄群体的影响”的共有1 786人，占52.5%。这一结果从实证角度验证了家庭、

学校和社会这三方在青少年社会公德教育方面所起的作用。分析北京市青少年社会公德教育的主体和教育方式时，本课题组认为在这 3 个教育环节中均存在一些问题。

1. 家庭教育的现状及存在的问题

一个人的道德品行不是与生俱来的，而是在一定的后天环境中习得的，个体道德成长始于婴幼儿时期，并贯穿其一生。罗素认为，“必要的道德教育开始的正确时刻是婴儿呱呱坠地时，因为从那时开始可以避免沮丧的期望”“当孩子年满 6 岁时，道德教育理应完成。那就是说，以后岁月中所需要的其他美德，应当作为业已形成的良好习惯和业已激起的远大志向的结果，由男女儿童自动地发展起来。只有当早期的道德教育训练遭到忽略或实施不当时，在以后的岁月中才会需要大量的道德教育”，这样，“在以后的任何时候道德教育都必须与相反的习惯作战，因此自然会激起极大的怨恨”。因此，可以说，家庭是个体道德社会化的起点，家庭教育是促使个体实现道德社会化的重要渠道。

在家庭教育方面，调查结果显示，只有 50. 4% 的青少年表示其父母能够经常对其进行公德教育，但另有高达 42. 6% 的青少年表示其父母很少对其进行公德教育（见表 102）。这意味着在社会公德教育方面首先有一半的主体处在缺位状态。

表 102　家长进行社会公德教育的情况

项　目	频数/人	百分比/%	有效百分比/%	累计百分比/%
经常进行	1 727	50. 4	50. 5	50. 5
很少进行	1 459	42. 6	42. 7	93. 3
从没有过	231	6. 7	6. 7	100. 0
缺失值	7	0. 2		
合计	3 423	100. 0		

在教育方式上，37. 8% 的青少年表示其父母身体力行，在潜移默化中进行教育，但高达 36. 5% 的青少年表示其父母只会采取简单说服教育的方式进行相关教育（见表 103）；同时，高达 40. 3% 的青少年认为父母在进行公德教育的过程中存在的最主要的问题就是教育方法比较简单，缺少有效的方法和方式。另外，还有 34. 4% 的青少年认为父母还存在教育观念上重智育而轻德育的问题。

表 103 家长进行社会公德教育的方式

项 目	频数/人	百分比/%	有效百分比/%	累计百分比/%
简单的说服教育	1 249	36. 5	36. 6	36. 6
身体力行，在潜移默化中进行教育	1 293	37. 8	37. 9	74. 6
当出现一些违背社会公德行为时进行严厉批评和惩罚	646	18. 9	18. 9	93. 5
对遵守社会公德的行为给予物质奖励和表扬	170	5. 0	5. 0	98. 5
其他方式	51	1. 5	1. 5	100. 0
缺失值	14	0. 4		
合计	3 423	100. 0		

2. 学校教育的现状及存在的问题

在学校教育方面，有 60. 9% 的青少年印象中最早进行社会公德教育是在小学阶段，17. 6% 的青少年表示是从初中才开始接受相关教育的（见表 104）；对于学校在社会公德教育方面存在的问题，青少年反映的情况集中在两个方面：首先是学校重智育而轻德育，宣传和教育力度不够，校园缺乏浓厚的德育氛围。有 41. 7% 的青少年选择了此项。其次，教育方法过时，内容空泛。有 40. 2% 的青少年选择了该项。此外，还有 14. 1% 的青少年认为，学校在该方面存在的问题是对违反公德的学生没有采取相应的惩罚措施，没有起到警示作用（见表 105）。

表 104 青少年印象中最早进行社会公德教育的教育阶段

项 目	频数/人	百分比/%	有效百分比/%	累计百分比/%
小学	2 084	60. 9	61. 2	61. 2
初中	602	17. 6	17. 7	78. 9
高中/中专/ 职高/中技	301	8. 8	8. 8	87. 7
大学/大专/ 高职	101	3. 0	3. 0	90. 7
其他	76	2. 2	2. 2	92. 9
记不清了	241	7. 0	7. 1	100. 0
缺失值	18	0. 5		
合计	3 423	3 423	100. 0	

表 105　青少年认为学校在社会公德教育方面存在的问题

项　目	频数/人	百分比/%	有效百分比/%	累计百分比/%
学校重智育而轻德育，宣传和教育力度不够，校园缺乏浓厚的德育氛围	1 426	41.7	41.8	41.8
教育方法过时，内容空泛，学生不愿听讲	1 375	40.2	40.3	82.1
对违反公德的学生没有采取相应的惩罚措施，没有起到警示作用	484	14.1	14.2	96.3
老师没有以身作则	116	3.4	3.4	99.7
其他	12	0.3	0.3	100.0
缺失值	10	0.3		
合计	3 423	100.0		

3. 社会宏观环境的现状及存在的问题

在社会公德教育方面，表示在公共领域中能够经常见到与很少见到相关宣传的青少年各占了 47.4%（见表 106）。因此，青少年认为，社会在进行公德教育方面存在的最主要问题是缺乏有效的管理监督。高达 51.0% 的青少年选择了此项。排在第二位的问题是对违反公德行为的惩罚力度不够。有 26.3% 的青少年选择了该项，当然这表明了政府管理机关的缺位。另外，还有 20.1% 的被访者表示“新闻媒体宣传教育不够”，这也是问题之一（见表 107）。

表 106　青少年认为平时能够看到有关社会公德的宣传和教育情况

项　目	频数/人	百分比/%	有效百分比/%	累计百分比/%
经常	1 624	47.4	47.5	47.5
很少	1 624	47.4	47.5	95.0
没有	172	5.0	5.0	100.0
缺失值	3	0.1		
合计	3 423	3 423	100.0	

表 107　青少年认为社会在进行公德教育方面存在的最主要问题

项　目	频数/人	百分比/%	有效百分比/%	累计百分比/%
新闻媒体宣传教育不够	687	20.1	20.2	20.2
缺乏有效的管理监督	1 747	51.0	51.2	71.4

续表

项　目	频数/人	百分比/%	有效百分比/%	累计百分比/%
对违反公德的行为惩罚力度不够	900	26.3	26.4	97.8
其他	74	2.2	2.2	100.0
缺失值	15	0.4		
合计	3 423	3 423	100.0	

当然，在强调家庭教育、学校教育和社会教育存在的问题时，我们也应该看到青少年自身存在的一些问题。例如，虽然经过北京 2008 年奥运会的洗礼，但是 10.5% 和 8.5% 的青少年“没有参与或不再参与志愿服务”的理由是“从中得不到收获”和“对服务项目不感兴趣”；12.3% 的人认为“现代人首先要管好自己的事情”；37.4% 的人认为是“没有时间”（见表 108）。同样，虽然 52.7% 的青少年“违反社会公德行为的原因”是“没有接受过相关教育，习惯成自然”，但也有 75.4% 的青少年“违反社会公德行为的原因”是“只图自己方便，公德意识差”；50.8% 的青少年认为是“小事一桩，没有意识到这些行为的负面作用”（见表 109）。可见，青少年对社会公德失范的主要原因在于青少年的利己主义思想、习惯意识和淡漠意识，而青少年是否与失范行为作斗争的重要标准则为是否会伤害自身利益，这与青少年的利己主义思想也是一致的。

表 108　青少年没有参与或不再参与志愿服务的理由

项　目	频数/人	百分比/%	有效百分比/%	累计百分比/%
没有时间	1 280	37.4	40.1	40.1
从中得不到收获	358	10.5	11.2	51.3
现代人首先要管好自己的事情	421	12.3	13.2	64.5
对服务项目不感兴趣	292	8.5	9.1	73.6
不知道该怎么参与志愿服务	842	24.6	26.4	100.0
缺失值	230	6.7		
合计	3 423	100.0		

表 109　青少年违反社会公德行为的原因

只图自己方便，公德意识差	频数/人	2 556
	百分比/%	75.4
小事一桩，没有意识到这些行为的负面作用	频数/人	1 722
	百分比/%	50.8

续表

没有接受过相关教育，习惯成自然	频数/人	1 786
	百分比/%	52.7
一些行为是体现个性的表现	频数/人	805
	百分比/%	23.7
社会大环境使然	频数/人	1 035
	百分比/%	30.5
社会公德宣传不够	频数/人	782
	百分比/%	23.1
相关管理措施执行不力	频数/人	917
	百分比/%	27.1
合计	频数/人	3 390
	百分比/%	100.0

（四）多领域社会排斥的消极作用，致使青少年对公共规范认同的弱化和违反公德行为的习得

社会排斥（social exclusion）是社会中个人或群体被全部或部分地排除在充分的社会参与之外，或指某些个人、家庭或社群缺乏机会参与一些社会普遍认同的社会活动，被边缘化或隔离的系统性过程，其通常表现为被排斥者在经济、政治、社会、文化及心理诸方面的长期匮乏（石彤，2004）。因此，社会排斥一方面使被排斥的群体因社会隔阂而陷入弱势，形成恶性循环；另一方面，也往往导致这一群体与其他群体或阶层在文化、情感方面会产生对立与冲突。中国社科院社会学所社会政策研究中心副主任杨团就社会排斥的结果有这样的表述："人们受到社会排斥后，会诱发不同程度的认同危机和心理危机。当这种危机达到一定程度时，就会导致极端的反社会行为。"本报告第三部分指出，青少年的5个群体中，无论是社会公德的认知，还是社会公德的实践，职业高中学生均是最让人担忧的一个群体。造成这一结果的原因有许多，其中一个非常重要而又往往被忽视的原因就是，这一群体在当代社会遭遇到来自家庭、教育、市场（就业领域）等多重领域的排斥。这些领域的排斥影响到职业高中学生参与公共生活的机会，以及对社会倡导公德规范的认同，进而导致违反公德等不合作行为的发生。

在教育领域，贴上"差等生"标签的职业高中生遭遇教育机构和实施者的"冷落"，在追求"关注"的过程中习得了违反社会公德的行为。根据教育领域现行评价标准，职业高中的学生通常都是在初中或者自小学开始因成绩居于中等或更加靠后而被贴上"差等生"标签的一部分群体。这些学生或因贪玩厌学，

或因沉湎于网吧，或因家庭问题等种种原因而导致成绩滞后、行为不端，成为令老师头疼、令家长烦心的"问题学生"。因此，教师同"干部"学生和人际地位较高的学生在课堂上的交往明显多于同"群众"学生和人际地位较低学生的交往，其对前者的关注自然多于后者（江峰，2001）。教师和其他同学注意力分配的偏向，使得采取某种方法来吸引教师和同学的注意力成为"差等生"们一项非常重要而紧迫的任务。但是，通过取得优异成绩等正当途径已无法实现这一目标，他们只好通过非正当途径的方式来吸引教师和同学的关注，比如在公共场所做出违反社会公德的行为等。久而久之，这些为了获得关注的违反公德的行为就被固化到了这部分青少年的身上，从而形成一种习惯而难以克服。

在家庭领域，无法得到家长尊重的青少年往往无法形成平等交往等社会公德的规范性要求。受传统观念的影响，家长对地位取向教育（如大学本科教育）的重视，使得当家长看到子女因成绩较差或其他原因而无法进入普通高中，只能进入职高等以生存为取向的学校之后，往往会对其感到失望，从而形成一种负面的、消极的评价。这种评价致使青少年在与家长的交往过程中缺乏尊重和平等。"在现代道德体系中，对人格尊严的尊重是一种标志着现代性特征的价值立场的表达。这种价值立场以现代道德理性精神为基础，要求即使在父母子女之间也必须首先保持一种平等人格的关系，在此前提上再进一步依据血缘亲情的特点，建立起更为密切的伦理关系"（廖加林，2008）。在家庭中无法得到父母亲尊重的青少年自然很难在与其他人交往时做到平等、尊重，也很难达到其他社会公德的规范性要求。在极端情况下，来自家庭的排斥还往往使得这些青少年形成一种自暴自弃的心态，刺激其做出更多违反社会公德的行为。

在劳动力市场上，目前我国就业领域竞争的激烈和劳动力市场的二元分割，使得就读于职高的青少年在毕业后很难进入主要劳动力市场，而只能进入社会声望低、劳动环境恶劣、待遇低、缺乏晋升机制的次级劳动力市场或者是边缘劳动力市场。对未来发展前景的失望强化了职业高中学生对自身的消极评价以及对社会的不满，这必然影响其对社会倡导的公德规范的认同，进而导致其在公共场所违反公德行为发生概率的增加。

总之，教育、家庭和劳动力市场的多重排斥使得就读于职高的青少年群体对社会规范认同的弱化，认同的弱化致使该群体中多发生违反社会公德的意识和行为，而这种行为进一步强化了社会其他成员对他们观念上的排斥，观念上的排斥又会加重经济排斥与社会关系排斥，从而产生一个致使职业高中学生习惯于违反社会公德的恶性循环。

（五）青少年期个体在生理、心理发育方面的特有因素影响其社会公德的意识和实践

分析造成北京市青少年公德现状存在上述问题的原因时，青少年个体自身方

面的原因也不容忽视。

据前文所述，处于青少年期的个体正处于身体发育的第二高峰期，身心发生急剧的变化，但由于心理发展还处于半成熟时期，这时候的世界观、人生观还未形成，情绪化比较重，他们不善于用理智来控制情绪。因此，这一群体的青少年在情绪和情感方面，兴奋性较高，稳定性较差，波动性较大，容易激动，容易出现冲动行为；在意志品质方面，缺乏意志的持久性，只注重眼前利益，对长期目标往往不能完成，往往决心大，行动小，而且这时候有了一定的自我评价，注重外部和行为结果的评价，但是比较注重同伴的看法和评价，独立性评价不够。在社会复杂多变的环境面前，少理性，缺乏是非辨别能力，容易受社会上一些不良行为的影响而做出一些违反公德行为的事情。如在调查中，当骑单车遇红灯时，有 24% 的青少年见别人闯红灯时也会跟着闯，15. 9% 的青少年看到别人刻画课桌时也会跟着刻画，凑热闹。

第五章　现阶段北京市青少年社会公德建设路径选择

改革开放以来，由于异质文化的大量进入和被接受，不同性别、年龄、地区和社会身份社会成员的价值观开始分化，社会的一些领域和一些地方道德滑落，是非、善恶、美丑界限混淆，拜金主义、享乐主义、极端个人主义有所滋长，见利忘义、损公肥私行为时有发生，不讲信用、欺骗欺诈成为社会公害，以权谋私、腐化堕落现象严重存在，而“平等”“尊重”“接纳”“不评价”“自决”等观念更是成为时髦，负有特殊责任的家庭、学校、党政机关和新闻媒体（特别是网络媒体）等必须认识到，青少年的社会公德的形成和发展是一个渐进的过程，必须从青少年抓起，必须加强理论灌输，使青少年提高认知水准。社会公德教育从中小学抓起，既是发展社会主义市场经济，建设社会主义精神文明的需要，也是青少年成长发展的需要。根据本次调查的结果，本课题组对现阶段北京市青少年社会公德建设提供以下对策与建议。

一、积极采取措施，促进社会公共领域的进一步发展

1. 增加文化娱乐性质公共领域的数量

根据北京市城市发展需求，应当适当增加文化娱乐性质公共领域的数量，从根本上保障青少年和其他社会成员对此类公共空间的需求。

对于青少年而言，图书馆、文化馆、科技馆、博物馆、档案馆、美术馆、青少年宫、工人文化宫、影剧院等公共文化场馆是非常重要而又特殊的公共领域。针对目前此类公共领域数量较少的现状，应增加这些公共场所的数量，从根本上保障青少年和其他社会成员对公共空间的客观需求；同时，逐渐扩大

免费或低价图书馆、博物馆、展览馆的数量，延长开放时间，使更多的青少年能够到这些公共场所获得所需资源。目前北京市在免费开放公园方面做得较好，免费公园数量占注册公园总数的72.78%；但市、区文物局及市科学技术研究院所属博物馆共51个，其中只有8个免费，占市、区文物局及市科学技术研究院所属博物馆总数的15.69%。因此，应该加大力度推进和建设免费博物馆。

另外，就免费公园、博物馆的日常维护和管理，公园、博物馆的管理者可以成立如“公园之友”的青少年志愿者队伍，让其参与公园日常管理，尤其是节假日的协同管理。这一方面对遏制少部分游人的不文明行为将是非常有效的教育手段。例如，可以让24.9%的青少年“有人管就绕道走”，也可以让19.0%的青少年骑自行车在十字路口遇红灯时会等绿灯亮才走；另一方面，也给青少年提供了实践社会公德的机会和场所。例如，可以让29.7%的青少年“有机会参加”志愿服务活动。

在农村中，要根据具体情况建立、发展一批社区活动中心，并积极开展农村电影放映，加强乡村文化设施，实现县有图书馆，镇有文化站，村有文化活动室。此外，开展多种形式的群众文化活动，满足农村对精神文化需求的同时，也为农村青少年提供相应的公共活动空间。

2. 规范生活服务类公共场所秩序，注重社区中公共场所建设

在现代社会，青少年可以进入的公共场所已不再像传统社会中的那样单一和单纯，其在日常生活中会经常接触饭店、酒家、旅社、招待所、公共浴室、美容理发店等生活服务类公共场所。针对此类公共场所存在秩序不完善，一些不良现象频繁出现的现状，以及只有5.1%的青少年选择“遵守公共场所秩序”作为社会公德首要体现的调查结果，要规范生活服务类公共场所秩序，建立健全此类公共场所的文明行为守则，严格规范这些公共场所从业人员的行为，为青少年成长提供良好的周边环境。

青少年的活动区域，除了家庭、学校、工作单位外，社区是一个非常重要的公共场所。在社区建设中，应根据条件建设公共活动中心或者青少年服务中心，打造一个进入门槛低的公共场域，为青少年社会公德的培养创造良好的条件和社区氛围。具体来说，对于现有的大部分街道社区，应结合旧城改造，留足公共绿地和公共活动场所。对于新建小区，政府在土地开发拍卖价格上给予适当优惠，作为对开发商的补偿，让开发商承担建设公共场域的责任，严格执行市规划办关于在半径500米和500米以下社区建立配套的小型公园和游园的政策。

3. 关注新形态公共空间的发展，优化大众传媒环境

现代社会，随着电视、网络等大众传媒的发展与普及，公共空间的形态逐渐非物质化和多元化。因此，除了大力发展传统的、物质意义上的公共领域之外，还应该关注新形态公共空间的发展。在几种传媒工具中，网络以其高效灵活、方便的传播方式，大容量、开放性的传播内容以及双向互动的传播过程，使得它比传统媒体具备了优越得多的传播条件。目前其已经成为青少年获得信息、沟通交流的主要媒介。根据 CNNIC 最新发布的2008 年发展系列报告之《中国青少年上网研究报告》显示，目前中国 25 岁以下的青少年网民数量已经超过 1 亿，其中 18 岁以下的网民超过 6 600 万。青少年无疑是目前互联网最为关注的群体。但是，许多网站都存在大量违背社会公德，损害青少年身心健康的低俗内容。在积极关注新形态公共空间的发展的同时，还应采取有效措施，加强网络监管，净化网络环境，尽可能避免或削弱其对青少年产生消极影响。如开发网络安全防范技术及产品，通过技术屏蔽和过滤，防止对青少年危害极大的网络色情、赌博、暴力等有害信息及不健康内容的网络游戏的侵入；在条件成熟时，还可以出台青少年互联网使用的专项法规等。

二、明确责任主体，实现各主体工作的有机统一

公共生活道德建设是复杂的社会系统工程，需要社会各界的共同努力。家庭、学校、党政机关和新闻媒体（特别是网络媒体）和青少年个人在公共生活道德建设中担负着义不容辞的责任。本课题组认为，要加强现阶段北京市青少年社会公德建设，各种责任主体，特别是家庭、学校、党政机关和新闻媒体（特别是网络媒体）等，要充分认识到推进青少年社会公德建设的重要性。

在推进青少年社会公德建设时，首先应该看到青少年自身存在的一些问题。例如，经历2008 年奥运会集中志愿者服务后，还有 19.0% 的青少年以各种理由选择“没有参与或不再参与志愿服务”，同样，有 75.4% 的青少年“违反社会公德行为的原因”是“只图自己方便，公德意识差”；50.8% 的青少年认为违反社会公德行为是“小事一桩，没有意识到这些行为的负面作用”。可见，青少年对社会公德失范的主要原因在于青少年的利己主义思想、习惯意识和淡漠意识，而青少年是否与失范行为作斗争的重要标准则为是否会伤害自身利益，这与青少年的利己主义思想也是一致的。因此，青少年必须明确，在推进青少年社会公德建设的过程中，自身负有非常重要的责任。

原国家教委、全国妇联联合颁发的《家长教育行为规范》第 2 条规定，重在教子做人，提高子女思想道德水平，培养子女遵守社会公德习惯，增强子女法律意识和社会责任感。“重在教子做人”，指的绝不是一般意义上的具有自然属性的人，不是仅指父母要负责养育子女，要关心他们的衣食住行、饥饱冷暖等，更是指科学意义上的具有社会属性的人，即“有理想、有道德、有文化、有纪律”的“四有”新人。青少年可塑性强，多给他们以正面的积极的公德教育，就能起到事半功倍的效果。针对家庭教育方面高达 42.6% 的青少年表示其父母很少对其进行公德教育，即在社会公德教育方面有近一半的家庭处在缺位状态的情况，

针对高达36.5%的青少年表示其父母只会采取简单说服教育的方式进行相关教育，高达40.3%的青少年认为父母在进行公德教育方面存在的最主要的问题是教育方法比较简单，缺少有效的方法和方式，以及有34.4%的青少年认为父母还存在教育观念上重智育而轻德育的问题，家长必须明确社会公德教育责任，优化社会公德教育方式，从认识上加以引导，从情感上加以激发，从行为上加以约束，使青少年具有高尚的社会公德。

青少年每天在学校的时间很长，校园生活对他们的影响占据了主导地位。针对有41.7%的青少年认为学校重智育而轻德育，宣传和教育力度不够，校园缺乏浓厚的德育氛围的情况，40.2%的青少年认为教育方法过时、内容空泛，以及14.1%的青少年认为学校在该方面存在的问题是对违反公德的学生没有相应的惩罚措施，没有起到警示作用的问题，学校应该营造良好的氛围，让他们接受正面的公德教育。除了品德教育课外，更要注重教师的言传身教。事实上，现今一些学校的道德品质教育存在明显不足，单向灌输多，双向互动少。在内容上，一些学校德育课脱离实际，内容抽象，与青少年的人格塑造处于分离状态。因此，学校必须改变工作方式，提高教育工作者的素质，以高尚的人格给青少年做出榜样，潜移默化地影响青少年的行为，培养青少年的社会公德水平；同时，学校要健全制度，完善规范，强化对青少年的纪律约束，用纪律规范他们的行为。学校要在教育和约束中，使讲公德自然而然地成为青少年的一种习惯。

针对有47.4%的青少年表示在公共领域中很少见到相关宣传，以及高达51.0%的青少年认为社会在进行公德教育方面存在的最主要问题是缺乏有效的管理监督，有26.3%的青少年认为对违反公德的行为惩罚力度不够的情况，政府管理机关要深入开展以“八荣八耻”为核心的社会主义荣辱观教育，充分发挥其社会职能和服务职能，广泛开展社会公德教育，特别是加强青少年的思想政治、道德品质、心理健康和法制教育，努力建立适应社会主义市场经济发展的思想道德体系，加强科学知识、科学方法、科学思想、科学精神的宣传教育和普及，加强对新闻舆论、国民教育、社会文化、休闲娱乐等各种思想文化阵地，尤其是新闻网站的建设和管理，加强烈士陵园等爱国主义教育基地的保护和建设，创造有利于青少年健康成长的社会环境。

针对有20.1%的青少年表示“新闻媒体宣传教育不够”的情况，新闻媒体（特别是网络媒体）要坚持正面宣传，坚守社会责任，关注人的全面发展，加强素质教育和社会公德的宣传。新闻媒体（特别是网络媒体）要加大宣传力度，营造舆论声势，通过开辟专版、专栏和专题节目等形式，大力宣传社会公德教育的好经验、好做法，充分发挥社会公德先进典型的示范带动作用；同时，针对各种违反社会公德的现象和行为，要及时进行明察暗访，该曝光的要给予曝光，切实发挥舆论监督的作用。

当然，青少年社会公德建设要取得更好的效果，还需要家庭、学校、党政机关和新闻媒体（特别是网络媒体）和青少年个人相互之间的密切配合。

三、改善道德教育方式，提高社会成员的公德素质

针对北京市青少年对社会公德的认知缺乏系统学习，其目前掌握的社会公德知识较为零碎、不完整的情况，迫切需要大力推进多层次、全方位的社会公德教育。

1. 确立层次分明、重点突出的道德教育目标

《公民道德建设实施纲要》指出，我们的道德教育“要从实际出发，区分层次，着眼多数，鼓励先进，循序渐进。积极鼓励一切有利于国家统一、民族团结、经济发展、社会进步的思想道德，大力倡导共产党员和各级领导干部带头实践社会主义、共产主义道德，引导人们在遵守基本道德规范的基础上，不断追求更高层次的道德目标”。道德教育目标作为对社会成员思想道德面貌的期望，是一种教育设想和教育理想，反映不同社会不同阶段的社会要求，既具有超前性、理想性，又必须具有现实性和可行性。然而，长期以来，我国对青少年的道德教育目标价值取向过高，忽视道德主体具体承受能力的差异，单一地以集体主义价值取向为终极取向，片面强调集体利益和个人对集体、社会的责任和贡献，而忽视或否定个人正当利益；注重社会主义道德和共产主义理想道德的宣传和教育，而漠视对人们公德精神的塑造和培养，将少数道德楷模才能达到的道德水平作为多数普通民众道德发展要求，致使许多人感到道德似乎离自己太遥远，高不可攀，导致道德教育实效低下。

在本书关于北京市青少年社会公德的历时比较部分已经提到，社会公德作为一种基础性的公共伦理体系，更强调的是行为主体对规范的践行而非抽象的理解和认知。虽然2000年北京市青少年社会公德的认知水平高于本次调查的结果，但在具体行为方面的表现，特别是对一些违反社会公德的具体行为，本次调查结果中表示反感和不赞成的青少年所占的比例均明显高于2000年的结果。其实，只要求青少年从不乱刻画课桌做起，就可以使15.9%的人不会因为看到别人刻画也跟着刻画，可以使15.7%的人不会因为无聊随手在课桌上面刻画以解闷；只要求青少年从节约用水做起，就可以使19.3%的人不再认为“是平常小事，无所谓”或者“不是自己开的，不去管”而是主动关掉开着的水龙头。因此，要实现这一目标，必须从现实条件和北京市青少年的道德觉悟水平出发，因时制宜、因地制宜、因人制宜、循序渐进地开展道德教育，不能不分对象地随意“拔高”道德水准，实行“一刀切”。

2. 坚持“以人为本”的社会公德教育方向，弘扬社会公德的主体性

“以人为本”的社会公德教育就是要弘扬社会公德的主体性，就是尊重受教

育者的主体地位，发挥受教育者在社会公德教育中的主体作用，从思想上促进社会公德主体的自我形成、自我发展。其具体含义包括以下两个方面内容。

一方面，社会公德教育要坚持“以人为目的”。当前国外学校社会公德教育人性化趋向日益明显，在学校德育的目标、内容、方法以及有关政策方面，处处体现了对人性和谐完美的渴求。学校社会公德教育“以人为目的”，就要有益于人们创造美好的生活，通过创造合乎人性、宽松、健康、向善的环境，培养和造就有活力、勇气、敏感和智慧的理想品格，如法国把人权和义务作为公民课的重心，德国把人性教育当做新德育的标志，日本教育的目标是“通过训练人民的激情来培养献身于祖国的公民”。改革开放以来，我国学校社会公德教育在人性化方面取得一些改进，但与西方有些国家相比还存在一些差距。“21 世纪的教育，应当是以人为本的教育，是主体性、发展性教育”。因此，要根据青少年个体的差异，例如性别差异、城乡差异，特别是身份差异，确定不同的社会公德教育方法。例如，37.4% 青少年表示“没有参与或不再参与志愿服务的理由”是“没有时间”，这其中可能有青少年忙于学习的原因，但是，即使真是如此，也应该让他们从书海中解放出来，以便有时间参与志愿服务活动。21 世纪的教育应崇尚“以人为目的”，构建学校现代社会公德教育的发展模式。当然，这也证明北京市鼓励大、中、小学生注册成为志愿者，参加志愿服务，是有预见性的，也是正确的、重要的，是具有可操作性的。

另一方面，在社会公德教育方法上，应坚持理性教育与情感教育的统一。列宁说：“没有人的情感，就没有也不可能有对真理的追求。”社会公德与人的存在是直接统一的，社会公德与人的情感也是密不可分的，人不但是知识、理性的存在物，也是感情、主观的存在物。情感是社会公德的当然构成部分，是社会公德教育成功的切入点和生长点，是促使社会公德教育顺利进行的心理背景，是促使社会公德认知转化为社会公德信念的必要条件进而转化为社会公德行为的动力。但是，如前所述，在家庭教育方面，42.6% 的青少年表示其父母很少对其进行公德教育，36.5% 的青少年表示其父母只会采取简单说服教育的方式进行相关教育；同时，40.3% 的青少年认为父母在进行公德教育方面存在的最主要的问题是教育方法比较简单，缺少有效的方法和方式，还有 34.4% 的青少年认为父母还存在教育观念上重智育而轻德育的问题。在学校教育方面，41.7% 的青少年认为学校重智育而轻德育，宣传和教育力度不够，校园缺乏浓厚的德育氛围；40.2% 的青少年认为教育方法过时、内容空泛。在社会公德教育方面，有 20.1% 的被访者表示“新闻媒体宣传教育不够”。因此，社会公德教育在注重对受教育者的价值引导的同时，还要重视从受教育者的现实生活和成长实际出发，循循善诱，启发引导，唤起受教育者内在的社会公德需要和思想自觉，使之积极参与教育过程，优化环境，交流情感，让受教育者在潜移默化的熏陶中从思想上主动实现社会公德的“内化”。

3. 注重个体道德判断和道德选择能力的培养

全球化浪潮、信息技术的普及、文化的商业化、媒体的突出影响以及不同价值观的相互渗透和冲突，在继续推进改革开放和中国现代化的进程中，社会将逐渐走向真正意义上的价值多元化，人们的自主选择将成为新世纪的中国人在价值生活（包括道德生活）中的一种取向。例如，就社会公德的发展性而言，对于“社会公德的性质是相对的，不同的人可以有不同的理解”，有 72.4% 的青少年表示同意，只有 11.7% 的人表示反对。面对选择的世界，学校社会公德教育必须在“指导学生在对各种道德取向和道德规范的社会价值进行分析、比较和鉴别的基础上，结合个人道德现状，自主地、合理地选择个人所应确立或改变的道德取向以及所应遵从或拒斥的道德规范”。重视发展个体的道德判断能力，培养其道德选择能力，使受教育者具有较高水平的道德素质，这是近年来世界许多国家道德研究与道德教育的发展方向。目前，我国正处于改革开放和社会转型的关键时期，多元价值并存将逐渐成为所有领域都存在的一种普遍现象。在众多的价值选择面前，学生感到无所适从，从而陷入价值混乱。批判地吸收当代国外道德教育中的合理成分，对于更加科学有效地加强和改进我国道德教育具有重要的意义。

4. 教育过程中注重大力培育青少年的社会公德意识

根据本次调查的结果，对于“您认为影响一个人的公德水平是与什么因素成正比”的问题，选择“个人修养”的青少年共有 1 698 人，占 49.6%；选择“学历、受教育水平”的共有 728 人，占 21.3%。从某种角度讲，在影响一个人的公德水平的因素中，青少年认为“个人修养”比“学历、受教育水平”更重要①。为此，首先要重视培养青少年的社会公德意识。

江泽民同志指出：“共产主义信念、社会主义思想、爱国主义精神，应从少年儿童幼小心灵开始扎根，这个基础才能巩固，才能产生对资本主义腐朽东西的免疫力。”针对 75.4% 的青少年认为“违反社会公德行为的原因”是“只图自己方便，公德意识差”，且 50.8% 的青少年认为是“小事一桩，没有意识到这些行为的负面作用”的情况，为了培育青少年的社会公德意识，家庭、学校、党政机关和新闻媒体（特别是网络媒体）等一方面要大力倡导社会公德，以此培育、提高个人素质，使体现社会文明的行为规范内化为青少年的行为习惯和自觉选择；另一方面要注重培养和提高青少年的素质，包括文化与家庭教养，良知与正

① 当然，似前所述，根据本次调查结果，北京市青少年社会公德存在非常显著的身份差异，即受教育程度的差异. 总体而言，在社会公德认知方面，虽然不同身份的青少年对社会公德基础性的认知程度均比较高，但受教育程度与对社会公德的认知还是呈现一种正相关的关系，即受教育程度越高，对社会公德的认知也越好. 从这一角度分析，虽然青少年认为在影响一个人的公德水平的因素中“个人修养”比“学历、受教育水平”更重要，但事实上，“学历、受教育水平”对“个人修养”常常具有重要影响.

义感，爱国主义、集体主义、社会主义思想等方面，为社会公德意识的养成打好基础。

更重要的是，面对只有16.3%的青少年表示经常参加志愿服务的现实，家庭、学校、党政机关和新闻媒体（特别是网络媒体）等必须深刻认识到，增强公德意识，提高青少年素质不能仅仅停留在认识上，更重要的是，应当把这种提高了的公德意识付诸实际行动中，坚持从具体事情做起，从群众最关心的事情抓起，使社会公德实践活动与各项业务工作紧密结合，贴近基层，贴近群众，贴近生活，使青少年从我做起，从现在做起，从点点滴滴的小事做起，做到知与行的有机统一。家庭、学校、党政机关和新闻媒体（特别是网络媒体）等要大力开展以“讲文明树新风”为主题的创建文明城市、文明村镇、文明行业活动，大力开展“希望工程”“送温暖”“志愿者”“手拉手”“幸福工程”“春蕾计划”“扶残助残”等覆盖面广、参与人数多的公益活动，发挥基层组织和群众团体的骨干作用、广大群众的主体作用，不断培育青少年的社会公德意识。

5. 改进青少年社会公德的宣传和教育方式

针对“学校重智育而轻德育，宣传和教育力度不够，校园缺乏浓厚的德育氛围”“教育方法过时，内容空泛，学生不愿听”等情况，针对“新闻媒体宣传教育不够”“平时有关社会公德的宣传和教育”缺乏，以及“看到相关宣传后短期内会考虑”环保问题等现象，家庭、学校、党政机关和新闻媒体（特别是网络媒体）等要通过丰富多彩和灵活多样的宣传和教育让青少年自觉接受社会公德，通过教师、家长和所有成年人自觉遵守社会公德的行为来引导、教育青少年适应社会生活，遵守社会公德；学校要抓住诸如课余党校、少年团校、团队活动、班队会、晨会、校传统活动等多种渠道，进行生动活泼的教育，让青少年在活动中领悟社会公德，学会做人；新闻媒体（特别是网络媒体）要开辟专版、专栏和专题节目，集中宣传公共生活领域文明礼仪等各种社会公德知识，帮助青少年了解社会公德，熟悉社会公德，掌握社会公德，践行社会公德。针对“个人修养”比“学历、受教育水平”更能影响一个人的公德水平的现象，作为专门教育机构的学校更应该承担宣传和教育的责任。需要说明的是，基于26.3%的青少年认为社会“对违反公德行为的惩罚力度不够和14.1%的青少年认为学校“对违反公德的学生没有采取相应的惩罚措施，没有起到警示作用”的现实，对青少年社会公德的宣传和教育当然要以正面的、直接的教育为主，但也必须包括强制性和惩罚性的教育。例如，对于那些社会公德责任感淡薄，经常破坏社会公德的行为者，要采取强制性和惩罚性的教育方式。

6. 面向生活世界进行道德教育

生活世界是蕴藏着丰富的价值和意义的世界，它在形式上似乎表现为平凡、琐碎和世俗，但生活的价值和意义却泛化地存在于其中，人们在具体的生活中能够探寻和感悟到其中的乐趣、价值和意义。尽管道德知识的获得和道德认知能力的发展对于个体道德的形成有着重要的影响，但这本身还不是道德生活，道德生活的最终实现还必须落实在人们的道德行为上。例如，在保护环境方面，党的十七大报告明确提出了“生态文明”的概念，而生态文明反映到生活世界，就要求我们必须将其落实到处理果皮或废弃物，落实到处理塑料袋等人们的具体行为上。本次调查表明，有 7.7% 的青少年表示手中有果皮或废弃物时会直接丢下去，14.1% 的青少年表示在处理塑料袋时从未考虑过环保问题。由此可见，保护环境决不能仅仅停留在口号上，而必须落实到具体的行为中。又如，在穆青 2000 年所做的调查中，虽然在社会公德的认知水平上，95.2% 的人赞同“只要从每个人做起，社会风气就一定会好转”，96.2% 的人不赞成“社会公德问题与我无关”，96.1% 的人反对“现在是市场经济时代了，再谈社会公德就落伍了”，明显高于本次调查的结果，但是，针对违反社会公德的具体行为，本次调查结果中表示反感和不赞成的青少年所占的比例均明显高于 2000 年的调查结果。因此，社会公德在客观上都表现为行为规范和原则，是社会或统治阶级对人与人、人与社会、人与自然应有关系的一系列要求，而要使这些要求真正为个体认识和理解并在此基础上转化为个人的欲求，只有通过个体的实践，通过实际地处理这些关系才能实现；同时，在实践中，可以培养、发展真正的责任感和义务感。社会公德教育必须从封闭的课堂中走出来，关注受教育者的个体生命和现实生活，把体现社会要求的社会公德规范与人们的日常生活、学习生活、交往生活、集体生活密切联系起来，督促其遵守各种公共生活规则，掌握公共生活中的文明礼仪知识，使其在人际交往中体验情感，在克服困难中磨炼意志，在解决具体问题时履行道德责任，真正做到德育过程生活化，生活过程德育化。

四、明确青少年社会公德的具体规范

值得注意的是，我国目前正处在转型期，市场经济自身的弱点和负面影响，多元文化和价值观念相互碰撞，出现了社会规范在某些方面和程度上的模糊、混乱和趋于多元化现象，容易使人们产生思想道德困惑，发生思想道德冲突。特别是在转型社会中，由于社会结构在不断加速分化，旧有的社会规范不断受到冲击而逐渐瓦解，原有的准则和规范失去了控制人们行为的权威和效力，而新的社会规范体系的建立有待于社会结构的重新整合。也就是说，“旧的平衡被打破，新的平衡又未完全建立起来，必然催生出各种各样的困难和问题”，引发一些人的思想道德行为失范。这些社会失范现象的存在不但形成了一种恶劣的社会氛围，也使人们特别是青少年在社会化过程中无所适从、迷失方向，从而造成社会化中的偏差、失败及种种病态现象，其中最典型的是青少年社会公德的迷失，甚至缺失。

要与社会的大环境相适应。本次调查的结果显示，对“讲究社会公德与发扬个性是矛盾的”这一观点表示“非常同意”和“比较同意”的青少年占32.8%，表示“说不清”的占22.4%，合计起来占到全部青少年的一半以上。因此，就像健全的法制的前提和基础是有法可依一样，对青少年进行社会公德教育的前提和基础是首先要加强社会公德的具体规范。在很多情况下，青少年社会公德失范的重要原因是由于青少年不清楚具体的社会公德规范，因此也没有明确的遵从意识。要让青少年养成遵守规范的意识和行为，家庭、学校、党政机关和新闻媒体（特别是网络媒体）等社会组织首先必须明确地告诉他们哪些规范是要遵守的，规范越具体、越明确，青少年在行动时就越清楚该依据什么，越清楚该怎么做。因此，要通过制定具体的社会公德规范让青少年认识到，“只图自己方便，公德意识差”“没有接受过相关教育，习惯成自然”“认为是小事一桩，没有意识到这些行为的负面作用”等现象是利己主义思想的表现，是违背社会公德的。

五、为青少年实践社会公德创造有利条件

针对本次调查中出现的26.4%的青少年“不知道该怎么参与志愿服务”，38.3%的青少年表示“如有垃圾桶就丢进去，否则就丢到废弃物多的地方”，46.1%的青少年“看到相关宣传后短期内会考虑”按照环保要求处理塑料袋的情况，以及“没有时间”参与志愿服务，“不知道该怎么参与志愿服务”的现象，家庭、学校、党政机关和新闻媒体（特别是网络媒体）等应为青少年实践社会公德创造有利条件。特别是有些社会公德的实现需要通过一定具体的手段和方法，即需要一定具体条件，而仅凭个人的公德意识和能力是很难实现的。例如，清扫公共场合的积雪需要一定工具和具体方法；救护伤、病人需要一定专业知识、交通工具、足够的金钱等等；垃圾分类、旧电池回收等不仅需要有专管此类事情的机构，而且还要方便市民；提倡见义勇为还需要与完善的治安手段和方法相结合才会使更多的人成为勇士等等。社会公德实践中的这种条件性，需要有一套统一机构来提供人们实践公德的具体条件，因此，它不仅仅要具备一定的社会物质条件，也要有一定的社会体制、社会精神条件的支撑。

对于其他社会身份青少年，在城市要完善以市民学校为载体的全民教育网络体系，组织社区居民开展公共文明行为“大家谈”“大家唱”“大家写”“大家画”“大家做”等活动，以便于大家实践社会公德。例如，在志愿者服务方面，针对高中生和初中生群体因为学习较为紧张而不能“经常参加志愿服务”的情况，北京市委教育工委、市教委、团市委联合制定了鼓励北京市建立和完善学生志愿服务的文件，也许该政策可以大大改善这种情况；在农村要发挥农村文明大院的作用，加大对农村青少年进行科学文明健康的生活方式教育。针对“从来没有过志愿者活动，但以后有机会会参加”的青少年所占比例较高的现象，也需要

社会为青少年创造更多的机会。针对“对违反社会公德行为的反应”选择“在不损害自身利益的前提下出面制止”“随大溜，有人出面时也出面，否则就不出面”的青少年占 65.8% 的情况，迫切需要家庭、学校、党政机关和新闻媒体（特别是网络媒体）等树立正面形象，提供正面教育，特别是政府机关要采取切实可行的保障措施，保护青少年与失范行为作斗争的勇气和信心。

六、创新制度，建立道德回报机制，积极满足青少年社会公德实践中的社会肯定性需要

本次调查的结果显示，北京市青少年遵守社会公德的动机主要在于获得社会及同辈群体的认可，而不是来自于对社会公德的纯粹认同，致使大部分青少年的公德行为尚停留在情境性的行为上。其中，37.8% 的青少年“遵守社会公德”是为了“得到社会的认可和表扬”，21.1% 的青少年“遵守社会公德”是为了“得到伙伴群体的认同”，8.6% 的青少年“遵守社会公德”是为了“得到家长的认可和表扬”，6.5% 的青少年“遵守社会公德”是为了“得到老师/学校的认可和表扬”，6.7% 的青少年“遵守社会公德”是为了“得到家庭/学校/社会的物质奖励”。也就是说，有 79.6% 的青少年遵守社会公德是为了得到社会肯定性需要。可见，青少年自觉遵守社会公德需要创新制度，建立道德回报机制，积极满足青少年社会公德实践中的社会肯定性需要。这种肯定仅表现在社会舆论的支持上还远远不够，只有通过一定的社会保障体制来予以肯定，才能使许多公德行为得以持久和普及。例如，捐献财物需要有公开透明的监督机构，防止救灾款项被贪污挪用。坚持诚实、正直和道义，需要有一套使坚持者不至于忍受太多的孤独，付出太大代价的制度保证，否则很难期望于多数人保持住起码的公德意识。社会公德所需要的这种社会肯定性，要求社会建立一种切实可行的监督和奖惩制度来抑恶扬善。

七、社会公德建设必须做到教育和规范、引导和示范相结合

社会公德建设要依靠青少年自身的努力，即要“从我做起”，从实践做起，从基础做起，从自律做起，从关心他人和社会做起。但是，为使青少年能够自觉践履社会公德规范，单纯依靠自律是不够的，还必须借助外在的教育和他律的监控作用，依靠法律、法令、条例、命令、决定等制度，做到德法相济。例如，根据本次调查关于遵守社会公德的动机的结果，4.1% 的青少年“怕不遵守时受到经济处罚”，同时家长、伙伴群体、老师、学校和社会媒体也可以从反面影响 15.9% 的青少年遵守社会公德。《公民道德建设实施纲要》也指出，“公民道德建设是一个复杂的社会系统工程，要靠教育，也要靠法律、政策和规章制度”。这告诉我们，加强公共生活道德建设，只有综合运用各种手段，坚持教育和管理

相结合，才能促进公民道德实现由强制到自觉，从他律到自律的转化。

有关部门要加强对网络的管理。国务院通过的《互联网信息服务管理办法》规定，互联网信息服务提供者不得制作、复制、发布、传播和散布淫秽、色情信息。2002 年 8 月 1 日，由新闻出版总署和信息产业部联合出台的《互联网出版管理暂行规定》也正式施行，规定互联网不得载有宣扬淫秽或者教唆犯罪的内容，不得含有诱发未成年人模仿违反社会公德的行为和违法犯罪行为的内容。阻止网络色情信息诱惑未成年人，不仅是家长和教育部门的事，而且是全社会的责任。

为了达到教育效果，家庭、学校、党政机关和新闻媒体（特别是网络媒体）等要从实际出发，制定出公德规范教育的具体内容，大力强化学校、家庭、社会三位一体的教育功能，加快构筑全社会齐抓共管的大德育体系，把思想教育与养成教育结合起来，不断提高公德教育质量，特别是学校，必须建立健全以下制度：①行为规范制度。包括一日行为规范、课堂纪律规范、家庭行为规范、校集会规范、班活动规范等。据此，学生在各种场合下做到有规可循。② 检查评估制度。根据行为规范制度，以学校为主体，把行为规范教育纳入办学水平综合评估之中，定期表彰；以班级为单位每日一检查；以学生个体为对象，每学期进行两次操行评估（一是期中对照检查；二是期末小结评比），并纳入“三好生”和优秀学生干部的评比中；对差生除建立档案管理制度外，还应设立差生转化“进步奖”，促进他们健康成长。

家庭、学校、党政机关和新闻媒体（特别是网络媒体）等还必须注意发挥榜样的作用。榜样的力量是无穷的。新中国成立以来特别是改革开放和社会主义现代化建设中涌现出来的先进集体、先进人物，是实践社会公德的榜样。要广泛开展向先进典型学习的活动，善于发现和运用先进典型，树立可亲、可敬、可信、可学的道德楷模，让广大青少年学有榜样，赶有目标，见贤思齐，从先进典型的感人事迹和优秀品质中受到鼓舞，汲取力量，使先进典型的高尚情操成为社会的共同财富。例如，本次调查显示，当有人正在做违反社会公德的行为时，有 22.6% 的青少年选择了“随大溜，有人出面时也出面，否则就不出面”。我们也可以从中看到榜样和示范的重要性。同样，家长也要为青少年树立榜样。虽然青少年接触外部世界的机会更多了，受外界的影响也更大了，但由于父母和子女的天然血缘关系和朝夕相处，家庭教育对青少年的行为影响仍然是巨大的。青少年明辨是非的能力有限，他们往往会模仿大人的做法而不辨其对错，即使有些时候他们知道父母的做法是错误的，也排斥这种做法，但耳濡目染，他们仍然变成了父母不良行为的翻版。所以，家长在对孩子提要求时，一定要保证自己首先能做到。

进入 21 世纪的中国人正经历着具有深刻内涵和挑战意义的巨大跨越，中国正处于从传统农业社会向现代工业社会转型的时期，社会主义市场经济的建立严重地冲击着人们传统的伦理道德观念。随着公共领域的扩大，人们交往日益频繁，在我国公共生活领域出现了许多道德缺失的现象，这严重阻碍了我国社会主义现代化建设和社会主义和谐社会的构建。

社会公德的建设是建设社会主义和谐社会的重要组成部分，从这个意义上说，社会公德建设如滔滔奔腾的大河，永远不会停止。而在社会转型过程中，如何结合我国的实际，借鉴国内外公民道德建设的成功经验，积极探索社会公德建设的途径和方法，为我国的社会主义现代化建设提供精神动力，就成为我们理论工作者和实践工作者义不容辞的责任。青少年（未成年人）社会公德建设是一项非常复杂的系统工程，涉及的范围广，对象层次多，情况复杂，因此需要全体社会成员共同努力，需要我们长期坚持，常抓不懈。

“路漫漫其修远兮，吾将上下而求索。”

（本部分由北京青年政治学院社区发展研究所袁光亮副教授、张瑞凯博士撰写，由北京东方道德研究所所长、原北京青少年研究所所长傅永吉副研究员审定）

中部　北京市青少年社会公德现状大型调查基础资料

第一章　北京市青少年社会公德现状大型调查问卷

北京市青少年社会公德状况调查问卷

问卷编码：________

亲爱的朋友：

您好！

首先非常感谢您能接受我们的调查！为了全面了解北京市青少年群体的社会公德状况，并对目前存在的问题进行深度剖析，以便寻找加强社会公德建设，加强社会主义精神文明建设的方法，创造有利于青少年健康成长的社会环境，北京青少年研究所拟在全市范围开展“北京市青少年社会公德状况”问卷调查。

本次调查采用无记名的方式进行，不会对您的利益、声誉、人身自由等产生任何不良影响。对于这次调查，如果您有什么疑问，可以打电话给北京青年政治学院社会工作系办公室，那里的电话号码是：(010) 64722376。

这份问卷可能要花费您 10 分钟左右的时间，请您耐心填写。再次谢谢您的合作与支持！

北京青少年研究所

2008 年 9 月

【填答说明】：

1. 请在每一个问题后适合自己情况的选项编号上画“○”或“√”，或者在横线处填上适当的内容。

2. 若无特殊说明，每一个问题只能选择一个答案。

3. 答题时请不要与其他人商量。

（本部分由调查员填写） 调查员：________________

调查时间：2008 年 9 月____日____时____分至____时____分
调查地点：____________________

第一部分：个人基本情况

S1. 您的性别：1. 男　2. 女。

S2. 您是哪年出生的：________年。

S3. 您现在正式的长期户口是农村户口，还是城市户口？（以户口本为准）________。

1. 农村户口　　2. 城市户口

S4. 您现在是：____。

1. 初中生（您现在是____年级？）
2. 高中生（您现在是____年级？）
3. 大学生——您现在是____年级？您的专业科类是：____。

① 文科　② 理工科　③ 农科　④ 医科

4. 研究生及以上——您的专业科类是：____。

① 文科　② 理工科　③ 农科　④ 医科

5. 已经参加工作
6. 目前没有工作
7. 其他________

选择 5，6，7 任一项者请继续回答下列方框中的 3 个问题：

S4－1　您的文化程度是：____。

① 小学及以下　② 初中
③ 高中/中专/ 职高/中技　④ 大专/高职
⑤ 大学本科　⑥ 研究生及以上

S4－2　您目前主要的工作：____。

① 从事农业生产劳动
② 工人
③ 商业、服务业、娱乐业的一般服务人员
④ 个体户
⑤ 公司的一般职员
⑥ 一般的公务员
⑦ 科技人员、教师、知识分子

⑧ 企业家，如经理、厂长、老板等

⑨ 其他职业的在职人员

⑩ 其他________________（请注明）

S4－3　在过去的12个月之内，您自己平均一个月的全部收入（包括所有的收入），属于下列哪一个收入段：____。

① 没有收入　　② 0～700元

③ 701～1 700元　　④ 1 701～3 400元

⑤ 3 401～7 000元　　⑥ 7 001～10 000元

⑦ 10 001～14 000元　　⑧ 多于14 000元

S5. 您的政治面貌是：____。

1. 中共党员　　2. 共青团员

3. 少先队员　　4. 民主党派或无党派人士

5. 群众

S6. 您父亲的文化程度是____。您母亲的文化程度是____。

1. 小学及以下　　2. 初中

3. 高中/中专/职高/中技　　4. 大专/高职

5. 大学本科　　6. 研究生及以上

S7. 您父亲主要是做什么工作的？____。您母亲主要是做什么工作的？____。

1. 从事农业生产劳动
2. 工人
3. 商业、服务业、娱乐业的一般服务人员
4. 个体户
5. 公司的一般职员
6. 一般的公务员
7. 科技人员、教师、知识分子
8. 企业家，如经理、厂长、老板等
9. 各级领导干部
10. 其他职业的在职人员
11. 家庭女性，不用出去工作
12. 长期失业在家
13. 暂时没有固定工作
14. 离退休人员

第二部分：对社会公德的认知

Q1. 您认为社会公德最主要的体现是____，其次是____，第三重要的是____。

1. 文明礼貌、互相尊重
2. 诚实守信
3. 助人为乐、济困扶贫
4. 见义勇为，与不良现象作斗争
5. 爱护公物
6. 有主人翁精神
7. 讲究卫生、爱护环境
8. 遵守公共场所秩序
9. 不影响他人

Q2. 您对以下对社会公德的看法持什么态度（见表110）？

表110 对社会公德的看法所持态度调查表

项　目	非常同意	比较同意	说不清	反对	非常反对
社会公德是做人的基本道德品质					
讲究社会公德与发扬个性是矛盾的					
社会公德的性质是相对的，不同的人可以有不同的理解					
只要从每个人做起，社会风气就一定会好转					
社会公德问题与我无关					
现在都是市场经济时代了，再谈社会公德就落伍了					
生活水平提高了，社会公德自然会好转					

Q3. 您对以下一些行为持什么态度（见表111）？

表111 对不良行为所持态度调查表

行　为	您的态度		
	反感	与我无关，但不赞成	无所谓，有时我也会这样做
随地吐痰，乱扔垃圾、废弃物			
用厕所后不冲水			
习惯“长明灯”“长流水”			
习惯插队			
不按秩序上下公交车			
公共场所光膀子、脱鞋			

续表

行　　为	您的态度		
	反感	与我无关，但不赞成	无所谓，有时我也会这样做
在阅览室等需要安静的公共场所大声说话			
在公共场所乱涂乱画			
在公共场所异性间过度亲密			
污损图书馆书籍			
遇到熟人不打招呼			
在观看体育比赛时随意走动			
在赛场上向不喜欢的对手起哄			

Q4. 对于 Q3 题中所提及的行为，您认为他们这样做的原因是：____（限选3 项）。

1. 只图自己方便，公德意识差
2. 认为是小事一桩，没有意识到这些行为的负面作用
3. 没有接受过相关教育，习惯成自然
4. 一些行为是体现个性的表现
5. 社会大环境使然
6. 社会公德宣传不够
7. 相关管理措施执行不力

Q5. 看到有人正在做违反社会公德的行为时，您会怎样？____。

1. 在不损害自身利益的前提下出面制止
2. 即便牺牲一定的自身利益，也会出面制止
3. 随大溜，有人出面时也出面，否则就不出面
4. 怕打击报复，敢怒不敢言
5. 制止违反社会公德的行为是有关部门的事，与自己不相干

Q6. 对违反社会公德的人，您认为最为有效的教育措施是：____。

1. 实行严厉的经济惩罚　　2. 批评教育
3. 新闻媒体曝光　　4. 强制做社会公益劳动
5. 其他________________________（请注明）

第三部分：社会公德行为

Q7. 日常生活中，在与人交往时您能够做到文明礼貌吗？______。

1. 一直都能做到
2. 偶尔不能做到
3. 经常不能做到
4. 从未做到过

Q8. 在与别人谈话时想打喷嚏或咳嗽，您习惯：________。

1. 不加遮掩就打喷嚏或咳嗽，认为这是生理现象，顺其自然
2. 不加以遮掩，觉得那样做太别扭
3. 加以遮掩或避开对方，以示尊重，也认为关系到个人的修养

Q9. 日常生活中，您能自觉使用“请”“您好”“谢谢”“对不起”“再见”等礼貌用语么吗________。

1. 很少使用
2. 在别人提醒时会使用
3. 能自觉使用

Q10. 遇到老师或认识的人时，您会：________。

1. 别人跟您问好时，您才问好
2. 主动热情问好
3. 装作看不见或绕着走

Q11. 日常生活中，您能够做到爱护公物吗？________。

1. 一直都能做到
2. 偶尔不能做到
3. 经常不能做到
4. 从未做到过

Q12. 当您想到草坪前面的地方，又必须绕较远的路时，您通常是：________。

1. 从草坪直走过去方便快捷，没必要走远路
2. 没人看管时就从草坪走过去，有人管就绕道走
3. 绕道走，以免踩坏小草，绿化遭破坏

Q13. 学校的课桌、椅凳或树木，您对它们：________。

1. 无聊的时候，随手在上面刻画以解闷
2. 当看到别人刻画时我也跟着刻画，凑热闹
3. 从不乱刻画，人人都应该爱护公共财物

Q14. 如果看到别人没有关紧水龙头时，您会：________。

1. 不去关水龙头，认为是平常小事，无所谓
2. 只是非常生气，但不是自己开的，不去管它
3. 马上去把水龙头关掉

Q15. 日常生活中您能够做到保护环境吗？________。

1. 一直都能做到
2. 偶尔不能做到
3. 经常不能做到
4. 从未做到过

Q16. 当您在街巷或走道里，手中有果皮或废弃物时，您 ________。

1. 习惯往下丢，这样方便省事
2. 如有垃圾桶就丢进去，否则就丢到废弃物多的地方
3. 都丢进垃圾桶里，注意保持环境卫生

Q17. 在日常生活中使用塑料袋时您会考虑环保问题吗？________。

1. 从未考虑过
2. 看到相关宣传后短期内会考虑
3. 一直都有这种意识

Q18. 日常生活中，您能够做到遵守公共秩序吗？________。

1. 一直都能做到
2. 偶尔不能做到
3. 经常不能做到
4. 从未做到过

Q19. 当您骑自行车在十字路口遇红灯时，您通常是：________。

1. 车少就直接过去，车多时如有人过也跟着过
2. 如有交通警察，等绿灯亮才走
3. 不管车多车少、有无警察，等绿灯亮才走

Q20. 上下楼梯时，您通常能够自觉靠右边站或行吗？________。

1. 人多的时候会
2. 人少的时候就随便站/行
3. 不管什么情景都会靠右边站/行

Q21. 日常生活中，您能够做到助人为乐吗？________。

1. 一直都能做到
2. 偶尔不能做到
3. 经常不能做到
4. 从未做到过

Q22. 遇到陌生人问路时，您通常会怎么做？________。

1. 不管什么情况都会热心指路
2. 看自己当时是否有时间，没时间就找借口推托，有时间就给对方指路
3. 怕被人欺骗，根本不理睬

Q23. 若您坐在公共汽车上看到一位老人或孕妇上车而没有座位，您会怎么做？________。

1. 立即主动让出座位
2. 虽不太情愿，但在乘务员或司机提示下会让座
3. 假装没看见，不让座

Q24. 您是否参与过志愿服务？________。

1. 经常参加志愿服务，而且很喜欢
2. 偶尔参加过，以后还会继续参加
3. 曾经参加过，但以后不会参加了
4. 从来没有过，但以后有机会会参加
5. 从来没有过，也不想参加

Q25. 您参与或继续参与志愿服务的理由是：________。

1. 参与志愿服务是每个公民的义务
2. 我可以从中学到很多有用的知识和技能
3. 我可以在参加志愿服务的过程中结交很多朋友
4. 能够为他人和社会做出奉献，我感到很快乐
5. 跟同学（朋友）去的，没什么理由

Q26. 您没有参与或不再参与志愿服务的理由是：________。

1. 我没有时间
2. 我觉得自己从中得不到收获
3. 我认为现代人首先要管好自己的事情
4. 我参加过的服务项目让我不感兴趣
5. 我不知道该怎么参与志愿服务

Q27. 总体而言，在日常生活中您在社会公德方面的实践情况是：________。

1. 一直都能遵守，总是有意识地控制自己
2. 偶尔不能遵守，而且很容易原谅自己
3. 经常习惯性地做违反公德的事情
4. 从未遵守过

Q28. 看到身边一些朋友能够一直坚持遵守社会公德，您会怎样想？________。

1. 社会公德是做人的基本道德品质，他们是我的榜样，以后我也会这样做
2. 他们为了得到家长/学校/社会的表扬或认可，没什么大不了的
3. 现代社会监控技术极其发达，他们是为了避免受到惩罚
4. 视具体情况而定，在不损害自身利益的前提下我也会坚持遵守社会公德
5. 视具体情况而定，他人在场时我也能够较好遵守规则，人少时则可能有不同的行为

6. 他们自身道德修养高，我做不到，也不想那样做
7. 其他 ______________________________（请注明）

Q29. 您遵守社会公德是为了________。
1. 得到家庭/学校/社会的物质奖励
2. 得到家长的认可和表扬
3. 得到伙伴群体的认同
4. 得到老师/学校的认可和表扬
5. 得到社会的认可和表扬
6. 怕不遵守时受到经济处罚
7. 怕不遵守时受到家长的批评
8. 怕不遵守时受到老师/学校的批评
9. 怕不遵守时受到伙伴群体的嘲笑
10. 怕不遵守时受到社会媒体的谴责

第四部分：社会公德影响因素

Q30. 与其他年龄段的人相比，您认为青少年的公德意识：________。
1. 很好　　2. 一般　　3. 较差　　4. 不知道

Q31. 您认为一个人的公德水平应该与什么因素成正比？________。
1. 学历、受教育水平　　2. 学问、知识的多少
3. 经历、人生的经验　　4. 财富、富裕的程度
5. 个人修养　　6. 与什么关系都不大

Q32. 您认为影响一个青少年公德意识的最主要因素是________，其次是________，再次是________。
1. 家庭陶冶　　2. 学校教育
3. 同龄群体的影响　　4. 社会风气
5. 社会舆论导向　　6. 成人的表率作用
7. 影视作品潜移默化的影响　　8. 其他____________（请注明）

Q33. 您的父母是否对您进行过社会公德教育？________。
1. 经常进行　　2. 很少进行　　3. 从没有过

Q34. 您的父母亲对您进行公德教育的方式是：________。
1. 简单的说服教育
2. 身体力行，在潜移默化中进行教育
3. 当出现一些违背社会公德行为时进行严厉批评和惩罚
4. 对遵守社会公德的行为给予物质奖励和表扬

5. 其他方式 ____________________（请注明）

Q35. 您认为家庭在社会公德培育方面主要存在什么问题？________。

1. 家长教育观念上重智育而轻德育
2. 教育方法比较简单，缺少有效的方法和方式
3. 父母没有以身作则
4. 父母自身缺乏相关知识，没有能力进行教育
5. 其他 ____________________（请注明）

Q36. 在您的印象中，最早对您进行社会公德教育是在哪个学习阶段？______。

1. 小学　　2. 初中
3. 高中/中专/职高/中技　　4. 大学/大专/高职
5. 其他　　6. 记不清了

Q37. 学校进行公德教育的方式中，最主要的是________，其次是________。

1. 简单的说服教育
2. 举办讲座或邀请有关人员现身说法
3. 学校内部开展活动，进行相关宣传
4. 老师身体力行，在潜移默化中进行教育
5. 当出现一些违背社会公德行为时进行严厉批评和惩罚
6. 其他方式 ____________________（请注明）

Q38. 您认为学校在社会公德教育方面存在哪些问题？________。

1. 学校重智育而轻德育，宣传和教育力度不够，校园缺乏浓厚的德育氛围
2. 教育方法过时，内容空泛，学生不愿听
3. 对违反公德的学生没有采取相应的惩罚措施，没有起到警示作用
4. 老师没有以身作则
5. 其他 ____________________（请注明）

Q39. 平时您能看到有关社会公德的宣传和教育吗？________。

1. 经常　　2. 很少　　3. 没有

Q40. 您认为在社会公德教育方面存在的最主要问题是________。

1. 新闻媒体宣传教育不够
2. 很少有人进行管理监督
3. 惩罚力度不够
4. 其他 ____________________（请注明）

Q41. 您认为提高青少年社会公德意识的有效办法，首先是________，其次是________，再次是________。

1. 加强管理监督，加大惩罚力度
2. 加强社会舆论的督导作用

3. 加强学校德育教育，改变教育方法
4. 重视家庭教育，父母以身作则
5. 提高个人对道德修养重要性的认识，人人管好自己

Q42. 您对下列观点和看法持什么态度（见表112）？

表112　对不同观点所持态度调查表

项　　目	非常同意	比较同意	说不清	比较反对	非常反对
竞争不能顾及良心和道德					
只要能得到个人最大的满足，违背一点道德规范也没关系					
大利大干，小利小干，无利不干					
人与人的关系就是相互利用					

Q43. 您认为自己应具有哪些良好的品质与行为习惯？________（限选3项）。

1. 诚实　2. 自信　3. 善良　4. 进取
5. 节俭　6. 勤奋　7. 勇敢　8. 遵纪守法
9. 热爱劳动　10. 尊敬老师　11. 关心父母　12. 团结同学
13. 羞耻感　14. 责任感　15. 服从　16. 宽容
17. 奉献精神

Q44. 请您选择3个对您来说是人生中最值得追求的目标，其中第一目标是________，第二目标是________，第三目标是________。

1. 金钱　2. 社会地位　3. 奉献社会　4. 友谊
5. 受人尊重　6. 知识　7. 健康身体　8. 权力
9. 事业　10. 理想与信念　11. 爱情　12. 舒适生活
13. 快乐　14. 理想的职业　15. 名望

我们的调查结束了，再次感谢您的支持！

（本问卷由北京青年政治学院社区发展研究所张瑞凯博士设计，由北京东方道德研究所所长、原北京青少年研究所所长傅永吉副研究员和北京青年政治学院社区发展研究所袁光亮副教授审定）

第二章　北京市青少年社会公德现状大型调查问卷设计说明

北京青少年社会公德状况调查问卷设计说明

一、核心概念界定

1. 社会公德

本问卷中的社会公德是指公民在社会交往和公共生活中应该遵循的道德准则，是社会普遍公认的最简单、最基本的行为规范。《公民道德建设实施纲要》明确指出，社会公德的主要内容为“文明礼貌、助人为乐、爱护公物、保护环境、遵纪守法”，它“涵盖了人与人、人与社会、人与自然之间的关系”。在人与人之间关系的层面上，社会公德主要体现为举止文明，尊重他人；在人与社会之间关系的层面上，社会公德主要体现为爱护公物，遵守公共秩序；在人与自然之间关系的层面上，社会公德主要体现为热爱自然，保护环境。

2. 青少年

目前国内对青少年的界定非常繁多，并没有形成统一的标准。本问卷将青少年的年龄界定为 11～28 岁的人群。下线的确定是以大部分青少年生理开始发育（青春期开始时间）为标准，而上线则是根据青少年的生理发育成熟的年龄、青少年犯罪研究的主要年龄范围、人口统计方面的规定、社会习惯认为的人社会成熟的年龄等因素。

二、调查目的分解

1. 了解北京市青少年社会公德现状

主要从社会公德的认知、情感、意志、动机和行动 5 个方面进行了解。

2. 解释青少年社会公德的实践行为

建立一个 logistic 回归模型，就社会公德的实践行为进行初步的理论解释。这一模型中，因变量是被访者的实践行为，即 Q27 题；自变量主要包括被访者的个人属性（如性别、年龄、社会身份、专业、政治面貌等）、家庭背景（父母职业、文化程度），对社会公德的认知、情感、意志、动机，社会公德的教育方式，青少年个人品德、价值取向这几个方面，希望借助多元统计方法，分析在控制了其他影响因素之后某一因素的作用以及因素之间的交互作用。

在整体理论解释基础上，建立分假设。

分假设：目前中国青少年社会公德的实践行为是一种情景性行为，会根据具体场域选择不同的行为。

假设 1：违背社会公德的成本越高，违反社会公德的行为越少。

假设 2：遵守社会公德获益越多，遵守社会公德行为越多。

假设 3：青少年所处环境他人越多，其违反社会公德行为越少；青少年所处环境他人越少，其违反社会公德行为越多。

3. 分析青少年社会公德的影响机制

在第二部分分析的基础上尝试构建一个解释青少年社会公德影响机制的模型。

4. 剖析北京市青少年社会公德现状存在的问题并提出对策。

三、调查内容及指标体系说明

1. 调查内容说明

在明确相关概念及调查目的的基础上，本次问卷内容主要包括 4 部分：第一部分涉及青少年的个人背景信息；第二部分主要涉及青少年对社会公德的认知及情感；第三部分主要涉及青少年社会公德实践状况及其实践意志和动机；第四部分主要涉及青少年社会公德的影响因素，其中涉及社会公德的教育方式、青少年个人品质及其价值取向。

2. 指标体系简要说明

（1）青少年的人口学特征：S1 ~ S6。

（2）对社会公德的认知：Q1 ~ Q2。

（3）对社会公德的情感：Q3 ~ Q5。

（4）社会公德的行动实践及意志：Q7 ~ Q27（文明礼貌：Q7 ~ Q10；爱护公物：Q11 ~ Q14；保护环境：Q15 ~ Q17；遵守公共秩序：Q18 ~ Q20；助人为乐：Q21 ~ Q26）。

（5）社会公德动机：Q28 ~ Q29。

（6）社会公德影响因素及教育方式：Q30～Q41（影响因素：Q30～Q32；教育方式：Q33～Q41）。

（7）青少年的个人品质及价值取向：Q42～Q44。

（本问卷设计说明由北京青年政治学院社区发展研究所张瑞凯博士编写，由北京东方道德研究所所长、原北京青少年研究所所长傅永吉副研究员和北京青年政治学院社区发展研究所袁光亮副教授审定）

第三章　北京市青少年社会公德现状大型调查抽样方案

北京市青少年社会公德调查抽样方案

一、调查对象及样本量的界定

1. 调查范围和对象

本次调查范围覆盖北京市 18 个区县常住人口①中年龄在 11～28 岁的青少年群体（不包括去其他省市上学、工作以及由于生理原因等不能接受调查的人员）。

根据青少年这一群体的社会活动特征，本次调查的对象包括以下两种类型：

（1）调查期内在北京市普通中学、中等职业学校、高等教育院校及民办高等教育院校就读，年龄在 11～28 岁的全日制学生（主要涉及初中生、高中生、中专生、普通本专科生、研究生及民办高校学生）。

（2）调查期内在北京市家庭、出租房、工厂宿舍等地居住，年龄在 11～28 岁的户籍人口及非户籍常住人口（居住满半年）。

2. 总样本量的确定

根据 2005 年北京市 1% 人口抽样调查显示，目前北京市常住人口中年龄在 10～29 岁的共有 457.2 万人。在保障本次调查抽样误差不超过 ±1.7%，置信度为 95%，核心变量推测总体比例为 50% 的条件下，经 $n = t^2 \times p(1-p)/e^2$ 公式计算得出样本量为 3 323。考虑到现实调查中非可控制因素及有效回答率等因素，本课题组经专家组建议将样本量调整为 3 500，即

① 指在某地区实际居住半年以上的人口。

本次调查的抽样比为 0.08%①。也就是说，在北京市 10～29 岁的常住人口中每 1 150 人中抽取 1 人。

针对不同社会身份的青少年，本次调查主要采用多阶段、分层、整群、概率比例的抽样方法抽取样本。根据多阶段抽样样本量计算公式②，在调查费用固定的情况下力使核心变量方差最小，计算出每个群体最优样本量，详见表 113。

表 113　不同社会身份群体样本量分配状况

项　目		在校生人数（2005 年）/人	百分比（占全体青少年人口总数的比例）/%	样本量分布/人
中学组	初中生	321 585	7.03	412
	普通高中生	278 358	6.09	356
	中等职业教育	278 064	6.08	360
大学组	高等教育（研究生及普通本专科，含民办高校）	714 743	15.63	720
其他身份组	其他社会身份青少年	2 979 250	65.16	1 652
合　计		4 572 000	100	3 500

---

① $f = n/N = 3\,500/4\,572\,000 = 0.000\,875 = 1/1\,150$

② 第四阶段样本量 $r = \frac{S_4}{\sqrt{S_3^2 - S_4^2/r}} \times \sqrt{\frac{c_3}{c_4}}$

第三阶段样本量 $k = \frac{\sqrt{S_3^2 - S_4^2/r}}{\sqrt{S_2^2 - S_3^2/k}} \times \sqrt{\frac{c_2}{c_3}}$

第二阶段样本量 $m = \frac{\sqrt{S_2^2 - S_3^2/k}}{\sqrt{S_1^2 - S_2^2/m}} \times \sqrt{\frac{c_1}{c_2}}$

第一阶段样本量 $n = \frac{c}{c_1 + c_2 m + c_3 mk + c_4 mkr}$

式中：n、m、k、r 分别是第一阶段，第二阶段，第三阶段、第四阶段样本单位数；

c 为调查总费用；

c_1 为第 1 阶段调查每一个抽样单位的平均费用；

c_2 为第 2 阶段调查每一个抽样单位的平均费用；

c_3 为第 3 阶段调查每一个抽样单位的平均费用；

c_4 为第 4 阶段调查每一个抽样单位的平均费用；

S_1^2为第 1 阶段抽样的层内方差；

S_2^2为第 2 阶段抽样的层内方差；

S_3^2为第 3 阶段抽样的层内方差；

S_4^2为第 4 阶段抽样的层内方差。

二、各群体抽样方法说明

1. 中学生组抽样方案

中学生组分阶段抽样样本量分布情况见表114。

表114　中学生组分阶段抽样样本量分布表

阶段	抽样单元	方差	抽样费用/元	样本量/人	抽样指标	抽样方法
第一阶段	区县	0.000 138 889	200	8	在读学生规模	PPS 抽样
第二阶段	学校	0.000 133 333	350	2	不需要抽样指标	系统抽样
第三阶段	年级	0.000 116 667	115	6	不需要抽样指标	普查
第四阶段	调查对象	0.000 088 89	1.5	8	不需要抽样指标	简单随机抽样

中学生组各阶段具体抽样方法如下：

（1）区县的抽取。使用PPS抽样方法，根据各区县2005年度在普通中学就读的学生规模为抽样标准进行抽样。抽中的8个区县分别是东城区、西城区、朝阳区、海淀区、房山区、丰台区、顺义区、大兴区。

（2）学校的抽取。列出8个区县中全部中学的名单并按顺序编号，使用简单随机抽样的方法从每个区县中抽出2所学校，抽取的学校名单详见表115。

表115　普通中学抽样结果

编号	区县	随机选中样本	替换样本
1	西城区	北京市裕中中学 北京市100中学	北京市第一五六中学 北京市第一六一中学
2	东城区	中央工艺美术学院附属中学 北京市第五十四中学	北京市第五中学分校 北京市阳光情学校
3	朝阳区	北京市第九十四中学 北京市东方德才学校	北京服装学院附属中学 北京市北苑中学
4	海淀区	北京理工大学附属中学 北京市西颐实验学校	北京石油学院附属中学 北京市海淀区教师进修学校附属实验学校
5	房山区	北京市房山区良乡第三中学 北京市房山区昊天学校	北京市燕山东风中学 北京市房山区坨里中学
6	丰台区	北京市丰台区东铁匠营第一中学 北京市明德中学	北京市赵登禹学校 北京市航天中学
7	顺义区	北京市顺义区板桥中学 北京市顺义区张镇中学	北京市顺义区仁和中学 北京市顺义区小店中学
8	大兴区	北京市大兴区兴华中学 北京市大兴区郭家务中学	北京市大兴区长子营中学 北京市大兴区礼贤民族中学

（3）从学校中抽取年级及班级。列出每个学校中每个年级全部班级的名单并按顺序编号，然后计算抽样间隔，之后采用系统随机抽样的方法从每个年级中抽取一个班级。

（4）从班级中抽取个人。事先与学校及班级负责人联系，讲明调查目的、性质、内容和方法，请他们提供该班级全部学生的名单。获得名单后，现将名单按顺序编号，然后采用简单随机抽样的方法抽取学生名单。

2. 中等职业学校抽样方案

根据《北京教育事业发展概况》提供的信息，2005 年度北京市中等职业学校共有 144 所，在校生有 278 064 人，占北京市 10～29 岁青少年人口的 6.08%。该群体各阶段样本量分配情况详见表 116。使用简单随机抽样的方法抽取学校，被抽中学校名单详见表 117。各阶段具体抽样方法详见中学生组部分。

表 116　中等职业学校各阶段样本量分布表

阶段	抽样单元	方差	抽样费用/元	样本量/人	抽样指标	抽样方法
第一阶段	学校	0.000 133 333	300	8	不需要抽样指标	简单随机抽样
第二阶段	年级	0.000 116 667	150	3	不需要抽样指标	普查
第三阶段	调查对象	0.000 088 89	1.5	15	不需要抽样指标	简单随机抽样

表 117　中等职业学校抽样结果

序号	抽中样本	替换样本
1	北京市外事学校	北京市美术职业学校
2	北京市宣武区第二职业学校	北京卫生学校
3	北京信息职业技术学院	北京市朝阳区职业技术学校
4	北京市丰台区汽车维修职业学校	北京市邮政学校
5	北京市幼儿师范学校	北京市黄庄职业高中
6	北京市房山区社区服务与管理职业学校	北京市海淀区卫生学校
7	北京市九华旅游职业学校	北京辅仁音乐学校
8	中国网球学校	北京市房山区第二职业高中

3. 普通高等院校抽样方案

2005 年北京市普通高等学校共有 79 所，当年在校生共计 714 743 人，占北京市 10～29 岁青少年人口的 15.63%，其中本专科在校生为 536 724 人，研究生在校生为 141 647 人。在 79 所普通高校中，民办普通高校有 10 所，在校生为 51 440 人，占 7.2%。

本课题组对这一群体的抽样依然采用3阶段抽样方式进行，各阶段样本量详见表118。使用简单随机抽样的方法在79所普通高等院校中进行抽样，被抽中的10所院校名单详见表119。各阶段具体抽样方法详见中学组部分。

表118 普通高等院校各阶段样本量分布表

阶段	抽样单元	方差	抽样费用/元	样本量/人	抽样指标	抽样方法
第一阶段	学校	0.000 133 333	300	10	不需要抽样指标	简单随机抽样
第二阶段	年级	0.000 116 667	200	6	不需要抽样指标	普查
第三阶段	调查对象	0.000 088 89	1.5	12	不需要抽样指标	简单随机抽样

表119 普通高等院校抽样结果

序号	样 本	替换样本
1	北京科技大学	北京交通大学
2	北京林业大学	北京化工大学
3	中央民族大学	北京中医药大学
4	北京航空航天大学	北京外国语大学
5	北京联合大学	中国政法大学
6	中央美术学院	国际关系学院
7	中国劳动关系学院	北京农学院
8	北京工业职业技术学院	中国音乐学院
9	北京印刷学院	北京农业职业学院
10	北京经贸职业学院	北京培黎职业学院

4. 其他社会身份青少年的抽样方案

考虑到其他社会身份青少年在职业、地域分区的广泛性，本次调查对该群体的抽样采取了4阶段抽样的方法，各阶段抽样单位依次为区县、街道办事处/乡镇、社区居委会/村民委员会、户（调查对象），各阶段样本量分配方案详见表120。

表120 其他社会身份青少年各阶段抽样样本量分布表

阶段	抽样单元	方差	抽样费用/元	样本量/人	抽样方法
第一阶段	区县	0.000 138 889	100	5	分层抽样
第二阶段	街道办事处/乡镇	0.000 133 333	500	3	简单随机抽样
第三阶段	社区居委会/村民委员会	0.000 116 667	500	2	简单随机抽样
第四阶段	户（调查对象）	0.000 088 89	1.5	55	系统抽样/简单随机抽样

(1) 区县的抽取。该阶段主要使用分层抽样的方法进行抽样。考虑到一个地区青少年社会公德状况与该地区的经济发展水平和青少年个体的受教育情况，即该地区教育发展水平具有很大的关联性，所以本课题组采用经济发展水平（地区生产总值）和教育发展水平（初中以上文化程度人口占6岁以上人口比重）两大指标，根据分层抽样划分层级的相关原则，对北京市18个区县进行了划分(见表121)。

表121 区县聚类分析信息表

项目	初中/人	高中/人	大学专科/人	大学本科/人	研究生及以上/人	6岁及以上人口/人	地区教育水平（初中以上文化程度人口占6岁以上人口比重）/%	经济发展水平（GDP）/亿元
东城区	2 937	3 681	1 531	1 426	137	11 338	85.66	513.9
西城区	3 320	4 171	2 408	2 765	391	14 917	87.52	864.8
崇文区	1 899	2 333	947	939	144	7 284	85.97	107.9
宣武区	3 070	3 617	1 534	1 135	120	11 093	85.42	223.1
朝阳区	14 698	12 056	5 942	6 942	897	47 643	85.08	1 253.4
丰台区	8 277	8 420	3 791	3 160	395	28 489	84.39	369.7
石景山区	2 951	2 834	1 336	1 096	107	10 088	82.51	197.3
海淀区	9 990	10 524	7 280	10 387	2 835	46 587	88.04	1 331.2
门头沟区	1 918	1 625	346	177	19	5 497	74.31	45.3
房山区	7 305	3 759	1 115	750	56	16 886	76.90	213.9
通州区	6 461	2 833	810	518	28	13 921	76.50	143
顺义区	5 934	2 848	737	377	16	13 155	75.35	276.1
昌平区	4 738	3 027	1 304	987	156	12 653	80.71	192
大兴区	6 019	3 138	925	603	45	13 758	77.99	153.5
怀柔区	2 277	1 448	419	224	4	6 098	71.70	57
平谷区	3 375	1 745	357	197	2	8 270	68.63	85.4
密云县	3 388	1 700	558	321	6	8 655	69.01	78.9
延庆县	2 131	1 118	249	114	3	5 727	63.12	41.8
合计	90 689	70 878	31 589	32 117	5 361	282 057	81.77	6 886.3

使用类间平均链锁法的树形图

```
聚类重新标定距离
      个案      0         5         10        15        20        25
变量标签  数量  +---------+---------+---------+---------+---------+

门头沟区   9    ⇩⬂
延庆县     18   ⇩▫
怀柔区     15   ⇩▫
平谷区     16   ⇩▫
密云县     17   ⇩⇳⇩⇩⇩⬂
崇文区     3    ⇩▫  ⇔
通州区     11   ⇩▫  ⇔
大兴区     14   ⇩▫  ⇔
石景山区   7    ⇩▫
▫⇩⇩⇩⇩⇩⇩⇩⇩⇩⇩⇩⇩⇩⇩⇩⇩⇩⇩⇩⇩⇩⇩⇩⇩⇩⇩⇩⇩⇩⇩⇩⇩⇩⇩⇩⇩⬂
昌平区     13   ⇩▫  ⇔                                        ⇔
宣武区     4    ⇩▫  ⇔                                        ⇔
房山区     10   ⇩⬃   ⇔                                       ⇔
丰台区     6    ⇩⬂   ⇔                                       ⇔
顺义区     12   ⇩⇳⇩⇩⇩⇩⬃                                      ⇔
东城区     1    ⇩⬃                                           ⇔
朝阳区     5    ⇩×⇩⇩⇩⇩⇩⇩⇩⇩⬂                                  ⇔
海淀区     8    ⇩⬃
▫⇩⇩⇩⇩⇩⇩⇩⇩⇩⇩⇩⇩⇩⇩⇩⇩⇩⇩⇩⇩⇩⇩⇩⇩⇩⇩⇩⇩⇩⇩⇩⇩⇩⇩⇩⇩⇩⬃
西城区     2    ⇩⇩⇩⇩⇩⇩⇩⇩⇩⬃
```

根据经济发展水平和地区教育水平两个指标，用SPSS软件中的聚类分析法把表121中的区县进行分类。根据聚类分析结果，我们将北京市18个区县分成三大类。

一类区域（3个）为朝阳区、海淀区、西城区；

二类区域（3个）为顺义区、丰台区、东城区；

三类区域（12个）为门头沟区、延庆县、怀柔区、平谷区、密云县、崇文区、大兴区、房山区、密云县、昌平区、通州区、石景山区。

根据分层抽样样本量计算公式，经计算确定从18个区县中抽取的5个区县。这5个区县分别是朝阳区、顺义区、宣武区、房山区、怀柔区（见表122）。

表 122 不同类别区域抽样结果

层编号	层单元数	层权	层应抽取样本量	抽中样本
1	3	3/18	1	朝阳区
2	3	3/18	1	顺义区
3	12	12/18	3	宣武区、房山区、怀柔区

（2）街道办事处/乡镇的抽样。该阶段主要使用简单随机抽样的办法从 5 个区县、116 个街道办事处/乡镇中抽取 15 个街道办事处/乡镇①，每个区/县各抽取 3 个，抽样结果见表 123。

表 123 5 个区县街道办事处/乡镇抽样结果

区县	抽 样 结 果
朝阳区	和平街街道办事处、大屯街道办事处、小红门地区办事处
顺义区	牛栏山地区办事处、高丽营镇、赵全营镇
宣武区	天桥街道办事处、陶然亭街道办事处、牛街街道办事处
房山区	城关街道办事处、周口店地区办事处、大石窝镇
怀柔区	雁栖地区办事处、渤海镇、宝山镇

（3）社区居委会/村民委员会的抽样结果。使用简单随机抽样的办法，从第二阶段抽取的 15 个街道办事处/乡镇中，各抽取 2 个社区居委会/村民委员会，抽样结果见表 124。

---

① 北京市相关区县的行政区划

地区	街道办事处	建制镇	建制乡	社区居委会	村民委员会
宣武区	8	0	0	108	0
朝阳区	22	0	20	371	156
房山区	8	14	6	107	462
顺义区	3	19	0	67	426
怀柔区	2	12	2	29	284
合计	43	45	28	682	1 328

资料来源：北京市统计局

表124　社区居委会/村民委员会抽样结果

区县	街道办事处/乡镇	社区居委会/村民委员会
朝阳区	和平街街道办事处	樱花园社区居委会 胜古北社区居委会
	大屯街道办事处	慧忠北里第一社区居委会 欧陆经典社区居委会
	小红门地区办事处	三台山居委会 牌坊村委会
顺义区	牛栏山地区办事处	北军营村委会 相各庄村委会
	高丽营镇	丽喜花园社区五村村委会 北王路村委会
	赵全营镇	西陈各庄村委会 板桥村委会
宣武区	天桥街道办事处	留学路社区居委会 天桥小区社区居委会
	陶然亭街道办事处	果子巷社区居委会 粉房琉璃街社区居委会
	牛街街道办事处	春风社区居委会 牛街西里二区社区居委会
房山区	城关街道办事处	南沿里社区居委会 迎风坡村委会
	周口店地区办事处	辛庄村委会 良各庄村委会
	大石窝镇	南辛庄村委会 三岔村委会
怀柔区	雁栖地区办事处	乐园庄村委会 石片村委会
	渤海镇	马道峪村委会 苇店村委会
	宝山镇	牛圈子村委会 菜树甸村委会

（4）调查对象的抽取。根据实际情况，该阶段主要使用系统抽样或简单抽样的方法，从每个社区居委会/村民委员会中抽取55位年龄在11～29岁非在校学生，对其进行问卷调查。

（本抽样方案由北京青年政治学院社区发展研究所张瑞凯博士设计并实施，由北京东方道德研究所所长、原北京青少年研究所所长傅永吉副研究员和北京青年政治学院社区发展研究所袁光亮副教授审定）

第四章　北京市青少年社会公德现状大型调查访谈资料

永远的荣耀

——2008 北京奥运会志愿者访谈录

2008 奥运不了情

有人说，志愿者是带着一颗真心和真情而来的，即使在骄阳暴晒下，在阴雨连绵中，他们也依然露出真诚的笑脸。“哪里有奥林匹克运动，哪里就有志愿者的诗篇。”每一个志愿者都是诗人，诗人的微笑、每一句话、每一个动作都是诗句，都构成诗的韵律。最终他们完成的是一首恢弘大气、华美绚丽的诗篇。

在正式参加“好运北京”测试赛志愿服务之前，我们是要参加培训的，只不过这次是正规的、全面的，从志愿理念、心态、团队建设，到具体的岗位知识，我们全都消化吸收。毕竟，培训的东西是有用的，是可以运用到实际工作中的。包括在后来的奥运志愿者培训中，我始终认为做事情就应该像这样：

一是态度决定一切，你的出发点始终影响着你。

二是你学到的东西会有用的，有条件的话多了解点。

三是别太看重自己，有些事大家都能做，相信你的团队。

2007 年 8—10 月，我经历了人生中第一次正式的志愿服务。下面是一个小的片段：

“一样的天空，一样的空气，不一样的是多了丝丝寒意；同样的热情，同样的信心，不一样的是一个新的岗位。在这次网球测试赛中我是一名验证员。这是一个寂寞的岗位，需要我勇于承受这种寂寞。之所以称为寂寞，是因为我的岗位位于整个场馆的东北角，每天穿行于我职守的岗位的人流几乎是固定的。每天只能看到裁判与球童忙碌的身影从我身边经过，面对同样的客户、一样的证件、一天平淡无奇的工作，真的要忍受这种特殊的寂寞。在岗位实践中我感觉到，真实的志愿者工作真的不像宣传片中描绘得那样精彩。当你把满腔热情无私地奉献给现实的寂寞时，支撑自己坚持下去的是‘我参与，我奉献，我快乐’这句浓缩了无尽光荣与汗水的信念。是的，志愿服务我在参与，北京奥运我有奉献，所以在这一刻寂寞的我应该是快乐的，并且我还要把这种快乐用微笑传递给每位经过我身边的人，因为那是我作为一名志愿者的责任。”

这段感受是真实的，也很幸运这篇小文被场馆和学校的刊物发表过，现在在百度上还能搜到呢。后来碰巧在奥运会培训的某种教材中我还看到我的这篇文章被出版了，只不过没有人给我稿费，但这又算得了什么呢？要不当志愿者，我连这么个机会都没有呢！一想到这，我都会笑，却不知道为什么。

离奥运会开幕还有 10 天的时候，我们集体进入了场馆（实地）培训阶段，为的是熟悉、熟悉、再熟悉场馆信息和自己的岗位。最主要完成两件事：一是团队建设。我是助理，带领我的小组，用最短的时间让她们熟悉，就像兄弟姐妹一样。二是岗位知识演练。讲解网球相关理论知识、各种观众服务的服务规范、票面基本信息和 RFID 仪器使用注意事项，布置各个检票点以及现场演练相关应急预案和各种扶残助残项目。

随着灿烂的礼花和圣火点亮天空，奥运会开始了。而这是我们的真实经历：

今天是网球正式比赛的第一天，整个下午一直到晚间，我和大家都是在雨中度过的。由于下雨的原因，网球比赛被推迟，我们只能耐心等待，但是观众们却不能忍耐，等待了几个小时，还淋了一场大雨，心情坏到了极点。面对志愿者时，不是抱怨，就是谩骂，纵使志愿者微笑地给他们解释和安抚，最终换来的也是各种各样的不满和牢骚，而我们唯一能做的就是面带微笑倾听和安抚。晚上 11 点多了，我们整理完物资离开了场馆，此时大家的脚已经被水泡了 6 个多小时了。

其实，今天最值得我欣慰和高兴的事情是发生在夜里 12 点左右观众退场的时候。当时，除了专用通道有 2 名志愿者站岗外，检票口其余志愿者在高椅引导员的带领下整队欢送观众。弯曲的志愿者欢送队伍犹如夜空的一道绚丽的霞光，照亮了观众退场的道路。每一名志愿者都面带微笑，挥动着手臂，嘴里亲切地问候到：“观众朋友们，你们辛苦了！路上小心，晚安！奥运专线就在安检大棚对面！Good night！Have a good dream……”这些发自我们内心真诚的问候给观众留下了深刻的印象，更有国外友人沿着这道美丽的“霞光”奔跑着与每一位志愿者击掌道别，之后他们用非常不纯的汉语高呼：“中国，加油！奥运，加油！”而志愿者们也跟着他们一起呐喊，最后志愿者现场教外国友人学说“爱的鼓励”。大家一起鼓掌，一起高呼，一起欢乐，好久没有看到这么感人的场面了。此外，某些中国观众看到深夜了还依然站着、微笑着欢送观众的志愿者时，会感慨地说道：“志愿者们，你们辛苦了！”而我们会异口同声地回答到：“为观众服务！”

这就是 8 月 11 日，奥运会的第三天，网球比赛的第二天，充实、繁忙、快乐！

其实，奥运志愿服务工作没有那么轰轰烈烈，更多的只是平淡无奇，只是一如既往。因此，我们坚守着自己的岗位，认认真真服务好每一个观众，服务好每一个环节，服务好每一分钟。从 8 月 10 日第一天开始，都是要等到最后一名观众退场后，我们一天的工作才能结束。而每次结束时，都是在第二天凌晨 2 点半左右，我们拖着疲惫的身躯踏上回家的大巴，而回到寝室的时候已经凌晨 3 点多了。就这样，我们坚守着“服务奥运”的信念，坚持为观众服好务，直到站好最后一班岗。

现在奥运会结束了，换来的结果是一届无与伦比的奥运会，对志愿者的评价也是高度赞赏的。这时我们再回忆起自己所做的一切，对比得和失，所承受的、付出的，认为这些值吗？重来一次还会再去当志愿者吗？我们所做的能得到社会的认可吗？其实这个答案早就在每个人的心里了，而我们所做过的至少在以下 3 个方面是可以看到成果的：

一是使我们获得了一个接触社会、真实地了解社会的好机会，增加了生活阅历，增强了认识。

二是强化了大学生的社会责任感，为今后树立敬业精神起了积极的作用。

三是通过我们的实际工作，增强了合作协作的团队精神、帮扶弱势群体的意识，学会了如何关心他人，有了一颗关心社会的心。

因为我国的志愿服务起步晚，工作体系尚未建立，国人对志愿者的理解还是有限的。在接触中他们会问我们能挣多少钱，是不是可以随便看比赛等，而不会理解志愿服务所蕴藏的无私奉献的含义。有时不会把我们当志愿者，而是当成工作人员，当心情不好或对我们的服务不满意时，很可能会冲我们发脾气。这时的我们如何给自己定位就显得很重要了。想想肩上的责任，以及那些需要我们的人吧。

其实，当静下心来回忆所从事的志愿者工作时，想到的会是什么？是在 8 月骄阳似火的太阳下汗水浸湿的后背，皮肤被晒得黑亮吗？是孤独地在岗上工作而周围却没有人吗？是吃饭时想着赶紧上岗去，上岗了却不知道什么时候可以歇息吗？是安抚观众却被抱怨痛骂后的迷茫与失落吗？是用嘶哑的声音继续重复着问候，用疲倦的双腿继续站立吗……都不是，想到的应该是我满意地解答了观众的疑问后对方向我露出的笑容，是因为我的尽职确保了场馆有序运行，是被同学们温暖的话语关心时的感谢心情，是看见场馆时那一种留恋的感觉，因为那里是我曾经战斗过的地方。其实，当你总结时会发现我们的信念很简单：为2008年奥运会贡献一份力量。虽然辛苦，但是我们自豪，我们快乐，我们从奉献中寻找到乐趣，我们从事志愿服务无怨无悔。

我们可以没有掌声，也可以没有回报，但若没有志愿者，就没有凝聚着中国和全世界梦想的北京奥运会，因为这份感动，我们甘愿奉献……

（本文由2008北京奥运会赛会志愿者杨明旭撰写，由北京青年政治学院社区发展研究所袁光亮副教授、北京青年政治学院团委景海俊书记审定）

这一切我将永生难忘

我是一名奥运会志愿者。直到现在，我还不敢想象。回想当初，从报名选拔到现在成功地完成任务这一辛苦的过程，其中有欢乐也有汗水。

我是一名中规中矩的普通学生，没有参加过太多的社会活动，只是在平常空闲的时间里去打打工，与外界交流很少的我其实很惧怕进入社会，接触社会。我虽然爱好广泛，喜欢动漫、武侠、伦理剧、音乐等等，但是我与一般同龄人不同。听音乐时我不喜欢听调子，而是听歌手的嗓音；看电视剧时不太喜欢大众片，而是偏重道理、理论等等。这一切导致我的性格有时有些孤僻，也许与我的家庭环境有关。我不喜欢热闹，喜欢一个人独处，开朗的一面并不多。“不以物喜，不以己悲”这句话自然而然地成了我的座右铭。我真的不敢想象，这样的我真的可以做好志愿者这份工作。

从2001年那个盛夏的夜晚起，我的心中便有了为奥运会作出自己的贡献的冲动。上了大学，我更加坚定了成为一名志愿者的决心，只有这样，我才能身临其境，用实际行动来感受奥运。于是我报了名，参加了面试。虽然清楚自己的性格可能会不适合，但还是想尝试并为之努力。我很幸运，从选拔到面试都很顺利，然后进行了严格的测试赛培训，参加了好运北京测试赛。通过这次试练，我有了自信，我相信自己能够胜任这份工作。当我拿到奥运会志愿者通知书时，距我报名已经快一年的时间了，这段日子使我更加坚定了我的信念——一定要成为一名出色的志愿者。拿到通知书的时候，我的心情是复杂的，这其中有幸福喜悦，而更多的则是一种责任感与荣誉感。当我庄严地宣誓时，我的奥运之旅已经走到了中间最绚丽多彩的部分。

开始了紧张的培训生活，课堂知识已经学习得很充分了，接下来终于可以进场馆了。我们的场馆是网球场馆，我的工作是观众服务中的坐席服务。观众服务是做什么的？从我们开始到培训时就不断地有人在问我“到底什么是观众服务”。最早的时候我解释说观众服务是做哪些哪些事情的，但是感觉这种说法不能够对整个观众服务的作用和作为有一个很明确的概念。后来随着自己的理解，我用了这样的一个比喻：当我们到一个餐厅里去用餐的时候，这个餐厅里有专门的大厨，有做面点的师傅，还有调酒的师傅，但是是谁把你引进到餐厅，帮你找到座位，然后帮你迅速地点餐，并递给你纸巾呢？那么观众服务就有一点类似于这样的工作。可能并不是观众所需要的服务都是由我们提供的，比如观众的住宿，可能是由北京市民局来提供；观众的交通，是由城市的相关交通部门来提供。我们所做的只是在场馆迎接观众，保证观众在场馆里观赛。具体讲，观众一到场馆，我们志愿者就会帮助他们顺利地通过安检，引领他们到正确的位置。

我的工作是坐席服务。比如说，因为这个场馆有一个很大的特点，中心是环形场馆，周围分布着大大小小的小分区场馆，观众进到这里就要找到自己的场馆和座位，如果没有我们及时的引导，可能问题就比较大。

培训的过程是艰苦的，尤其是炎热导致我们许多同学都吃不消，但是我们的培训还是十分系统、十分严格有效的。我们在培训的时候会针对每个不同的岗位进行培训，比如说做安检协查的志愿者，他这个岗位要干什么？要达到什么样的目标？他这个岗位常常碰见的问题是什么？我们用什么样的方式来解决？针对这些都会在培训的时候给我们做详细的讲解，还有模拟现场可能出现的情况，让我们大家去练。观众服务的志愿者意味着什么？站立 8 小时。我们白天在那儿站 2 小时就觉得很累了，加之在酷暑中还要挨晒。我们有一个同学说他一天的经历，他说自己正好站在安检协查的下面，一半的脸被大棚挡住了，是很凉快的，而另外一半就被太阳晒着了，在这种情况下也没有办法，还是要做，还是要面对观众。有的人还说我当观众服务志愿者是要看比赛，但是事实上我们有很多很多的岗位根本就看不见比赛场面。像我们去年测试的时候有一个志愿者在他的留言当中写道，说他是做验证的，他站的那个地方，前面就是一条长长的走廊，对面是白墙，墙上是海报，然后就站在那里，他每天想的就是快来一个人，快让我服务一下。

培训在紧张中结束了，接下来就要开始服务了。培训中虽然都会模拟到很多情况，但真正遇到情况时，还是有些困难。比如像对号入座，奥运会严格要求对号入座，但是咱们平常观看体育比赛或者音乐会什么的，其实你拿了票进去，除非位置特别好的区以外，其他的地方随便坐就可以。这是一个不好的习惯。但是奥运会就不同了，奥运会中我们要求大家严格对号入座。问题是，好多人因为怕晒，还想去距离选手近一些的座位看比赛，于是看到有空位子就想坐。他们说如果有人来了以后他们再走。但是如果大家都抱着这种心态，坐席就乱了，所以，我有时会很严格地控制这个问题。预留坐席也如此，是不允许观众坐的。有一次我对一位观众说预留坐席是给一些行动不便或票务有问题的观众准备的，她就指着旁边的那个残疾人说凭什么他可以做。当我耐心地解释后，那位观众离开了。

网球比赛中是不允许使用闪光灯的，手机必须设置成静音或震动，比赛过程中还不能来回走动，更不能大声说话。尽管要求很多，但是我们必须遵守。还有，中国人的民族精神是挺重的，观赛的时候也会带有一种民族情绪在里面，特别是中国的选手一旦出现了比分落后，或者出现失误情况什么的而让其他一些国家领先了，就会出现这种意外，喝倒彩甚至发出嘘声的情况。当这种情况发生时我们就要用一些手势来制止。

还有就是在场馆中会有一些坐席区域是不允许观众坐下的，比如说媒体记者席。那么，这些区域就在我们的工作范围内，可是有些观众想不通，反正也没有人坐，他为什么就不可以坐在这里。这种情况是真正比较难解决的，在这一方面我就要提醒广大的观众，奥运会有很多的规定，这个规定中最重要的就包括这种内部分区的规定，有一些区域就是观众不能坐的，所以在这些方面我们要请观众予以配合。其实像在测试赛的时候，我就负责这样的工作。在第一天的时候，会有很多观众真的就是出言不逊，非常生气，因为他认为自己有道理，所以理直气壮。他会指责、批评某个规则不合理，或者批评我不近人情，甚至还有的观众一把推开我们然后就冲过去了。这种情况都是有的，时间长了遇到这种问题多了，就能够以和谐的方式把问题解决掉，而不是当面指责观众蛮不讲理。我们常常说，我们最大的最主要的工作，就是把快乐，把我们真诚的微笑带给观众。可能对观众来讲，一个无心的微笑，一个无心的拍肩膀这样的举动，对我们志愿者都是莫大的支持和鼓励。

最重要的是，参与到奥运会志愿者的团队当中来竟是如此的快乐！我被这支具有责任心的团队给感染了！看到他们每个人都在尽心地做好自己的岗位工作，用最美的微笑来迎接四面八方的来宾，很快我也投入到我的队伍中。当我决定承担起这个诺言的时候，我就已经决定用我真诚的心、灿烂的笑和积极的行动去实现，去担当这个既让我为之兴奋，又觉得沉甸甸的诺言。记得有一次听一位助理这样说，“每一个岗位上的服务都是充满挑战与劳累的，但是细细回想，却是幸福和快乐的，记忆占据了脑海的大部分空间，志愿者服务的感觉就像加了糖的咖啡，初尝是苦的、涩的，但不久之后，就会感到沁人心脾的醇香”。其实在这种奥运志愿者的精神里，还有一份情缘叫友谊。短短几天的相聚，我们共同为一个目标奋斗。短短几天的协作，我们一起为一个梦想拼搏。短短几天里，我们同微笑，我们同服务，我们共吃苦，我们共幸福，我们互相帮助，我们团结协作。原本不相识，也变得熟悉；原本陌生人，也成了朋友。真的好像在唱那首歌一样，“有缘才能相聚，有心才会珍惜”。有这样一个名词，它能横跨遥远的距离，能拒绝时间的淘洗，能永不褪色，也能常驻在我们大家的心里，它的名字叫——

友谊。

志愿者的经历是丰富多彩的，一支笔不能够表达出我内心更多的感想，但是，是志愿者这份工作让我找到了自信，肯定了自己的价值。朋友们说我开朗了，父母说我懂事了。这一切的一切都让我无法忘怀。

我参与了奥运，奥运影响了我。这一切我将永生难忘！

（本文由2008北京奥运会赛会志愿者傅旭撰写，由北京青年政治学院社区发展研究所袁光亮副教授、北京青年政治学院团委景海俊书记审定）

梦想·奇迹·舞台

当看到9月17日残奥会的圣火熄灭的时候，心里有些莫名的感动。回看从好运北京测试赛到奥运会、残奥会志愿服务的日子，真的是一段永远难忘的回忆。

还记得申奥成功时的喜悦，还有当知道自己成为一名赛会志愿者时的激动，从奥运会的开始到闭幕，以及残奥会的开始到闭幕，整个过程中充满着欢声笑语。

从好运北京测试赛到奥运会、残奥会，我的岗位就一直是验证。奥运会那会儿在得知自己是验证员时，心里不是很开心，因为觉得验证工作太无聊了，半天看不见一人，我更愿意去坐席服务，与观众亲密接触。但真正上岗后我就发现我的那个想法是错误的！我被分到贵宾区，天天来往的都是外国人，这简直就是挑战我的英语极限……还好，我马上适应了这每天说不了几句中文的工作。不过我上岗第一天就发生了一件小乌龙。那天我第一次值双向验证岗，那个时段人比较多，心里有点慌。那个双向验证一面是六区，另一面是红区，这时一个穿着西装的外国男士戴着蓝六的证要从我这儿过，去对面的屋子里，我马上拦住了他，我当时脑子过于紧张，竟然忘了蓝盖红。我对他说不能从这儿过，说他的是蓝证。他说他能，说蓝证盖过红……我当时马上反应过来，觉得非常不好意思，连忙说对不起，但那位男生非常绅士，还一个劲儿地夸我，向我竖起大拇指，说我工作认真。走出一半后又回来和我握手，弄得我更不好意思了。然后去不远处他的办公室里面所有的人指着我微笑地说："She's a good girl！"然后屋子里所有的人都探出头微笑着看我。后来我知道了，那个外国男士就是国际网联主席。也许他怎么也没想到有人会拦住他，但是他的绅士风度让我这个本来很尴尬的小乌龙变得十分有趣。像这样有趣的事情在我的志愿服务中还有许许多多。

这期间也发生了一件让我记忆一辈子的事情！奥运会网球比赛完了，要进行颁奖礼。萨马兰奇和他的助理从贵宾区出来了，要从我负责的口走进场地。当他们走过我旁边时，萨马兰奇的助理（是个外国中年女士）微笑地看着我，我也微笑地看着她，这时她突然叫住了正在往场地走的萨马兰奇，说了几句话，意思就是让他和我合影！我当时都慌了，萨马兰奇看着我，他助理就和我说“you”，然后示意让我过到萨马兰奇身边去。我当时脑子里一片乱，光想这样不行！我是志愿者不能拍照，让主管助理看见不好，让外国媒体照了也不好……浮想到这些问题，我就对着他们双手在面前摇摆，嘴里说：NO，NO，NO！说完他们就走了，我都没敢看人家什么表情！我特后悔！哭死的心都有了！觉得自己脑袋真的有毛病！后来我就在我那岗位站着，后来大约半个小时后，萨马兰奇回来了，那会儿就有好多人了，媒体记者、保镖什么的……但是，他的助理又看见了我！又和萨马兰奇说了，又叫我过去照相！我当时没犹豫，马上过去了。因为本来就离我很近，就一步的距离，旁边保镖没有拦我。就这么一张我和老萨的合影产生了！他真的好慈祥！后来我一直对他和他的助理说“谢谢”。一个月前我去秦皇岛玩的时候还和那里萨马兰奇的雕像合影，不到一个月后我就和他的真人合影。到现在回想起来我都觉得不可思议，我想也许是我的笑容感染了他吧，我平时就是一个爱笑的女孩子。志愿者的微笑是北京最好的名片！

在外人看来，做志愿者很辛苦，没有报酬，却要拼命地工作。可是，我们的大家庭之中从来没有人想过退缩，即使一站就是两个小时，即使寂寞得只能和蚊子说话；即使每天要扯着喉咙喊很久，即使甜美的嗓音会变得沙哑；即使头顶着毒辣的阳光，即使白皙的皮肤会变得黝黑；即使就在场内却必须背对着赛场，即使看见最爱的球星也得不到一个签名。其实，这点困难根本算不了什么，因为我们都明白，既然穿上了这件志愿者的衣服，我们就有责任向世界呈现出一届精彩的奥运，不一样的奥运，也要让世界看到一个强大的中国，不一样的中国。

我认为志愿工作的成效很大一部分取决于志愿者的积极性。如果你积极地投入，热情地参与，耐心地引导，不厌其烦地解释说明，那么任何棘手的问题都可以迎刃而解。同时，志愿工作是一个良性循环的过程。你付出得越多，收获越大，积极性也就越高，就会继续投入，进而取得更大的成果。然而，迈出第一步对于每个人来说并不容易，话说万事开头难。可当经历了无从下手的慌乱，承受了屡被指责的苦恼，体味了气温骤变的无奈，以及在志愿工作中观众的愤怒、烦躁、冷漠、挑剔所带来的委屈，就会发现志愿工作才真正是挑战者的乐园。它能给予一个意气风发却又稚气未脱的年轻人缜密的思考、严谨的行动、周详的言语和亲善的姿态；它告诉每个深入其中的人事在人为的道理和协作共事的重要，甚至让人体味到物竞天择的一丝残酷。它锻炼人的思维，更磨炼人的意志。更重要的是，它能给予每个积极的挑战者极大的乐趣和成功的快慰。它让人知道了付出与回报之间的等价关系，更让人了解到懒惰与一事无成之间的必然联系。它让人学会洞察与观望他人的意图和态度，让人懂得积极进取和不懈奋争。它给人无限的动力，激励我们在这个能够证明自己实力和展示个人才华的舞台上勇往直前！

（本文由2008北京奥运会赛会志愿者邵辰婷撰写，由北京青年政治学院社区发展研究所袁光亮副教授、北京青年政治学院团委景海俊书记审定）

永远的荣耀

在自己大学二年级即将结束的时候，我们迎来了期待已久的北京奥运会！很荣幸，我成为了一名北京奥运会城市志愿者！

有人说，把一件伟大的事做得让人感动并不伟大，因为伟大的事情本身就有感人之处，而把平凡的事做得感人，却不容易。的确，我们志愿者就是这样一群人：我们的岗位虽然平凡，但我们用热情、真诚服务，用微笑展现自己，感动别人，在这里我们可以骄傲地告诉我们身边的所有人，我奉献一颗热忱的心，在这里传递一种无私的爱。雁行千里排成行，团结协作齐飞翔。

人们的目光都集中在一颗颗闪耀的奥运明星上，但是在闪耀的明星背后，有一群默默无闻为奥运会服务的人，这就是志愿者！

我们有着不同的年龄、不同的职业、不同的经历，却因同一个梦想走到一起。从陌生到熟悉，从萍水相逢到相识相知，从全然陌生到并肩协作。在服务奥运的日子里，我们每个人都毫无保留地奉献出自己的热情、能力、微笑，毫不吝惜地贡献出自己所有的力量。用真诚的微笑回报世界，用无悔的奉献助北京奥运一臂之力！

虽然我只是千千万万志愿者中最为平凡的一员，但涓涓细流，汇成江海，正因为有了像我们这样工作平凡，但心却不平凡的志愿者投身到奥运服务中来，才组成了2008北京奥运会最为庞大，也最为坚不可摧的基石和后盾。工作平凡，心不平凡！

没有鲜花，没有掌声，只有在炎炎夏日忙碌的工作；没有唠叨，没有埋怨，有的只是热情的笑脸、亲切的解答和一丝不苟的工作态度，争取帮助到所有需要帮助的人！这就是我们可爱的奥运城市志愿者。

每天伴随着这个奥运城市新的一缕明媚的阳光的升起，在全北京各地路口、商厦门口总会有几点蓝色“祥云”在忙碌，这就是奥运城市志愿者。穿上那蓝白相间、绘有祥云图案的奥运城市志愿者制服，佩戴上那亲切的志愿者笑脸标志，一股自豪感和使命感似泉水般涌上心头，我们迈着豪迈的步伐走向自己的岗位，阳光的微笑挂在朝气蓬勃的脸上。

蔚蓝的志愿者制服，鼓舞着我们的精神，就算挥汗如雨，就算没有关注，就算没有掌声；哪怕有不理解的目光，哪怕有不公平的埋怨，哪怕有不负责的言语，作为奥运城市志愿者的我们依旧坚守岗位，阳光灿烂，兢兢业业，时刻保持着热情和微笑，默默地为奥运会付出着。当看到人民群众和外国友人在得到帮助后显现出满意的表情和会心的微笑的时候，我们付出的所有辛勤汗水都是无比值得的！

在服务过程中，我们会遇到各种各样的问题，而当大家为了解决一个小问题而集体动员查阅资料，并且激情高昂时，我的心里就有一种说不出的自豪感——我们用集体的智慧，宣告着北京奥运的成功！我们的服务站点属于奥林匹克公共区，是很关键的岗位，每天都有很多人需要帮助，志愿者比较忙，我每次上岗都体会到了这一点，但是从来没见过谁叫过苦！

在服务过程中，我们的真诚和微笑有时不一定换来服务对象的理解，相反可能是不同的埋怨——这种事每天都会有。但是，志愿者们心里似乎只有“微笑、服务”这两个概念，所以这样的问题总会很好被处理掉，因为每个人心里都清楚，我们是志愿者，自己的言行举止对整个奥运建设非常重要。这段日子我真正学会了什么叫“修身养性”，什么叫必须受到考验的志愿者！

我自己内心的志愿者就是这样的定位，简而言之：微笑的奉献！

这段日子将会对我整个人生产生巨大的影响，我要慢慢体会这段美好的回忆！

（本文由2008北京奥运会城市志愿者陈强撰写，由北京青年政治学院社区发展研究所袁光亮副教授、北京青年政治学院团委景海俊书记审定）

莫名的感动

申奥成功后，人们便开始紧锣密鼓地准备着它的到来。经过这几年的努力，我们使“绿色奥运、人文奥运、科技奥运”的理念得以更充分的体现。这种举国参与的盛事当然也少不了我们这些在校大学生的参与。在全国总动员的同时，我们则在抓紧进行志愿者的报名工作，当然我也是其中的一分子。在我看来光让我看奥运还不够，亲身参与进去才能更好地融入奥运、服务奥运！正因此我报名参加了城市志愿者的选拔。此次选拔有非常严谨的流程和非常严格的标准。我像其他同学一样经过了报名、面试等一系列的流程，幸运的是最终成为了一名城市志愿者，并以此名义参加了包括天安门等地的一些志愿活动，为奥运期间的工作做好了充分的培训和锻炼。

时间的指针终于指向了2008年8月8日，奥运的乐曲终于奏响了，我们也终于开始了正式的服务奥运的征程。

我是奥林匹克公园11号岗亭的一名城市志愿者，我的工作就是为了奥运会的顺利进行和城市的正常运转，在奥运场馆外围及城市其他重点区域设立的城市志愿者岗位为来自各国各地的人们提供包括信息咨询、语言翻译、应急服务在内的服务。

盼望已久的志愿服务终于开始了，谁料到信心满满的我们刚一上岗便被一位游客冷嘲热讽了几句，但我们热情的心并没有因此而冷却，反而更加热情起来。我们要以自己的实际行动赢得大家的认可和支持！终于，我们迎来了越来越多的理解、善意、支持、认可的微笑。我们的热情也更是随之高涨中……

早起、炎热、劳累……这些以前看来有些令人头大的问题也随着奥运一天一天的顺利举办以及我国奥运健儿的屡创佳绩而变得不算什么了。伴随着奥运的脚步我们微笑着、努力着、感动着、快乐着、感悟着、成长着……

随着志愿服务的次数一次一次的增加，我更加深刻地认识到志愿者不仅仅是为社会、奥运提供无偿服务的工作者，还是保障奥运顺利进行，确保城市正常运转的守护者，更是向世界全面展示一个古老而现代、文明而热情的新北京的形象大使。

回想起这一段时间的服务经历，真是感慨万千！五味瓶般的感受着实给人以回味：酸——工作中难免会遇到不理解我们的人，莫名的责怪和不理解都使我们心里感到酸酸的，有时真想大声地哭一场。甜——互相报以微笑不仅拉近了志愿者间的距离，更缩短了志愿者与观众间的距离，一个手势、一个微笑、一句问候使甜蜜快乐的心情洋溢在每个人的心中。苦——每次活动必须起个大早，有时连早饭都来不及吃，饿肚子的感觉着实不好。服务中的一次又一次的言语重复虽有些乏味，但我们没有一个人不耐烦，反而每次都像头一次回答一样认真、耐心。辣、咸——这一感觉的缔造者当然就是太阳了，皮肤被晒伤后让人感觉火辣辣的疼，流下的汗水划过嘴角便会让你回味咸咸的味道……不过这五味中还是甜味更让人记忆犹新、难以忘怀，因为正是有了剩余的四味才幻化出了我们所感觉到的甜甜的感觉，而且使之更加愈久弥新、余味长存……

不过任何事物都不是真正完美的，都是需要后天改善的。我们的社会志愿服务体系也是如此。虽然外在看来运转顺利，但在细节上还要注意一些问题。比如在一些志愿者工作分配上要按其工作内容进行更为合理的分配，做到各尽其职；志愿者的工作时间安排还需要加以调整，以便让他们的就餐得到保障。但总体而言，志愿服务体系还是比较完善的，这也使我们能够不求回报地为奥运、社会做一些我们力所能及的事情，同时也让我们有了更为理性和高洁的价值观，使社会中的爱更加纯洁、高尚。

通过这一段时间的志愿服务使周围的人们从对我们由猜测到认可，从认可到支持，每一步的迈出都证明了我们志愿服务的价值所在。家人和朋友更是在支持我们的同时，还积极地参加进来，与我们一道服务奥运，服务大众。服务过程中的事情更让人感动，被服务的人们几乎都是微笑着与我们交谈，有的老人家更是激动地握着我们的手夸奖我们……动人的微笑、暖人的话语，一切的一切都使我感到莫名的感动。我想，作为中国人我是幸运的，因为我们伟大的祖国又一次迎来了来自世界的注目；作为北京人我是幸运的，因为可以在家门口感受奥运，关注奥运；作为一名志愿者我是幸运的，因为可以代表北京，代表中国人民，服务奥运，参与奥运。

幸运的我要时刻保持微笑迎接每位来自五湖四海的朋友，就让志愿者的微笑真正成为北京最好的名片吧！

（本文由2008北京奥运会城市志愿者王金喜撰写，由北京青年政治学院社区发展研究所袁光亮副教授、北京青年政治学院团委景海俊书记审定）

志愿者走好

首先我为自己能成为一名奥运会城市志愿者而感到自豪！在此之前我参加过几次志愿者的活动。那是在我们系的一个活动基地，给农民工子弟上课的活动，陪那些孩子一起做作业，一起玩耍。那时我就觉得很开心。2008 年奥运会要在北京举行，我非常激动，并希望能为举办奥运会作一些贡献，因此我报名参加了学校招募奥运会城市志愿者的活动。我们城市志愿者虽然不能亲身感受到运动员们那紧张激烈的较量，虽然我们会饱尝风吹日晒，但我们确确实实能帮助很多人，这就让我觉得很满足了。

在志愿服务期间，我们承担的是信息咨询，就是为不认识路的人指引方向。每次上岗都会遇到很多路人，尤其是在 798 艺术区里，那里的游客很多，而且大多数都是第一次到这里来参观，因此我们每一分每一秒过得都很充实。

我们微笑着

志愿者的微笑是北京最好的名片。没错，我们始终面带微笑迎接着每一位前来咨询的人。我们站岗时说的最多的话就是微笑着说“您好，需要帮忙吗”。此时，游客们会回赠我们一个微笑，向我们说出他们要去的地方，帮助完之后，即使他们不说谢谢，看见他们的微笑后我们也会觉得很高兴。只要是身穿志愿者的衣服，似乎我们每一个人的身上就有一种使命，使得我们不由自主地微笑着面对每一个人。

我们忙碌着

每当上岗的时候，不论是上午还是下午，都会有很多的人前来寻求帮助，因此我们每一个人都很忙碌。由于很多的游客都是第一次来参观，所以每天我们都会不断地重复听到同样的问题，但我们会不厌其烦地耐心回答每一位游客，告诉他们最佳路线。有时游客问的地方我们几乎都没有听说过，只好翻开地图帮忙找寻，倘若游客实在说不清想要去的地方，我们会派人带领游客去他们想要去的地方。

我们无奈着

由于我们的衣服上带有中国移动的标志，因此开始有很多人误以为我们是中国移动的工作人员在做什么活动呢。有的甚至上来就开口问我们某项移动业务怎么没办理，有没有充值卡，我们办理什么业务等等。我们真的是哭笑不得，只好耐心地向他们解释说我们是奥运会的志愿者，不是中国移动的。随着媒体的宣传，还有时间的推移，渐渐地人们开始认识我们了，很少有人再问我们那些令我们很无奈的问题了。

在志愿服务的这段时间里让我懂得，付出了就会有收获，志愿者不只是付出，还会得到很多的回报。你微笑着去帮助别人，别人也会微笑着对你说声谢谢，这时心里真的美滋滋的，有种说不出的成功感。在志愿服务期间，我体会到志愿者的真正意义是帮助他人，为他人带来方便的同时也让自己更加快乐，让生活更加充实。我觉得不应该只是在奥运会期间人们能享受到志愿者的服务，在平时的生活中也应该设有志愿服务的岗亭，这样可以帮助那些需要帮助的人。我认为作为一名志愿者是我的骄傲，觉得很有意义，今后我会努力做好我的本职工作，同时，还要参加其他的志愿服务，帮助更多需要帮助的人。

我相信，这次志愿服务会给我的一生带来深刻的影响，而且我会不断地努力参加到更多的志愿服务当中去，给更多人带来方便和笑容。我喜欢志愿者的工作，因为它会让我感到平时我感受不到的快乐和充实。这真的是“我参与，我奉献，我快乐”啊！

（本文由2008北京奥运会城市志愿者刘建影撰写，由北京青年政治学院社区发展研究所袁光亮副教授、北京青年政治学院团委景海俊书记审定）

享受团队合作的快乐

2008年8月8日第29届奥林匹克运动会终于在中国的首都——北京召开了。这是全国人民翘首以盼的日子。身为北京城市志愿者的我们不仅代表的是北京的“门面”，更是代表了中国的形象。我们要为北京增添光彩，要为中国尽自己的一份力。怀着这样的心情，我们开始了每一天愉快而又辛苦的志愿活动。

从小到大，没有什么特长的我，仅仅是一名平凡得不能再平凡的学生，然而就是这样一个普通而平凡的我，内心却有着火一般的热情和乐观的人生心态。我最喜欢参加志愿活动。念初中的时候，我们学校有一项名为“学生社会实践活动”考核的活动。它要求我们每学期都要做至少10次的社会实践。因此，那时的我一到周末，总和几个同学一起到附近的小区帮忙。下雪时去社区帮忙铲雪，春节时去看望孤寡老人或到社会福利院看望那些孤儿，有时也会帮忙擦玻璃，有时还会到商场去帮忙义务发放气球等等。也许在有些人看来，那时的服务活动不免有些幼稚，但我却觉得它们与现在的奥运志愿活动一样有意义。因为它们都是帮助他人的活动。不过那时的我怎样也不会想到，2008 年我竟然会成为一名城市志愿者，并且有幸参与北京奥运会的志愿服务！

听说要开始招募奥运会的志愿者，我当时就毫不犹豫地填表报了名。参加面试时要通过社会实践、礼仪、英语 3 部分考核。尽管最后我因为英语成绩不好并没有被选为场馆志愿者，但我并不失望，因为我还是被选入了城市志愿者的队伍。在我看来，只要被选入了志愿者的行列，我就很开心。不管是城市还是场馆，我们都是志愿者，都是为他人服务的人。城市志愿者并没有太多的培训，大多是将实践作为培训。例如到天安门去做奥运宣传，参加好运北京测试赛等等。我们在实践中不断成长。

城市志愿者的工作虽不比场馆志愿者那样辛苦，但也是“琐事”多多。我主要负责信息咨询。我们要依据北京奥组委提供的信息，为路人解答有关售票的疑问，通过从电视、报纸及网络上了解到的信息，告知路人各个项目比赛中的比赛信息。我们要翻阅资料，找到到达各场馆最省时、最便捷的公交路线。也有路人对购买奥运纪念品非常感兴趣，我们会告诉他们到最近的奥组委特许商店购买。在志愿工作中，我们经常会被问及周围餐厅、超市等生活场所的所在地，因此我们要利用对周边熟悉的优势，为路人排忧解难。在遇到无法解决的问题时，我们会利用手边的地图等工具仔细查找，为路人找到最满意的答案。在每一次为路人的答疑解惑中，我们也都在不断学习，增进对周边服务设施的了解，以便更好地为人们提供便利。

不过并不是每一天的志愿活动都会让人觉得轻松又愉快。我们时常会遇到一些令人不开心的事。记得那天下午我像往常一样工作着，这时来了一老一少两个路人，她们向我询问从鸟巢到铁家坟的公交路线。由于从亚运村站没有直达铁家坟的公交车，因此我必须从众多公交路线中查找到能让她们倒车的路线。北京的公交很发达，想要在很短时间内查找到正确的路线，几乎相当于大海捞针。因此，我面带微笑地对她们说：“请稍等，我尽快为您查找路线。”但是，她们好像并没有太多的耐心，连一分钟的时间都不到，那位年轻人便开始抱怨起来：“怎么这么慢？你们到底知道不知道呀？”无奈，我只好再次面露微笑地向她们解释说：“很抱歉，因为没有直达车，我需要查找倒车的路线，请您再稍等一下，我尽量加快速度。”可是她们好像并不打算再给我一次机会，那个年轻人不停地说：“磨磨蹭蹭地搞什么，原来你们也不知道，这不是瞎耽误工夫嘛！”她身旁那位老人也在不断地附和着。听到她们这样说，我只好第三次微笑着向她们道歉并解释原因，同时希望她们能够谅解。可惜无论我如何说都不管用，年轻人似乎完全没有耐心，一边不断地说“连你们也不知道，你们真没用”，一边拉着老人转身离去。望着她们的背影，我不由得觉得自己很委屈，但是旁边的同伴安慰我不要在意，何况一般查找需要倒车的路线用电脑才成，毕竟我们手头的工具都比较原始，我们又不可能将每一条公交路线都背下来。听了同伴的话，我的心情也轻松了许多。经过这次事件，我每次回家后都会在网上搜索一些路人常问的倒车路线，以便应对突如其来的问题。

在别人看来，做志愿者很辛苦，每天要拼命地工作。可是，我们从来没有退缩过，即使一站就是六七个小时，即使每天要扯着喉咙喊很久，即使在一天内要回答同一个问题上百遍；即使头顶着毒辣的阳光，即使白皙的皮肤会变得黝黑，身为志愿者的我也用微笑感染着每一位路人及询问者。尽管有这样或那样的困难，但在我们的脸上永远保持着灿烂的微笑。通过城市志愿服务工作，我收获很多，“赠人玫瑰，手有余香”，在服务他人的同时，也实现了自我成长。通过认识新的志愿者朋友、同学，我从他们身上学到了新的知识。我始终坚信，微笑能代表我的态度，微笑能代表我的热情，微笑能助我出色地完成每一次服务。不管是在场馆里，还是在马路边，我们都在为奥林匹克的成功，贡献着自己的绵薄之力。这种经历无法复制，只有体验过才能感受到其真正的意义。奥林匹克不仅仅关乎运动，它还可以把世界各地不同的人们联系到一起。我们既然是北京奥运会的志愿者，我们就有责任向世界呈现出一届精彩的奥运，不一样的奥运，也要让世界看到一个强大的中国，不一样的中国。我希望能和我的那些志愿者朋友们一起完成我们的志愿梦想，虽然我们未曾见面，但我们却在同一片蓝天下，拥有同一个梦想！

参加这次奥运会城市志愿服务，使我享受到团队合作的愉悦，更是体会到服务奉献的快乐，让“志愿服务”成为北京 2008 年奥运会最好的名片之一，让我们继续努力为社会贡献自己的一份力量吧！

（本文由2008北京奥运会城市志愿者齐佳君撰写，由北京青年政治学院社区发展研究所袁光亮副教授、北京青年政治学院团委景海俊书记审定）

尽自己最大的努力

“尽自己最大的努力，完成我力所能及的事情，为别人提供满意的服务。”我的这句格言不是凭空想象的，而是我在奥运会志愿服务的实践中总结出来的。

申奥成功时，老师曾对我们说：“2008 年正是你们上大学的时候，到时你们很有可能为奥运服务，所以你们要积累奥运知识，更要好好学习。”没想到老师的一番话真的实现了，我确实成为了一名为奥运服务的志愿者，当然我仍然记得成为志愿者的过程。那时各个高校都在为奥运做准备，我校也不例外。首先要自愿报名。那时报名的人真的很多，而后就要等待面试。还记得面试一共有 3 项：第一项是礼仪；第二项是英语口语；第三项是为来京游客介绍好玩的地方。回想当时还真的有点紧张呢，不过还好，顺利通过了面试。最后我被录用为奥运城市志愿者，虽然没能幸运地成为赛事志愿者，不过我相信城市志愿者一样能为奥运作贡献。在此之后我们参加了英语培训、听报告会等活动。奥运会前，我曾在十一期间在天安门进行过志愿服务活动，服务内容就是和城管一起维持秩序。虽然不是一天，但是半天的时间就让我感觉到累了，更别说一直都在巡逻的干警和城管了。不过我也知道了志愿者的责任，那就是全心全意把精力投入到工作中去。

奥运会期间我在机场线三元桥站服务，我们的工作包括信息咨询、语言翻译和应急服务。说到我的第一次服务，现在还让我记忆犹新……我们一组分为 3 部分：一部分在入站口做引导；一部分在出站口；剩下的在信息台做咨询。由于出站的人多，我就到出站口帮忙。就在这段时间，有一位拿着手机的女士边讲电话边入站，我的同伴在进站口做提示，等出站的人散去后，我又回到了入站口。这时一位女士来到我们面前说，刚才不小心从出站口走了出去，票已回收，后边的一男一女也为此来找我们。原来他们没听到我同伴的提示，跟着前面的那位女士，所以也误走了出来。同伴告诉我那位女士就是打电话的那位，这时那位男士就很生气地问我们："你们在这儿是干什么的？站内扶梯那儿怎么不站个人啊？"听到这话，我真的很生气。我们给每位乘客都做了提示，他们都顺利地乘车了，怎么就……后来，信息台的一位同学走过来说："我们负责信息咨询、语言服务和应急服务。"那人就什么也没再说。站内人员说没有办法，只能再买一张票。后来他来安慰我们说："别往心里去，这不是你们的错，常会有这种事。"当时真的有点气不过，后来一想，服务当中不可能总是顺顺利利的，这些事都是难免的。后来我们在每位乘客进站时都看着他们下去才安心，我把它当做一种学习的素材，有实践教训才有成功。

家人也很支持我的志愿工作，还问我可不可以带他们去，什么也不求，只求做一回志愿者，为乘客服务一次。朋友也用各种方式为我加油打气，我很高兴。每当想起乘客回敬我们的笑容，一切不开心也随之烟消云散，这时我的快乐是无法用言语形容的。我希望尽我的最大努力服务乘客，为乘客提供方便。

在我看来，志愿者是提供方便的使者，是提供社会公益服务的人员。在这段服务期间，我从期待到投入，从不懂到熟练，从陌生到熟识，这一切的一切让我有一种全新的感受，兴奋、委屈、快乐、不舍，在这短短的时间里体验了不曾有过的感觉，我相信这对我一生都有帮助，让我在困苦中坚持，在磨炼中忍耐，在跌倒时爬起。

（本文由2008北京奥运会社会志愿者任帅撰写，由北京青年政治学院社区发展研究所袁光亮副教授、北京青年政治学院团委景海俊书记审定）

我理解了志愿者的真正含义

我是北京青年政治学院的一名普通学生，并荣幸地成为了一名2008年北京奥运会的志愿者。我是城市志愿者及社会志愿者，在三元桥机场快轨线上服务，具体的工作就是帮助乘客，为其指引路线、方向，引导乘客上下车及进出站刷卡、插卡，为乘客提供服务。

我们在三元桥的机场快轨线上服务，每天来往的乘客很多，在高峰期我们甚至有些忙不过来。由于是机场快轨，所以乘客不光是我们中国人，也有很多的外国友人。这无疑是对我们的一大考验，对我们的英语水平的考验。虽然我们从小就学习英语，但基本上都是一些书本上的知识，要想灵活应用还真不是一件容易的事儿。平时我们觉得我们的英语水平还能说得过去，与外国友人简单交谈不会有什么问题，因为在英语课上，甚至是在课间我们都会用简单的英语词句进行交流，感觉很好；但没有想到的是，真的要实操起来，真正与外国友人进行很流畅的交流，还是有一定的困难的。可能是我们平时接触外国人太少的缘故吧，紧张得忘词也是难免的事儿。还好，有泰尔弗的同学同我们一起做志愿服务。有一次志愿服务让我深感惭愧。我被安排在楼下为乘客提供服务，因为有些累了，我便找了个座位坐下，一会儿迎面来了一个外国友人，我以为他是想坐下来等车，就起身向他指了指那个座位。那个外国友人见了撒腿就跑，我很是奇怪，不知道怎么回事儿。我看了看他，微笑了一下并又向他指了一下座位，然后说了一句“请坐”。之后一想不对，外国人怎么能听得懂中文呢？正当我刚要开口说“Please...”的时候，那个外国友人说话了，“不不不，小姐请上坐”。说完，还做了一个屈膝单跪，伸手指向那个座位的动作。我很是意外，在这种“邀请”下我又坐了下来。他也向我走来并和我聊了起来。这也是让我最惭愧的事情。我们聊了10分钟左右，都是用中文聊的，期间我只是说了A little这样简单得不能再简单的英语句子。这个外国友人很友善，我们聊了很多，我也告诉了他我一见到外国友人就紧张得不敢说英语了。他很风趣地说：“难道我们外国人是怪人，很可怕吗？”我们都笑了。他安慰我说以前他也不敢和我们说中文，说怕我们用异样的眼光看着他，可事实不是这样，我们不但没有用那样的眼光看他，还非常高兴地称赞他中文说得非常好。慢慢地他就越来越喜欢和中国友人们用中文交流了。他还安慰我说只要我大胆地说，即使是简单的词句，他们也能听懂我们的意思。我很感谢他，还教了他一点点中文。从与他的交谈中，字里行间我感到他非常喜欢我们的国家，喜欢我们国家的人民，喜欢我们国家的古迹，喜欢我们国家的文化，喜欢我们国家的美食，似乎是中国的一切他都喜欢。我也祝福这个美国人平安幸福。

我深深记住了那个外国友人的话，“只要大胆地说，没有什么的”。又一次我在进口处指引乘客进站，一个外国女士买了票，这次我没有紧张，大胆地指引这位外国友人进站。“Please present.”她听懂了，很顺利地进了站，向我致谢，并问了一个问题。她说得不是很快，也很简单，我听懂了，也就没请泰尔弗的同学帮忙。看到她微笑了一下，谢了我并下了楼梯，我高兴得不得了。原来和外国人沟通，帮助他们，并不是那么的困难，只要我们大胆地说，好好地学习，总有一天我们能非常轻松地和外国友人交流，增进全世界人民的友谊。

看到这么多的乘客得到我们的帮助，我们心里暖暖的，我们真正理解了志愿者的真正意义。感谢奥运会给了我们这样一次难得的机会，让我们在这里得到锻炼，让我们又迈出了成长的一步，与社会更加亲近了。也感谢我们的家人、老师及同学、领导对我们的支持与鼓舞，让我们能圆满地完成这次志愿服务。我想，这将是我人生中很难忘的经历。

感谢奥运会！感谢北京！感谢2008！

（本文由2008北京奥运会社会志愿者刁伟撰写，由北京青年政治学院社区发展研究所袁光亮副教授、北京青年政治学院团委景海俊书记审定）

志愿者的工作没有句号

从申奥成功的那天晚上，“我要成为一名奥运志愿者！”这句话就一直挂在我嘴边，期待着为奥运作一点贡献。忘记了去年的什么时候在网站上填写了张志愿者的报名表。其实，心里明白不会那么轻易被选中，毕竟天外有天，人外有高人啊。如今真的圆了梦，谁曾想，老天给了我一个机会，让我可以亲身参与到奥运当中来。2008年7月20日，我有幸成为一名城市志愿者，在刚刚开通的机场快轨三元桥站志愿者服务站体验了奥运志愿服务工作。虽然室外天气有些闷热，但我们的热情和耐心不减，而站点内播放的一首首奥运歌曲更是给我们加油打气。穿上这件蓝色的志愿者T恤，落在肩上的就多了一份责任，我们不仅代表着奥运，更代表着北京乃至中国的形象。为了撑好北京的门面我们一直秉承着微笑服务的宗旨，因为我们的微笑是北京最好的名片。

在志愿工作中，我们遇到了各种各样的问题。在刚刚接触这份工作的时候，人家问我要去哪儿怎么走，我都需要求助其他人。但是通过几次工作的经验以及对周边环境熟悉的优势，我和我的同学们成功地为路人排忧解难。其间遇到事先没有准备并且查阅地图也无法直接解决的问题时，我们就使用自己的手机打电话咨询，直到把人送上车为止。在每一次为路人的答疑解惑中，我们也互相学习，增进对周边服务设施的了解，更好地为人们提供便利。

“您好，请这边进站”“请乘右边电梯下”“This way, please.”“Can I help you, sir?”……这些都是我们服务时候的用语，中英文混搭，既可以提高我与人交际的能力，又可以锻炼一下我的英语口语，真是一举多得啊！

我第二次上岗的时候碰上两个说着很蹩脚普通话的老人家，他们的行李很多，看起来还很重，他们前来询问我们地铁10号线怎么走。我和我的同伴立即决定帮他们拿行李，送他们上车。于是，顷刻之间行李已经在我们的手上了，两位老人很是感动，问我们是哪个学校的，问我们志愿者服务累不累。通过简单的交谈，才知道他们是新加坡人。难怪这普通话说得有点蹩脚呢！在我们互相道别后两位老人坐上了车，顺利前往鸟巢观看奥运赛事。

除此之外，站点的宣传展板和便民服务也吸引了不少人。在我们自己制作的北京地铁示意图前中外游客以及过往的行人大都停下脚步，还不时与我们做一些交流，赞叹北京地下轨道交通发展得很快，方便了广大市民和游客。

虽然我们每天的志愿服务内容都是一样的——引导进站、引导出站、指引和翻译。5个人的组合任务排得满满的，每个人都忙忙碌碌，穿梭在进出站乘客中。长时间的连续站立、行走与不断的说话，使得大家一天下来都疲惫不堪。然而一次次正确的指引、主动且到位的翻译，换来的国内外乘客的笑脸却不断地给我们注入活力。人们都说志愿者的微笑是北京最好的名片，我们则要说乘客的认可与肯定是给志愿者最珍贵的回报！

当我们楼上楼下地帮助乘客提行李，当我们来回奔跑帮助乘客买票，当我们为乘客解决了问题，他们的一个颔首，一个微笑，一句谢谢，无一不让我们感觉到为大家服务我们很光荣！

当我们值完岗，签完到，嘴头上说总算能好好歇歇了，可眼睛里流露的却是不舍与铭记。在这里我们经历了太多，这一切只为了一个目标——北京奥运成功。累并快乐着，我们无怨无悔，我们心满意足。

8月的相聚，我们为同一个目标；8月的奉献，我们为同一个梦想。8月的每一天里，我们微笑，我们服务，我们吃苦，我们幸福，我们互相帮助，我们团结协作。原本不相识，也变得熟悉；原本陌生人，也成了朋友。有缘才能相聚，有心才会珍惜。我们因为奥运结缘，我们因为奥运相识，我们因为奥运奉献，我们因为奥运快乐……

（本文由2008北京奥运会社会志愿者撰写，由北京青年政治学院社区发展研究所袁光亮副教授、北京青年政治学院团委景海俊书记审定）

下部　青少年社会公德纵横谈

——北京市青少年社会公德现状大型调查相关资料

第一章　2000年北京市青少年社会公德调查

北京青少年社会公德行为特征及分析

北京青少年研究所　穆　青

2000年5—9月，“北京市青少年社会公德状况调查及对策研究”课题组在北京一些大、中学校共发放问卷1 800份，同时辅以个别访谈、实地观察、资料收集等方法，全面展开对北京青少年社会公德现状的调查。在发放的1 800份问卷中，回收有效问卷1 782份，有效率为99%，其中样本性别分布为男性占54.2%，女性占45.8%；身份分布为初中生占24%，高中生占31%，大学生占45%；政治面貌分布为党员占2.4%，团员占72.2%，少先队员占13.0%，群众占11.7%。

通过对问卷的整理、归纳和分析，我们认为首都青少年公德行为和意识具有以下一些比较明显的特征。

一、轻视社会公德，缺乏遵从意识

在这次调查中，尽管问卷回收情况和答题情况都令人满意，广大青少年朋友也积极主动地进行配合，但在交流的过程中我们发现，他们时常对我们的调查流露出一丝不解：这么一件小事，值得下这么大工夫吗？有几位调查对象曾坦率地告诉我们，他们对问卷上的问题大多不感兴趣，因为那些行为和观点既不是他们相互之间关心的话题，与期末的品德考评也没多少关系。

在日常生活中我们也很容易发现这种轻视、忽视公德的情形。通常几个青少年聚在一起，能引起兴趣的话题无非是电脑、上网、游戏，或是影视歌星、体育明星，或是最新时尚、流行情报，鲜有涉及公德问题的。在行为上，我们更是经常看到他们对公德缺乏遵从意识。一群少年人大声喧哗着“横行”经过公共场所，旁若无人地抽烟、打闹，甚至随地吐痰、吐口香糖，一旦被指出来，不少人会轻蔑地丢下一句“小题大做”，便扬长而去。

这种忽视公德的心理和行为倾向显然不利于我们加强社会公德建设，分析起来，其原因有以下几点。

其一是整个社会缺乏重视公德的良好氛围。改革开放之后，随着生产力的发展和经济关系的调整，逐渐打破了过去人与人之间固定单一的社会联系，代之以活动范围的日益扩大和社会交往的日益频繁。从而，公共生活和公共领域逐渐凸显出来，取代家庭和计划体制下的“单位”而成为社会活动的重要中介，公德的重要性也充分显现出来。然而，由于思想文化建设得不到位，整个社会一度处于无序状态中，忽视社会公德的情况普遍存在。青少年在形成自己的道德意识和行为判断的过程中，会受到社会的巨大影响。就调查而言，有62.8%的青少年认为“社会影响”是决定他们公德意识的主要因素，25.3%的青少年认为“社会大环境使然”是导致青少年发生失德行为的原因。那么，在一个尚未建立完善公德体系的社会中，青少年轻视或忽视公德，也是一个可以理解的现象。

其二是大众传媒在弘扬社会公德上做得还不够。当今，影视媒体展现在人们眼前的多是一个金钱至上、物质第一，而鲜有精神内涵的世界。在青少年亚文化的构造上，媒体也没有尽到引导、提升的职能，而是仅限于提供“流行情报”、明星轶闻等，这满足了青少年的好奇心理和模仿欲望，却基本无助于品德和修养的提高。在这样一个普遍免谈公德甚至道德，只讲竞争获胜的信息环境中，在人的价值以金钱上的成功而非品质和社会贡献为衡量标准的导向下，青少年对公德陌生进而轻视甚至反感，是一个令人痛心的后果。

其三是学校教育的失误。近年来，应试教育向素质教育的转型已成为全社会关心的话题，应试教育下德育所遭受的忽视，也已经得到人们的研究和探讨，但这一问题尚未得到根本的解决。在我们的调查中，导致失德行为的原因有50.5%被归结为“教育不到位”和“习惯成自然”两项。就德育本身而言，也存在着一定的结构性问题。长期以来中小学的品德教育注重的是规范的灌输，注重的是高标准，即共产主义理想和纪律的教育，而相对忽视了对公民意识的培养，忽视了行为习惯的养成。近些年有所好转，开始注重日常行为和实践中品德和良好习惯的训练，但在大部分学校里，基本的公德行为仍未被纳入学生的品德考评体系之中。在这样的教育环境下成长的青少年，有的对遵从社会公德的意义缺乏认识，有的虽有所认识却缺乏相应的行为习惯，从而出现了对公德规范遵从不力的现象。

二、知行脱节

在公德认知方面，青少年普遍表现得较好，对基本的公德行为和范畴，他们都有比较清晰的认识，但在具体行为方面的表现却不容乐观，而且这种“知行脱节”现象随着年龄的增长愈趋明显。

公德作为一种基础性的公共伦理体系，它更强调行为主体对规范的践行而非抽象的理解和认知。调查显示，广大青少年在公德基本概念和作用的认知上是正确的，如有 96.2% 的人不赞成“社会公德问题与我无关”，95.2% 的人赞同“只要从每个人做起，社会风气就一定会好转”，96.1% 的人反对“现在是市场经济时代了，再谈社会公德就落伍了”。另外，在我们对 8 种与青少年日常生活密切相关的失德行为调查中，答案均表现出了较高的反感率（见表 125）；但统计结果也显示了另一方面的现象：与高度反感伴生的正是这些行为的普遍存在。

表 125　对 8 种失德行为的态度和看法

%

8 种行为	态度			看法			
	反感	赞成	无所谓	很普遍	普遍	不普遍	很少
食堂买饭不排队	80.4	3.8	15.8	12.0	29.5	27.9	30.5
长流水、长明灯	85.6	3.2	11.1	8.4	32.9	32.6	26.1
随地吐痰、乱扔杂物	92.6	1.3	6.1	19.5	39.3	23.2	18.0
公共场所大声喧哗	87.1	1.1	11.8	16.1	39.3	28.4	16.1
课桌上乱涂乱画	74.1	1.8	24.1	23.1	38.4	20.6	17.9
随意扔馒头、倒米饭	82.8	1.3	15.9	16.4	38.0	26.6	19.0
上厕所不冲水	93.6	1.5	5.0	12.9	29.2	31.1	26.8
上课迟到早退或不按时赴约	79.9	2.0	18.1	10.8	28.3	29.5	31.4

对这种现象的出现，可以从以下几方面分析原因：

其一是公德认识尽管正确，但停留在抽象的层次上，一旦涉及具体的、具有现实针对性的问题，则会发生混乱。如在对社会公德和市场经济的关系的认识上，总体而言，有高达 96.1% 的人反对“现在都是市场经济时代了，再谈社会公德就落伍了”；但在面对进一步的问题时，这一正确认识就出现了明显的偏离，有 9.9% 的人认同“讲究公德妨碍竞争取胜”，15.1% 的人认同“人不为己，没法搞市场经济”。公德认识“高高在上”，却缺乏联系实际的中介，行为上也就难免是“说的一套、做的一套”了。如同样有多达 92.6% 的人反对“市场经济条件下，勤俭节约已经过时了”这一观点，但落实到行为中，表125反映得很清楚，共有41.3%的人认为“长流水、长明灯”的现象“普遍”和“很普遍”，54.4%的人认为“随意扔馒头、倒米饭”的现象“普遍”和“很普遍”。青少年能够认识到浪费行为的错误，但做起来又往往忽视了自己身边的浪费现象。

其二是道德情感显出淡漠的倾向，对失德行为缺乏强烈的批判意识和情感反应，而是持一种无所谓的消极态度。缺乏了道德情感的投入，抽象的认识也就失去了付诸实践的内在动力。在表125中，除了随地吐痰和如厕不冲水这两种明显违反现代卫生和文明习惯的行为外，青少年的情感反应均有一定的分散性，有10%~20%的人认为这些行为无伤大雅，即“无所谓”。当我们问到对图书馆书籍受损现象的反应时，有21.3%的人认为“公家的书就是这样”；看到有人乱扔果皮、纸屑，也有44.3%的人消极地认为“多一事不如少一事”；在公共场所看到小偷行窃时，又有19.9%的人选择“装作没看见，尽快离开”。同样，在认知上与赞同率高达95.2%的观点“只要从每个人做起，社会风气就一定会好转”相比较，这种情感上的消极冷漠是很显见的。

其三是欠缺坚强的道德行为意志，容易因外界影响而失去正确的行为。这表现在一旦出现失德行为，当事人往往倾向于从外界寻找原因，而忽视了对自身的反思。当我们调查不向老师打招呼的原因时，有31.8%的人选择“不喜欢这个老师”，将责任推给了老师；另有31.8%的人选择“不好意思”，体现了行为意志的缺乏。而在对公共汽车上不让座的原因的回答上，有30.8%的人选择“那么多人都不让，我也不让”和“怕人讽刺我”。这种疏于自我反思，习惯从外寻找原因的倾向导致青少年面对自己的失德行为而无动于衷，缺乏改正的主观意愿。

其四是行为习惯的养成欠缺，未能形成文明、健康的习惯。公德多体现为小事、细节，因而在行为中，习惯常常会起到决定性的作用。青少年自身对这点也有清晰的认识。在我们的调查中有31.5%的青少年认为自身失德行为的原因是“习惯成自然”，而在对不与老师打招呼的原因和公共汽车上不让座的原因的选择上，也分别有37.9%和13.1%的人选择“没这个习惯”。可见，良好行为习惯的缺乏已成为青少年落实公德认识的重要障碍。

三、随着年龄的增长，青少年对传统观念的认同有所降低，对现代观念的认同则逐步提高

在决定一个人公德行为的诸多因素中，自身品德结构是关键。拥有高尚或合理品德结构的人，其行为自然会合乎社会公德的要求。我们在问卷中列出了11项常见的品德，请青少年选出他们认为“当代青少年应该具备的基本品德”，期望以此能够对他们的品德结构有一个总体的把握。从结果看，青少年对基本的品

德范畴具有良好认知，一些传统美德仍获得了较高的认同度，具体数据见表126。

表126　对“当代青少年应该具备的基本品德”的选择情况

%

分类	基本品德	初中	高中	大学	总体
传统美德	尊老爱幼	81.0	76.0	67.5	74.3
	孝敬父母	56.7	46.2	43.5	47.6
	助人为乐	55.7	56.7	56.5	56.7
新兴观念	关心好自己	8.1	9.5	10.6	9.4
	公私兼顾	4.2	3.6	9.5	6.3
	先管好自己的事，再管别人的事	6.9	7.3	6.3	6.8
	惜时守信	19.7	33.6	45.5	34.7
基本修养	讲卫生、爱清洁	21.9	24.2	22.3	22.1
高层要求	见义勇为	32.8	31.1	34.7	33.1
	大公无私	11.1	9.2	9.7	10.1
无关选项	我行我素，富有个性	5.2	6.3	4.2	5.0

表126显示，青少年对大部分选项都有一定的认同，特别是对尊老爱幼、孝敬父母、助人为乐等中华民族的传统美德具有很高的认同感。另外，青少年对“惜时守信”这一现代社会和市场经济所内在要求的品德素质，以及“见义勇为”这一体现社会正义，为大众和舆论广泛呼吁的高层次道德要求，也体现了较高的选择意愿。这说明青少年对现代人的品德结构具有较全面的认识，对自我的道德展望也比较合理，基本上兼顾了社会需求、人际关系和个人素质等几方面。

表126还显示出，青少年对品德结构的认识随年龄有一定的变化，这表现为不同学龄层次的学生在选择上的侧重点有所变化。比较明显的变化是，随着年龄的增长，在初中生、高中生和大学生的眼中，“尊老爱幼”“孝敬父母”这类传统美德的重要性在逐渐下降，而“关心好自己”这一凸显个体意识，具有个人主义色彩的选项受到重视的程度则稳步上升。更明显的变化表现在对“惜时守信”这一与市场经济环境相适应的新型品德的认同度上，从初中到高中，以及从高中到大学，对这一项的选择率都上升了10个百分点以上。

品德认同的这种随年龄而发生的变化，实际上反映了青少年活动范围和生活阅历的变化。在我们的调查对象中，初中生由于年龄尚小，他们的日常生活和活动范围多集中在家庭和学校，几乎没有个人与社会直接接触的机会，因而与家庭相关的道德要求，如孝敬父母，与学校提倡的行为，如尊老爱幼和助人为乐，得到他们强烈的认同。与之相对，由于认知和理解能力的限制，他们对社会和外界的观念变化就不可能做出及时的反应。而对于高中和大学阶段的青年人，随着年龄的增长以及理解力的成熟，他们的眼界开始向外扩展，不再满足于家庭和学校的教育，也不再满足于简单听从成人的教导，而是更愿意自己去接触社会，通过自己的眼睛认识和思考社会，进而形成自己的选择。这样一来，社会的变化在他们的品德结构上打下了越来越明显的烙印，此消彼长，他们对传统美德的认同率就发生了相对的下降。

四、具备自我评价意识，但缺乏自律意识和能力

品德结构属于认知的范围，而社会公德最终是要落实到具体的行为上的。道德从认知转变为行为，需要经过一些中间环节，而自我反思、评价的意识和能力是其中重要的一环。只有道德认知实现了充分的内化，形成了个人内心深处自我评价的标准，一个人才能够不再受到外界潮流和评价的干扰，才能时刻做出真正合乎道德的行为。

在我们的调查中，青少年总体上表现出了相当明确的反思评判意识，能够有意识地从自身寻找行为的原因，有68.9%的青少年认识到发生失德行为的原因是自己的“公德意识差”。然而，与我们在公德认识中的发现类似，这种自我的反思并不彻底，它只是停留在抽象的层面上，而一旦触及具体情况，就会发生明显的变化。当我们提出“你是否有时也这样”的问题时，有34.1%的人比较明确地回答“是”，但更引人注目的是，有高达65.1%的人对此问题拒绝回答。这表明，在泛泛的层面上，青少年是能够对自身做出客观评价的（尽管结果不尽如人意），但一针对自身，他们就失去了直面不理想结果的勇气。

与评价中的矛盾现象共存的是青少年自律意识和能力差的特点。面对一项简单的公德行为，他们做的理由多是因为规则或制度如此规定，而不是个人觉得应该如此。学生为老师擦黑板是校园中的一项基本文明要求，学生们对此做得如何呢？我们进行了调查。当问及“课间你是否给老师擦黑板”时，有38.8%的人表示“愿意，而且经常做”，但更多的人（54.2%）则认为“有值日生，不需要我做”。这说明在校园中，这件事情已不再被公认为学生应有的礼貌举止，而成为必须以制度加以规定和约束的义务。不仅校园内如此，在涉及整个社会的公德建设时，青少年的反应也表现出与这种倾向有关的一些混乱。如对“只要从每个人做起，社会风气就一定会好转”这一抽象强调个人行为责任的观点，有95.2%的人表示赞同，但接下来又有25.8%的人认同“生活水平提高了，社会公德自然会好转”。在公德建设方面，青少年明显地倾向于认同制度的力量，而忽视个人的自觉行为。

就社会公德本身而言，它既外在地体现为规章、条文等形式，也内在地表现为个人道德修养和文明行为的养成，因而在公德建设上，制度建设和个人自律譬如车之两轮、鸟之双翼，是相辅相成的两大因素。当然，行为规范从诉诸内心的道德要求部分地外化为明确的规章制度，也是社会走向现代的一个标志，但这一过程决不能以个人道德责任感的淡化为代价。在我们的调查中，青少年道德情感淡漠，消极遵守规则的现象已经有所表现，这是公德教育中需要重视的一个问题。

五、追求新颖的公益活动形式

扶危救难、维护社会之类的公益行为是社会公德的一个组成部分，它的目的在于动员公众力量，弥补制度在功能行使时缺乏灵活性之短，及时快速地对社会需求做出反应，以保障社会的秩序和公正。它体现了每个公民帮助弱势群体，维持社会公正的义务。我国青少年长期以来有参与公益活动的传统，政府和学校也经常组织学生参与这一类的活动，但我们在问卷中发现，青少年对一些传统的公益行为模式反应冷淡，参与热情较低。

在问卷中我们列出了“义务劳动”“义务献血”“救灾捐助”“捐助危重病人”等4项经常展开又广为提倡的公益行为模式，就青少年对这些活动的态度和参与程度进行了调查，结果见表127。

表127　对4种公益活动的态度和参与情况

%

活动项目	参与态度			参与情况		
	愿意	不愿意	无所谓	没有	参与	未填
义务劳动	63.5	4.6	30.1	0.4	72.4	27.2
义务献血	48.8	22.8	25.2	0.9	7.2	91.9
救灾捐助	80.9	2.4	16.7	0.6	71.4	28.0
捐助危重病人	76.0	3.8	20.2	0.9	35.3	63.8

从表127中的数据看，除义务献血以外，对其他3种活动，尽管每种都有超过60%的青少年表示出愿意参与的态度，但同时又分别有30.1%、16.7%、20.2%的人表示“无所谓”，这一现象固然可以被视为道德情感淡漠的表现，但也反映出传统模式影响力的下降，青少年缺乏参与的热情和内在动力。就参与情况来看，对义务劳动和救灾捐助这两种屡见不鲜的公益活动，青少年的参与率不可谓不高，但值得注意的是，有近3成答题者没有进行回答，是整份问卷中回答率最低的一道题，这多少也反映了青少年对之的淡漠态度。

但我们并不能就此得出青少年缺乏公民责任心的结论。实际上，“希望工程”“爱心工程”以及“青年志愿者”等公益活动能够轰轰烈烈地展开，正是由于广大青少年的积极参与；在为此次申奥举行的一系列活动中，处处可见青少年自动参与、无偿服务的身影；在大型展览会、运动会和国际性会议的举办地，我们也总能看到青少年义务维持秩序，为各项会务服务。这一反差表明，不是青少年不愿参与公益活动，而是传统的命令和动员方式已经失去了对青年人的吸引力。

我们在访谈中也就这一问题询问了部分青少年，他们表达了自己对公益活动的期望。概括起来，他们首先希望这些活动的形式能够新颖有趣，符合青年人的特点，能够充分发挥他们的积极作用，而不是让他们仅仅听从召唤，被动地参与。在大学生中，不愿参加学校组织的义务劳动是很普遍的现象，但某校举行的一次自费去长城边植树的活动，却得到了踊跃的响应。这种对比正显示了青少年对活动形式的“挑剔”。其次，青少年希望这些活动能为他们提供开阔眼界，增长知识和能力的机会。如第21届世界大学生运动会的“彩虹志愿者”服务活动，就切实地锻炼了参与者团结合作、协调组织和交际的能力，并有利于外语水平的提高。另外，青少年也很看重一项活动的“人气”，如果参与者众，社会反响好，他们就会积极参加。这也许会造成某些活动“一窝蜂”，而另一些活动无人问津的不良现象，但这也是青少年对组织者提出的更高的要求。

（本文原载《北京青年政治学院学报》2001年第4期）

第二章　2001年厦门市经济特区大学生社会公德调查

特区大学生社会公德现状及教育对策

集美大学　郭明速　朱坤道

一、前言

社会公德是社会主义道德的重要组成部分，是社会主义道德体系的基础。党的十四届六中全会通过的《中共中央关于加强社会主义精神文明建设若干重要问题的决议》明确指出：社会主义道德建设要以为人民服务为核心，以集体主义为原则，以爱祖国、爱人民、爱科学、爱劳动、爱社会主义为基本要求，大力开展社会公德、职业道德、家庭美德教育，在全社会形成团结互助、平等友爱、共同前进的人际关系。

社会公德是人们在社会公共生活中共同遵守的基本行为准则，它规范和调节在公共场所人们的相互关系，反映了人们公共生活的共同需要。社会公德包含文明礼貌、助人为乐、爱护公物、保护环境、遵纪守法等方面的内容，具体来说，主要包括：维护人与人之间互相尊重、合作互助的规范；保护人与人之间正常交往的规范；维护公共秩序、公共设施、公共卫生、公共安全的规范；保证人们礼貌交往、友好沟通感情的规范；维护人与自然关系的规范等。社会公德的形成和发展对社会秩序的稳定、社会关系的协调、社会环境的美化及社会进步的推动等具有重要作用。人们社会公德水平的高低，直接影响着社会秩序、社会风气的好坏。社会越发展，人们的公共生活领域越大，社会公德规范就越多，要求也越高。目前，社会上对大学生社会公德现状有不同的评价，这种评价必定会影响到高校对大学生社会公德建设所采取的教育对策。经济特区是改革开放的前沿阵地，特区高校在社会公德建设上所遇到的问题，有可能是内地高校已经遇到或将要遇到的问题。为了更客观地了解、分析特区大学生的社会公德现状，本课题组设计了“大学生社会公德现状”调查问卷。该问卷共有 30 个问题，从文明礼貌、助人为乐、爱护公物、保护环境和遵纪守法等 5 个方面来反映当今特区大学生的社会公德现状，先后在集美大学所属的水产学院、财经学院、航海学院、师范学院、体育学院、工商管理学院和厦门大学、鹭江大学等高校以随机抽样方式开展问卷调查，共发放问卷 484 份，回收有效问卷 421 份，回收率为 87%。通过对问卷作答情况进行数据处理，并辅以座谈会、专家咨询、社会观察等形式，课题组初步得出特区大学生社会公德现状的几个特点，并提出若干教育对策，供有关部门决策参考。

二、综合分析

1. 特区大学生社会公德认知水平和行为方式总体上是好的，但也存在一些不足

调查结果显示：在文明礼貌方面，62. 4% 的人看到老师时会打招呼；88. 3% 的人认为穿拖鞋、背心进教室、办公室是不应该的。在助人为乐方面，86. 6% 的人在公共汽车上会经常给老弱病残让座；认为大学生参加无偿献血是一种无私奉献的行为，应该参加的人占 90%；捡到钱包会归还的占 72. 3%。在爱护公物方面，对在课桌上乱写的行为持反对态度的人占 65. 3%；遇到公共场所的长流水或长明灯现象会自觉关上的占 92. 1%。在遵纪守法方面，在食堂买饭时 79. 1% 的人几乎没有插队行为；过马路时能遵守“红灯停，绿灯走”交通规则的人占 72. 1%。在保护环境方面，75. 8% 的人看到旅游景点“×××到此一游”字样时感到很反感；73. 5% 的人几乎没有向窗外扔东西、吐痰的行为。以上分析表明，特区大学生总体社会公德状况还是好的，应给予肯定；但是，我们也要看到，他们的社会公德观念和行为方式也存在一定不足，如有 29. 1% 的人看到老师是否打招呼要依是否为任课教师，还有 8. 1% 的人很少与老师打招呼。当问到“看到发生交通事故时你怎么办”时，有 22. 8% 的人回答“围观”，24. 8% 的人则回答“不理睬，继续赶路”。当别人发言时，能认真听的仅占 49. 4%；在公共场合观看比赛时 45. 1% 的人有过喝倒彩起哄的行为。当看到教室、宿舍地板脏了，能主动打扫的仅占 35. 8%。

2. 特区大学生的社会公德观念和行为方式因较多地受到改革开放和市场经济的影响而呈多元化发展趋势

调查显示，假如拾到贵重物品归还失主，失主给酬金时，66. 4% 的人不接受，13. 8% 的人会全部接受，19. 8% 的人会接受一部分。这说明市场经济“有偿服务”观念给原有的拾金不昧精神注入新的内涵。再如，当问到：“假如你打破宿舍窗户一块玻璃，你会怎么想”时，73.4%的人回答“不应该，要赔偿，以后要小心”，4.1%的人则认为“反正是公家的，不管它”，还有22.5%的人回答“只要赔偿即可，不必内疚”。这说明社会上“有钱好办事”的不良风气已在一些特区大学生身上产生一定影响。有些大学生因社会传闻或过去经历而对一些助人为乐行为心存疑虑，当问到“看到路上有一个钱包，你可能会采取哪种行为”时，有72.3%的人会“捡起并想办法归还失主”，15.7%的人会“捡起，但是否归还要看周围是否有人”，有12%的人因怕上当受骗等原因而“不理睬”。可见，特区大学生的社会公德观念和行为方式呈多元化发展趋势，既有积极的一面，也有不可忽视的消极的一面。

3. 特区大学生社会公德的行为方式与认知水平两者之间存在一定差距，“知德容易行德难”

绝大多数大学生在观念上接受了社会公德对个人乃至社会的重大意义，在观念层面上接受了社会主义、共产主义道德观，都能意识到哪些行为是道德、应该倡导的，哪些行为是不道德、应加以纠正的。但他们的理解是肤浅、不稳定的，他们对学校规章制度的遵守情况往往因时因地而灵活变动，在遵守社会公德规范上呈现投机取巧心态，由此表现出一定的弹性行为，反映出他们对公德的认识仅仅停留在表层价值的认可上，而对深层的价值观念的领悟较浅。因此，部分特区大学生遵守社会公德的自觉性较差，自我约束能力较弱，缺乏自律性。如当问到“你是否有说脏话的行为”时40.2%的人回答“视场合而定”；16.4%的人在食堂买饭时如果有人监督就不插队；18%的人在没旁人时有过向窗外乱扔东西、吐痰行为；15.7%的人捡到钱包是否归还要看周围是否有人注意；当问到“红灯亮时，你刚好要过马路，你将如何选择行为”时，有24.5%的人将“视车辆多少或有无交警而定，能过则过”。

4. 在社会公德建设方面，相当一部分特区大学生考虑“自我”的因素较多，对别人的不道德行为则给予一定程度的容忍而不愿去纠正

调查显示，对会场传呼机鸣叫现象有24.4%认为可以理解；18.3%的人对大学生在课桌上乱写字的行为的看法是“可以理解，但不参与”，看到公共场所的长流水或长明灯时，有5.7%的人感到很气愤但不想动手去关上，2.1%的人则装作没看见；看到通知、布告等被涂改或损坏时，25%的人的态度是“与我无关，没感觉”；午休时，假如有同学在宿舍打牌，12.7%的人碍于同学情面，予以容忍；对旅游景点“×××到此一游”刻画现象有19%的人认为“可以理解”；看到学生宿舍楼走廊墙壁上的脚印、球印反应“没感觉”的占15.5%。

从以上所述特区大学生社会公德现状的几个特点可以看出，目前，特区大学生的社会公德总体水平还是较高的，但随着社会价值观念的更新而出现新的变化，应引起有关教育部门的注意。

三、特区高校加强社会公德教育的对策

特区大学生社会公德现状是家庭、学校和社会三方面综合作用的结果。因此，从根本上说，加强特区大学生社会公德教育必须由家庭、学校和社会形成三位一体的教育网络，齐抓共管。同时，也要清醒地看到，高校的公德教育不能因为上述三者的互补功能就可以有所削弱，高校在学生道德品质教育上的深刻性和高层次性等方面是家庭和社会教育所不可替代的，要纠正大学生社会公德“社会决定论”和“家庭养成论”的错误看法，学校肩负育人重任，在加强社会公德教育方面应该也是可以大有作为的。

1. 优化校园公德环境

俗话说，环境育人，公德教育包括社会大环境和学校小环境。就学校公德环境的优化来说，第一，要充分利用所在地区精神文明建设的丰硕成果，促进学校公德教育。如，在厦门，在公共汽车上主动给老弱病残人员让座已蔚然成风，这必然会感染身处特区的大学生。又如，人们在厦门岛内整洁的街道上一般不会乱扔纸屑、乱吐痰，这也会促使特区大学生养成良好的生活习惯。第二，要加强校园环境建设。一方面，要美化校园，以整洁优美的物质环境熏陶人，感染人，促进大学生良好习惯的养成；另一方面，要重视人文环境的培育。首先，教育者要提高自身道德素养，注意自己的一言一行在学生中的影响，真正做到言传身教，为人师表，以自己的人格魅力和示范作用来引导、带动学生。其次，要加强校园文化建设。良好的文化氛围和健康向上的校园风貌能最大限度地激发学生参与公德教育的积极性，使学生在不知不觉中接受教育，并以实际行动维护学校形象，维护自身形象，提高公德修养。因此，学校要开展丰富多彩的第二课堂活动，寓教于乐，使学生在潜移默化中不断陶冶情操，完善自我。第三，要发挥舆论在公德建设中的导向作用，倡导公德意识，推崇先进模范，谴责不讲公德的行为，鞭挞丑恶现象。党的十四届六中全会和十五大为社会公德建设指明了方向，特区高校要利用经济特区思想较开放，新旧观念碰撞较多的特点，提高学生辨别是非的能力，大力倡导文明礼貌、助人为乐、爱护公物、保护环境和遵纪守法等社会公德，大力宣传社会上和学校内涌现出来的好人好事，对校园内出现的上课迟到、出口成“脏”、攀折花草、乱扔乱吐等不良行为给予曝光，严肃批评，从而在校园内形成人人讲公德，唾弃不文明行为的良好公德环境。

2. 改革公德教育的内容和方法，把外在要求转化为内在需要

公德意识是人们后天经过教育和环境的影响形成的，公德建设是一项长期、艰巨的任务，学校在教育过程中担负着极为重要的责任，尤其要纠正重智轻德的倾向，克服单调、简单、呆板的教育方式，使大学生易于和乐于接受。学校要把

公德教育作为思想道德教育的重要内容纳入德育课教学计划，深入讲解。社会公德教育要教育学生发扬中华民族的传统美德，如“勿以善小而不为，勿以恶小而为之”，“一屋不扫何以打天下”，“君子爱财，取之有道”等；同时，还要努力用体现社会主义新风尚的道德标准、价值观念和时代精神来教育学生，引导学生全面、准确理解社会主义市场经济倡导的时代精神，教育学生正确处理好义利关系，纠正学生“市场经济导致道德滑坡”的错误观念。在教育方式上，既要有较高的理论水平，又要避免硬性的说教。公德教育要从普遍提高大学生的素质抓起，从小事抓起，这样看得见，摸得着，从而可以有所作为。只要人人遵守一定的行为准则，社会公德的整体水平就会提高，个人在社会上的利益也会得到保护。因此，要大力倡导社会公德，以此培育、提高个人素质，把体现社会主义文明的行为规范化为大学生的行为习惯和自觉选择，以此启发学生反省自己的道德观念，巩固已有的道德意识和行为，促进学生对公德的自觉认同。例如，可通过讲解有的毕业生在求职应聘时由于缺乏公德意识而受挫的事例，引导学生认识到：文明行为要从平时的一点一滴做起，习惯成自然，从而体现一个人的内在素养。这样，学生听起来就觉得容易接受，从而收到较好的教育效果。

3. 注重大学生社会公德实践活动

参与公德实践是进行公德教育，提高公德修养的根本途径，学生只有亲自参加实践活动，才能真正懂得加强公德修养的重要性和紧迫性，深刻理解和接受社会公德的原则和规范。实践又是检验一个人公德修养水平的标准，学生只有通过实践，才能不断纠正、规范自己的行为，逐步养成良好的公德习惯。一个人在不同场合总是要扮演不同的角色，在道路上，他是行人；在阅览室，他是读者；在食堂，他是顾客。不论扮演何种角色，他的言行都应不离“社会公德”这个谱。当今，校园内有一种矛盾现象：有人抱怨校园环境卫生差，而他自己却又随地吐痰，乱丢废物。要解决这个矛盾，学校应组织大学生积极参加社会调查、生产劳动、科技文化活动、勤工助学、青年志愿者活动等，从而教育大学生不仅自己要遵守社会公德，而且要积极维护社会公德，还要敢于同违反社会公德的行为作斗争，在实践中训练和检验自己的道德选择能力，提高独立思考问题和解决问题的能力，形成健全的道德人格。比如，学校可以组织大学生每天轮流打扫宿舍楼周围的环境卫生，这本身就是一种很好的“保护环境”公德实践活动。又如，在1997年厦门市组织开展的“向不文明行为告别”活动中，许多高校结合本校实际，组织学生开展了一系列相关活动，许多学生反映在参与活动的过程中自己受到一次很好的教育。可见，高校通过组织学生参与实践活动，把公德教育的主动权交给学生，使学生实现了自我教育、自我管理、自我完善、自我提高，这是一种很好的教育形式。

4. 强化教育管理

大学生良好社会公德品质的形成，还必须有外在力量的引导，学校公德教育离不开必要的限制性措施。在道德规范还没成为大学生的自觉行为的情况下，学校有必要通过制定相应的规章制度来约束一切不文明行为，把我们倡导的道德原则融于科学的管理之中。目前，高校对大学生思想品德方面的评定标准较模糊笼统，难以操作。特区高校应根据本地、本校和学生的实际情况，提出一些基本的社会公德要求，加以量化，以制度形式体现出来，并认真监督，记录在案，及时反馈给学生本人，敦促其改正。每学期的学生综合测评、评奖评优活动，也应该把学生的社会公德具体表现情况作为一个基本考核指标，以确保评比质量，树好典型。对个别严重违反社会公德行为的学生一定要严肃查处，以教育更多的学生。

四、结束语

目前，我国特区大学生的社会公德建设已取得一定成效，但受人力、财力所限，本课题组成员无法走出厦门到其他经济特区调研，只能对厦门特区的几所高校大学生的社会公德现状做初步的调研，对于特区高校如何加强大学生社会公德建设也只能提出粗浅的认识。为了进一步加强特区大学生的社会公德建设，并以此为试点，使之对其他高校大学生的社会公德建设，对跨世纪人才培养有一定的参考价值，希望有关单位组织一定的人力，投入相应的财力，就此课题做较深层次的研究。

（本文原载《集美大学学报》2002 年第 2 期）

第三章　2001 年江苏省中学生社会公德调查

中学生社会公德调查与分析

江苏扬州教育学院高邮校区　夏心军

社会公德是人类社会生活中最起码、最基本的行为准则，是社会共同利益的反映，也是社会文明程度的体现。中学生的公德状况直接影响到未来的社会建设者素质。

一、调查方法

以问卷方式进行调查，调查对象为高邮市驻城的 3 所完全中学在校生，共收回有效答卷 986 份（其中男生 413 份，占 42%；女生 573 份，占 58%），调查对象的具体情况见表 128。

表 128　调查对象的具体情况

项目	调查对象具体情况	人数/人	百分比/%
生源	农村	632	64. 1
	城市	354	35. 9
政治面貌	党员	128	13. 0
	团员	696	70. 6
	群众	162	16. 4
学历	高中	612	62. 1
	初中	374	38. 9
父母情况	工人	293	29. 8
	农民	436	44. 2
	干部	54	5. 5
	教师	125	12. 5
	军人	15	1. 5
	其他	63	6. 5

续表

项目	调查对象具体情况	人数/人	百分比/%
性质	学生干部	193	19.6
	普通学生	793	80.4
家庭结构	独生子女	756	76.7
	非独生子女	231	23.1

二、调查结果的讨论与分析

对学生的有效问卷进行整理，其结果见表 129 ~ 表 133。

表 129　中学生对公德和学生守则的认识

序号	调查内容	人数/人	百分比/%
1	公德是学生守则的基础	543	55.1
2	公德是学生守则的发展	443	44.9
3	中学生遵守学生守则最重要	526	53.3
4	中学生遵守学生守则意义不大	217	22.0
5	中学生遵守公德是重要的	761	77.2
6	中学生遵守公德的意义不大	191	19.4

表 130　中学生对公德概念的理解

序号	调查内容	人数/人	百分比/%
1	公德是依赖于社会舆论和个体的内心体验所形成的规范总和	551	55.8
2	公德是不做坏事，不侵犯他人利益，只做好事、好人	952	96.5
3	公德是每个公民必须遵守的	643	65.2
4	公德对个人行为无约束力	276	65.2

表 131　中学生对社会公益活动的态度

%

序号	调查内容	赞　成	反　对	无所谓
1	义务劳动	51.7	11.4	36.9
2	义务献血	34.5	17.3	48.2
3	捐款捐物	27.5	9.3	63.2
4	义务法制宣传	47.6	10.7	41.7

表 132　学生对公德的社会地位和作用的理解

调查内容	人数/人	百分比/%
导向功能	783	79.4
规范功能	547	55.3
维护功能	427	43.3
发展功能	612	62.1

表 133　中学生对道德现象的态度

%

调查内容	你的态度			反感原因	
	赞成	无所谓	个人自由	A	B
在集体宿舍乱拿他人用品	61.8	18.4	19.8	69.2	30.8
随地吐痰、乱丢杂物	58.4	36.4	5.2	89.5	10.5
公共场所大声喧哗，不遵守公共秩序	51.2	26.8	22.0	64.3	35.7
不注意爱护公物、浪费粮食	43.8	50.7	5.5	91.6	8.4
给同学乱起绰号	20.1	47.6	32.3	41.7	58.3

注：原因有两类。一是违反社会公德（A）；二是侵犯自己的切身利益（B）

三、中学生对社会公德的认识、状况

1. 中学生把学生守则与公德概念相混淆

在大部分中学生的心目中，对公德认识往往只是停留在感性的认识基础上有感而发，基本上还不能从理论的高度正确把握。这说明中学生守则教育的强化作用远远大于公德教育的力度和效果。中学生对《学生守则》和社会公德之间的联系和不可替代性也是模棱两可，对于谁主谁次，学生不能肯定。

2. 中学生对公德概念的判断比较正确

正确的判断对学生的行为产生导向作用，是学生形成正确的道德意识和产生道德行为的基础。学生在公德概念的判断上比较正确，说明现在学校的德育工作能密切联系学生身心发展的客观规律，德育是卓有成效的。

3. 中学生的公德意识和公德行为存在着较大的差距

从表 131 和表 132 中的数据不难看出，对有益于社会和他人的事情，中学生表示赞成，而对违反社会公德的事情则表示反对；但遇到具体的实际行动的时候，却又时常有相反的举措。这反映出有的学生常常由于自身的利益，仅仅考虑自己的得失与需要，而将道德行为和道德认识完全隔离开来。

4. 中学生对公德的作用和地位认识模糊

关于公德的作用问题，调查资料显示，当代青少年学生对公德的作用认识模糊。表132实际上所讲的几个作用应当说是比较全面地论述了其功能，但认为公德有维护功能的只有43.3%。

5. 中学生对社会道德现象的态度存在差异

通过调查我们发现，对于违反社会公德的社会现象，学生所表现出的态度也是存在差异的。对于给同学乱起绰号的现象有20.1%的学生表示反感，47.6%的学生表示无所谓，32.3%的学生还认为是个性化表现。这说明中学生对公德现象的辨别能力不强。对于不同的公益活动，中学生的认识也有明显差异。对于“义务劳动”超过50%的学生表示赞成，而对于“义务献血”“捐款捐物”两项表示赞成的学生不超过35%。究其原因，笔者认为，一是由于中学生对社会公益活动的认识只停留在感性的认识基础之上，缺乏系统性和整体性。二是由于我们的教育知识体系的问题，对于一些有利于学生身心健康的活动宣传、教育不到位，致使学生对公益活动存在一种不必要的惧怕心理。三是由于我们的中学生对社会公益活动的意义认识不足，没有把它上升到公民应尽的义务和基本道德素养的高度来认识。

四、如何加强中学生的社会公德教育

通过对986名中学生问卷调查的分析，我们认为，现代中学生的社会公德素质总体上是好的或较好的，但也有一部分中学生的社会公德水平令人担忧。基于中学生这种公德素质的现状，加强中学生的社会公德教育势在必行。

1. 增强公德意识

必须明确社会公德同其他道德规范的区别，即公德的使用范围具有极大的广泛性。也就是说，要使每一个中学生必须懂得社会公德与每个社会成员有着密不可分的联系。应该知道，生活在社会中的每一个人都不是一个孤立存在的个体，而是必然要与他人、社会、自然环境发生各种关系的。

2. 注重个人素质修养

公德意识是人们在后天通过教育和环境的影响形成的。如何提高道德品质修养，除了进行社会公德的教育和灌输外，还离不开自我修养。中学生进行自我品质修养，重要的是注重在实践中从我做起，从身边的一点一滴做起。

3. 增强对公德的评判能力

公德评判是人们依据一定的公德标准，通过社会舆论和内心自省的方式，对他人或自我公德行为进行善恶性的评价、判断活动的过程。社会公德只是对中学生提供了行为选择的客观标准，而要把这些标准转化为他们的行为，即实现从

“应该”到“事实”的转化，必须依靠公德评判。因而，增强学生的公德评判能力显得尤为重要。

4. 大力倡导公德教育

从目前我国学校教育的整体现状来看，在基础教育阶段，学校德育对学生社会公德素质的培养过于单薄，投入不够，多数流于形式。因此，对中学生进行公德教育，必须从地位上予以优化，并能根据现代社会的发展水平，实事求是地制定一些新的公德要求和标准；而在学校的德育课程建设上，必须保证给学生一定的空间，将学生实际生活和公德教育理论相结合，实现公德教育途径与方法的整合。

现代公德教育是一项多因素、多层次、多途径的庞大系统工程，学校公德教育的实施，必须充分发挥学校、社会、家庭各方面的积极性，建构阶段衔接、相互配合、协调一致的德育网络体系。也只有这样，公德教育才能富有成效和生机。

（本文原载《教学与管理》2002 年第 31 期）

第四章　2002年贵州省中学生社会公德调查

中学生社会公德状况调查分析

贵州师范大学教育系　洪　明　李　丽

社会主义道德建设是社会主义先进文化的重要内容，是保证社会主义现代化建设的重要方面；而社会公德建设则是社会主义道德建设的一个重要方面。在现代社会，公共生活领域不断扩大，人们相互交往日益频繁，社会公德在维护公共利益、公共秩序、社会稳定方面的作用更加突出。中学生作为继往开来的特殊群体，肩负着强国富民的重任；同时，不论过去、现在，还是将来，他们首先都是作为公民存在的，都必须遵守社会公德。因此，中学生的社会公德状况如何直接关系到他们自身的全面发展，关系到他们将来在社会上发挥的作用。基于此，笔者对中学生的社会公德状况进行了一次问卷调查，以便了解他们的社会公德现状，并从德育的角度来探求原因，提出建议和对策。

1. 调查方法

以问卷和访谈形式进行调查。调查对象为贵州师大附中（重点中学）、贵阳市二十五中（普通中学）和兴农中学（农村中学）的中学生。在每所学校的初中部和高中部各随机抽取1个班，共6个教学班，298人，其中收回有效问卷288份。

2. 结果及分析

问卷用SPSS 10.0 for windows软件包进行统计分析，结果见表134～表138。

表 134　中学生对道德概念的认识

%

调查内容	比率
道德就是依靠社会舆论和内心信念约束人们之间关系的行为关系的总和	68
道德就是不做坏事，不损害他人利益	16.5
道德就是多做好事，让利于人	15.5

表 135　中学生对某些身边现象的态度及自己的行为

%

调查内容	是否存在			你的态度		你的行为		
	很普遍	普遍	不普遍	非常反感	个人自由	经常	偶尔	决不
买饭乱插队	23.5	47.1	29.4	76.5	23.5	2.9	70.6	26.5
用厕所不冲水	13.5	10.6	75.9	70.6	29.4	8.8	47.1	44.1
长明灯、长流水	14.7	11.2	74.1	64.7	35.3	8.8	55.9	35.3
随地吐痰、乱扔杂物	41.2	50.0	8.8	85.3	14.7	5.9	73.5	20.6
楼内喧哗	47.1	47.1	5.9	47.1	52.9	8.8	79.4	11.8
穿背心、拖鞋进教室	5.9	8.8	85.3	50.0	50.0	8.8	26.5	64.7
课桌上乱涂画	14.7	58.8	26.5	55.9	44.1	2.9	58.8	38.2
浪费粮食	32.4	52.9	14.7	50.0	50.0	11.58	70.6	17.6
乘车抢座位	26.5	26.5	47.1	70.6	29.4	3.0	48.5	48.5
乘车从不主动买票	8.8	17.6	73.5	67.6	32.4	5.9	44.1	50.0

表 136　中学生对公益活动的态度

%

调查内容	愿意	不愿意	无所谓
义务劳动	45.9	15.9	38.2
为希望工程捐款	85.3	2.9	11.8
救灾捐助	82.4	2.9	44.1
救助危重同学	79.4	2.9	17.6

表 137　中学生态度与行为相关性差异检验（Spearman 检验）

		态　度	行为
态度	相关系数	1.00	0.396*
	显著性检验（双侧）		0.020

*相关系数在 0.05 水平有显著差异

表 138 中学生态度与行为性别差异检验（Spearman 检验）

性别			态度	行为
男	态度	相关系数	1.000	-0.577*
		差异性检验（双侧）		0.024
女	态度	相关系数	1.000	-0.408
		差异性检验（双侧）		0.083

*相关系数在 0.05 水平有显著差异

从以上统计结果可以看出，目前中学生社会公德状况有如下特点。

（1）中学生对道德概念的认识比较正确。

（2）中学生的社会公德状况喜忧参半。中学生社会公德状况的主流是好的，是值得肯定的。遵守社会公德的现象仍占多数，其中对“穿背心、拖鞋进教室”“乘车从不主动买票”“用厕所不冲水”“长明灯、长流水”等现象认为“不普遍”的分别占 85.3%、73.5%、75.9%、74.1%；但是，某些违背社会公德的现象在中学生当中表现得仍然比较突出，认为“随地吐痰、乱扔杂物”“楼内喧哗”“浪费粮食”等现象“不普遍”的分别只占 8.8%、5.9%、14.7%。

（3）中学生的态度和行为大相径庭。绝大多数中学生对违背社会公德的现象普遍持“非常反感”的态度，最少的一项也占 47.1%，但是他们“经常”或“偶尔”做一做他们自己“非常反感”的某些违背社会公德的事。统计分析结果表明，从总体上看，中学生在态度和行为方面存在明显的负相关，在 0.05 水平上有显著差异（见表 137）；从性别差异来看，男生在态度和行为方面的负相关在 0.05 水平上有显著差异，而女生在态度和行为方面的差异却未达到显著性水平（见表 138）。这说明男生比女生有更多言行不一致的情况。

（4）中学生对不同公益活动的态度迥然。对“为希望工程捐款”“救灾捐助”“救助危重同学”等持肯定态度的分别占 85.3%、82.4%、79.4%，然而愿意参加“义务劳动”的仅占 45.9%。问及不愿参加义务劳动的原因时，有相当一部分同学回答“太累了，受不了”，“没有什么实际意义”，这从另一方面也说明了中学生对“义务劳动”的意义认识不足，暴露了他们“怕苦怕累，不愿亲力亲为”的思想状况。

3. 问题存在的原因

根据问卷及访谈结果，笔者认为现在中学生在社会公德方面存在的问题是整个德育中存在的问题的反映。从中反映出来的问题归纳起来有以下几个方面。

（1）德育没有受到真正重视。尽管教育部三令五申，强调加强中小学生德育建设，但有些学校就是有令不行，充耳不闻，将德育建设看成是无足轻重、可有可无的事情。这从思想政治课的开设情况可见一斑。有些学校虽然将思想政治课按课时开足了，但在思想认识上没有重视，没有对任课教师提出明确的教学要求，也没有对学生的德育状况进行科学的、严格的考核和考查。更有些学校的思想政治课只是被写在课程表上，实际上却被挪作他用。这就不可避免地造成德育的缺陷。问卷结果表明，有相当一部分（22%）学生对道德概念没有清楚的认识，这就从一个侧面反映了这一点。心理学研究表明，道德认识是道德行为的前提，因此提高中学生的道德认识及道德判断水平是中学德育建设首先要关注的。

（2）德育脱离实际。首先，德育脱离中学生生活实际及其认知、思维发展水平的实际，体现在“灌输多，启发少；教师说理多，学生体验少”。很多德育教师习惯于念教材，没有将德育理论和生活中活生生的例子结合起来，也没有考虑到学生的实际接受水平。这就会让学生觉得理论只是书本上的东西，只是为应付考试用的，考完就忘。其次，中学生缺少德育实践。由于种种原因，部分德育教师只注重把德育理论灌输给学生而没有让他们实地感受、切实体验什么是道德，做一个有道德的人对他们自身、他人、社会有什么意义。这些德育教师还认为德育基地的活动、实践课、调查讨论课等德育实践形式都是不必要的，是浪费时间。上述错误认识和做法大大影响了德育效果。心理学研究表明，道德认识只有内化为个体的道德信念才能指导个体的道德实践行为，才能真正发挥作用。内化的有效途径就是实践。问卷结果反映出的中学生在态度和行为方面的严重不一致性就在一定程度上说明了轻视德育实践可能造成的后果。

（3）社会大环境的负面影响。由于各种原因，社会上存在大量的消极腐败现象，比如是非善恶界限的混淆，拜金主义、享乐主义、极端个人主义的滋长，见利忘义、损公肥私行为时有发生等。这些都会造成学生社会信任感的降低，极大地影响中学德育教育效果。试想，如果教师大讲文明礼貌，而学生在社会上经常见到的却是打架斗殴，争先恐后抢座位等现象，学生心里会怎么想？他们必定认为老师讲的都是假、大、空的东西，没有任何实际意义，这不仅会造成学生内心已有道德信念的动摇，而且会使学生对教师、家长产生不信任感，对他们的任何说教都持怀疑态度。

4. 建议和对策

根据上述分析，结合中学生实际，笔者就如何改善中学生的德育状况，把中学的德育建设落到实处提出以下建议和对策。

（1）切实保证德育地位的落实。首先，要彻底转变各中学领导、教师的观念，让其真正认识到德育的重要作用，认识到加强中学生德育建设是关系到学生全面发展、社会进步的大事。其次，要从制度上予以保证。除了要求各中学保证德育课的课时外，教育行政管理部门还应经常对各中学的德育教育效果进行不定期检查，坚决杜绝“挂羊头，卖狗肉”的现象。再次，还要采取并贯彻科学合理的德育评价机制：将中学德育工作成效与中学领导、教师的利益直接挂钩，并将德育责任分层次、有重点地落实到各类人（如领导、一般教师、德育教师等）身上，打破以往德育工作中“各吹各的号，各弹各的调”的现象，真正形成一种分工合作、齐抓共管的局面。

（2）重点提高德育骨干及德育教师素质，增强德育实效。德育骨干和德育教师是德育工作的主力军，其素质高低直接关系到中学德育工作的成效。首先，要提高德育骨干和德育教师的思想政治理论修养。随着改革开放的不断深入，新情况、新问题不断出现。正确引导学生看待这些新情况、新问题，让他们明辨善恶，认清社会的主流，首先德育骨干和德育教师必须正确认识这些问题，要求他们有较高的政治理论修养；反之，则难以提高中学生的道德认识和道德判断力，难以提高德育效果。其次，提高教师活化死教材，选取活教材的能力。现在中学使用的德育教材大多是统编教材，其中反映共性的东西多，体现地方特色的东西少，有些例子脱离中学生的生活实际及他们的可接受水平。因此，德育教师应根据地方特色和中学生实际，合理处理教材，活化死教材；同时，根据教学需要选取学生熟悉的，贴近他们生活实际的，有教育意义的例子作为德育活教材。只有这样，才会让学生对德育课满怀兴趣，才会增强德育实效。再次，充实教师特别是德育教师的教育学、心理学知识。德育工作在一定意义上是一门说服的艺术。要使说服成功，就要把握说服对象的心理特点，找出个体间的差异，并对症下药。德育教师只有把握中学生的心理特点，弄清个体间差异，因势利导，才能使德育工作收到事半功倍的效果。最后，增强德育教师积极组织中学生进行道德实践的意识和能力。我们判断一个人的道德水准不仅要看其达到了怎样的道德认识水平，有怎样的道德情感表现，更重要的是看他是否以及怎样履行道德行为。道德认识转化为道德行为的有效途径就是道德实践。德育教师应清醒地认识到中学生进行道德实践的重大意义并充分利用各德育基地，抓住各种机会组织学生实践道德行为。

（3）努力营造良好的德育大环境。首先，家庭、学校、社区联手打造德育大环境。中学生的德育成效受家庭、学校、社区德育氛围的综合影响，忽视哪一方面的作用都可能导致德育的低效甚至无效。因此，家庭、学校、社区有必要联合起来，就如何更有效地培养社区中学生的良好的道德品质共同协商。协商的内容可包括：培养中学生良好道德品质的形式、方法及三方重点负责的内容；如何净化社区大环境；实现上述目标的工作安排、经验交流等。协商内容最好以协议书的形式固定下来以利于今后开展工作。其次，引导学生正视社会上的消极腐败现象。改造不良环境，形成良好的德育氛围非朝夕之功所能奏效。要最大限度地减少不良环境对中学生的消极影响，最重要、最可行的办法还是想方设法提高他们的道德判断能力，增强他们的免疫能力。德育教师、家长、社区负责人应结合中学生普遍关注的典型消极现象和事例，引导他们分析、判断，让他们明白什么是道德行为，什么是非道德行为。只有这样，才能增强中学生的免疫能力，才能使他们真正做到“出污泥而不染”。再次，教师、家长要以身作则，率先垂范。心理学研究表明，儿童的大部分行为都是通过观察学习获得的，其中榜样在这一学习过程中起着重要作用。榜样，即被观察学习的对象，其地位、性质、威信等都会影响儿童学习的效果。儿童道德行为习惯的养成极大地受榜样的影响。教师、家长与中学生有着特殊的亲密关系，是其成长过程中的主要指导者、促进者、支持者，其言行举止对中学生良好道德行为习惯的养成有莫大影响。因此，教师、家长在德育建设过程中要注意发挥自身的榜样示范作用，特别是在对教师、家长、学生有共同要求的道德教育方面，要求学生（孩子）做到的，自己要先做到。

（本文原载《湘潭师范学院学报》2002 年第 4 期）

第五章　2006 年北京市民社会公德调查

公德缺失和公德重建的社会心理分析

——北京市民社会公德调查的思考

北京社会心理研究所　陈　珊

公德是社会公共道德规范的简称，是一种与个人德行相对的起码的生活规则。社会公德水平的高低，影响着每个人的身心健康，与人们生活休戚相关，而城市市民的公德水平是城市精神风貌的重要体现。在社会经济快速发展的同时，社会上所反映出的公德匮乏的问题，被广大的学者和普通百姓所关注。

我们结合多年的调查结果，对北京市民的公德行为和态度、社会公德缺失的原因进行分析，提出提高市民公德水平的相关建议。

一、2006 年北京市民公德态度的抽样调查结果

1. 2006 年的公德调查表明，60% 以上的北京市民认为社会公德水平有了进步

2006 年的公德调查表明，虽然 60% 以上的北京市民认为社会公德水平有了进步，但在公德水平的改善幅度方面，与 2005 年相比则有所下降（见表 139）。

表 139　您认为，今年与去年相比，北京市民（常住人口）社会公德水平有什么变化

2005 年		2006 年	
公德状况变化评价	选择百分比/%	公德水平变化评价	选择百分比/%
有改善	74.1	有进步	60.1

续表

2005 年		2006 年	
公德状况变化评价	选择百分比/%	公德水平变化评价	选择百分比/%
无变化	25.3	没什么变化	32.6
有差的变化	0.60	退步	1.0
其他	—	其他	6.3
合计	100.0	合计	100.0

2. 违反公德的现象有了一定的改善，但改善程度参差不齐

市民最反感的违反公德现象中，许多现象有了一定的改善，但改善程度参差不齐。“乱扔杂物”“随地吐痰”“宠物在公共场所随地便溺后，主人不予清理”和“乘坐公共交通工具时争抢、拥挤”等行为，有了明显的改善，而“机动车抢道乱行”和“在公共场所异性间过度亲密”两种令人最反感的违反公德行为的改善程度不明显（见表 140 和表 141）。

表 140　北京市民最反感的违反社会公德的现象排名及改善程度

违反社会公德现象	2004 年		2005 年		2006 年	
	选择百分率/%	排名	选择百分率/%	排名	选择百分率/%	改善程度排名
随地吐痰	36.8	1	51.17	1	22.8	3
宠物在公共场所随地便溺后，主人不予清理	21.96	3	36.02	2	18.7	6
乱扔杂物	22.09	2	34.02	3	27.8	1
乘坐公共交通工具时争抢、拥挤	10.85	5	25.65	4	18.7	6
在公共场所异性间过度亲密	7.19	7	25.1	5	8.4	18
在公共场所争吵、说脏话	15.82	4	21.95	6	—	—
机动车抢道乱行	7.45	6	17.01	7	14.7	14

表 141 在现实生活中，有时会发生一些违反社会公德的现象。您认为，今年与去年相比，下面哪些不良现象改善幅度比较大（多选）

%

选 项	百分比
乱扔杂物	27.8
行人不遵守交通信号灯	22.9
随地吐痰	22.8
在禁止吸烟的场所抽烟	21.9
说话不文明	18.9
宠物在公共场所随地便溺后，主人不予清理	18.7
乘坐公共交通工具时争抢、拥挤	18.7
路边烧烤羊肉串等	18.4
践踏草坪	18.1
骑车人不遵守交通信号灯	17.7
夏天在公共场所光膀子、脱鞋	16.5
浪费公共场所水电	16.2
在公共场所大声说话	16.1
机动车抢道乱行	14.7
在车站、街头散发宣传资料、广告等	12.1
遇事围观、起哄	11.5
垃圾不分类投放	10.4
在公共场所异性间过度亲密	8.4
其他改善幅度大的现象	4.0
其他	23.2

3. 北京市民在社会公德 4 个具体方面的评价处在中等水平

北京市民在社会公德 4 个具体方面的评价处在平均数 3 的稍上方。

从社会公德 4 个具体方面的横向比较看（见表 142 和表 143），北京市民在热心公益方面做得最好，其次是文明礼貌和环境保护，做得最差的是“环境卫生”。从纵向比较看，“环境卫生”和“文明礼貌”方面的文明程度与去年相比基本持平，“环境保护”的文明程度却有了一定下降。

表 142　用 5 分制给北京市民在维护社会公德的 4 个方面打分

具体内容	2005 年		2006 年	
	平均分	标准差	平均分	标准差
环境卫生	3. 08	0. 80	3. 12	0. 985
环境保护	3. 41	0. 85	3. 28	0. 896
文明礼貌	3. 50	0. 83	3. 54	0. 855
热心公益	—	—	3. 95	0. 894

表 143　请您用 5 分制给北京市民（常住人口）在各方面的文明程度打分，1 分代表“文明程度低”，5 分代表“文明程度高”

%

项目	环境卫生	环境保护	文明礼貌	热心公益
1 分：程度最低	4. 7	2. 5	1. 6	0. 8
2 分：程度较低	16. 3	11. 5	6. 7	2. 7
3 分：程度一般	55. 2	52. 9	39. 9	26. 2
4 分：程度较高	21. 0	29. 1	44. 4	52. 9
5 分：程度最高	2. 8	3. 9	7. 4	17. 3
合计	100. 0	100. 0	100. 0	100. 0

我们在调查中明显感受到，市民对北京市公德水平的提高还是持肯定态度的，但总觉得不尽如人意，应该做得更好。所以，尽管在很多具体方面已有了较大的改善，但离人们的期望仍有相当的距离。

4. 北京市民突出的美德有乐于助人、热情待人、尊老爱幼等

北京市民突出的美德主要有乐于助人、热情待人、尊老爱幼、热心公益和礼貌平和（见表 144）。

表 144　您认为北京市民哪些美德比较突出

%

美　德	百　分　比
乐于助人	27. 8
热情待人	22. 9
尊老爱幼	22. 8
热心公益	21. 9
礼貌平和	18. 9

续表

美　　德	百　分　比
与人为善	18.7
保护环境	18.7
讲究卫生	18.4
遵纪守法	18.1
保护文物	17.7
维护秩序	16.5
爱护公物	16.2
勤俭节约	16.1
助残济困	14.7
胸襟大度	12.1
诚实守信	10.4
弘扬正气	8.4
见义勇为	4.0
谦逊自律	23.2
其他	11.5

从文明礼貌的具体行为来看，据被调查的北京市民观察，59.4%的人认为在公共场所遇到困难时会有人相助，但也有33.8%的市民认为人群中不会有人主动站出来加以劝解或给予援手；85.9%的人认为在日常人际交往中，大多数人都会注意使用文明用语，做到以礼待人；对待外来人口的态度上，46.7%的人认为北京人对待外来人口都比较友好或非常友好，认为对外来人口较不友好和非常不友好的仅占19.2%。

二、公德缺失原因的社会文化心理分析

在物质财富日益丰富的现代社会，公德缺失和诚信缺失、信仰缺失等问题一样，日益成为现代文明发展的阻碍。从社会文化心理的层面来分析，造成公德缺失一个重要原因来自社会长此以往公共精神缺乏的文化心理缺陷。

1. 中国传统社会中缺乏现代意义的公共生活

我们所说的公共生活，指的是公民参与一般性的公共事物的领域。“公共生活”存在的一个重要基础是，人们认同面对公共生活的个体是处在平等地位的，有着平等的权利和义务，公共生活也体现了社会结构的特点，个体间是平等的社

会关系。从具体内容看，公共生活最主要包括与政治内容相关的公共生活，与经济活动相关的公共生活，与宗教相关的公共生活，以及其他日常公共生活。

中国传统的社会是自给自足的自然经济社会，社会商品交往活动极不发达，与商品交换相关的经济公共生活极为有限。两千多年的封建社会中，个人以平等方式表达政治意见参与政治活动的机会和空间也极小，有也仅存于士大夫等阶层，其他社会活动的范围都相当有限。社会结构以家族社会结构为主体，与之相对应的是宗法社会的意识形态。在这种社会状态下，人与人的关系，正如费孝通先生所剖析的，是一种差序格局的社会关系特点，即“以‘己’为中心，像石子一般投入水中，一圈圈推出去，愈推愈远”，社会关系只是“私人关系的增加，社会范围是一根根私人联系所构成的网络”。差序格局否认了团体的存在，更没有公共生活的存在。林语堂先生也指出，“在儒家的社会与哲学中，我们看到了由‘家’向‘国’的直接过渡，这是人类组织形式的两个连续阶段”，“家庭制度是中国社会的根基……从家庭制度发出家庭观念，从家庭制度中发出一定的社会行为规范”。国是家的外延和扩大，因此传统的中国中，个体社会关系以血缘和地缘为联结，社会秩序表现为严格等级制度。

人际上的差序格局、政治和日常生活中的等级格局，造成体现个体平等独立的公共生活空间极其狭窄。

2. 传统社会中公共生活的缺乏，造成了公共精神的缺乏

简单地说，公共精神可以理解为社会成员在公共生活中对人们共同生活及其行为的准则、规范的主观认可，并体现于客观行动上的遵守、执行。它包括独立的人格精神、社会公德意识、自制自律的行为规范、善待生命社会的慈悲胸怀。独立的人格精神是其基本前提，而社会公德意识是其重要内容。

人的道德观念是与其社会特点相适应的。一个人的社会关系是体现他人与自己关系远近的网络所构成的，他应用不同的道德和行为准则来处理人际关系，因此，在社会关系的认同，在与之相对应的道德观念的认同，在个体的社会心理结构上，也体现着差序和等级的特点。在传统的道德观念中，有对家族成员的道德准则，有对同乡或朋友的道德准则，也有对国家的道德准则，但缺乏对公共生活中所必须遵循的生活准则的认同。长此以往，便造成了社会心理中公共精神的贫缺，在这种整体的环境下，个体的心理结构中的公共精神意识更为柔弱和残缺。

3. 缺乏公共精神是一种相当普遍的人格缺陷

从传统的历史文化看，缺乏公共精神，尤其是我们调查所针对的公德精神，在社会层面，是一种社会心理的整体缺陷；在个体层面，则是一种相当普遍的人格缺陷。2002 年的公德调查中，对于公德的态度，北京市民高度认同“人人都有遵守社会公德的责任和义务”和“社会公德维护的是全体公民的整体利益”

等观点，但有42.1%的人并不赞同“不能和不讲社会公德的人做朋友”这一观点。从中可看出，对于很多人来说，是否遵守公德并不是评价一个人的核心特质。也就是说，是否遵守公德并不是很重要的人格评价因素。是否善良、正直、诚实是大部分市民所认同评价人格的特点。

4. 普遍存在的缺乏公共精神的人格缺陷是目前社会公德缺失的主要原因

现代社会公共生活已得到了广泛的拓展，但社会文化中长期以往所造成的缺乏公共精神的人格缺陷仍没有得到根本的改变，这是造成公德缺失的主要原因。

现代社会的发展，社会交往已经完全突破了血缘、地缘的限制，随着现代科技的发展，借助网络技术等通信技术，人们的公共生活已经得到了最充分的扩展，公共生活成为人们重要的生活领域。在中国历史的意识领域中长期处于主导地位的儒家思想，其强调仁义礼智信，重视个体修身养性，强调内省和道德力量等思想精华依然为大多数市民所推崇；但同时，传统中缺乏公共意识，尤其是对公德长期忽视的状况，依然没有改变，维持公共生活秩序的相关制度和行为准则，没有经过历史的考验得到充分的成长，更不可能内化为人们坚实的心理沉淀。

新中国成立初期，在计划经济时代，公共生活相对简单，人们表现出高度一致的价值取向，可以说，这时的公德更多体现的是个人的信仰和修养的力量。进入市场经济环境后，公共生活发生了巨大的变化，但由于历史原因所造成的公共精神的贫弱再加上公共生活相关秩序的制度、法律建设的不健全，监督机制的效用不高，公德水平迟滞不前甚至下降的问题便日益严重。社会公德意识和实践明显落后于物质文明的发展，公德意识的发展存在着若干问题：一是在公共生活中，人们更强调个人品质素养，也就是强调个人私德修养。但是以个人私德的力量来期望公共生活秩序的维持，这不是长治久安之计。二是公德应是权利和义务的统一。在公共生活中，人们对权利的意识日益提高，而对义务的意识却相对薄弱。而很多公德行为，体现的是个体对遵守和维持公共秩序的义务，当需要做一个体现为义务的公德行为时，人们的行为便打了折扣。所以，义务意识的薄弱，不利于个体公德意识的提高和公德行为的发展。三是公德意识与公德行为的不一致，即人们常说的知行不一。2002年的社会心理研究所所做的公德调查表明，“当看到有人正做出违反公德的行为时”，3.4%的被调查者表示，“这是有关部门的事，与我不相关”，7.5%的被调查者表示“怕打击报复，敢怒不敢言”，15.4%的被调查者表示“随大溜，有人出面时也出面，否则就不出面”，45.8%的被调查者表示“在不损害自身利益的前提下，出面劝阻制止”，只有27.9%的被调查者表示“即使牺牲一定的自身利益，也会出面劝阻制止”。除了义务意识不足外，公德的知行不一有着种种复杂的原因，其结果，也是导致目前社会公德水平不高的重要因素。

三、现阶段社会公德建设的社会心理基础

我们的社会环境已经发生了很大的变化，无论是政治公共生活、经济公共生活，还是其他公共生活，都有了极大的拓展，社会的物质财富也有了充分的积累，这些都给我们现阶段公德文明建设提供了良好的物质基础，也为社会主义公德建设打造了充分的文化与心理基础。

1. 建立良好公共生活秩序是市民的热切愿望，是社会公德建设最广泛的民意基础

现代社会公共生活得到了充分的发展，物质生活的充足导致人们在精神领域的需求日益扩大，更需要一个良好的秩序来保证社会的和谐发展，也更需要一个良好的秩序来保证全体公民身心的健康发展。现代社会价值的多元化也诱导了多元的行为取向。然而，不论是政治活动、经济活动，还是日常生活领域中，重建广大市民认可的现代公共道德规范，营造有益于个体生活和整体社会良好运转的公共生活秩序，是广大市民的热切愿望。

2. 自由独立、平等民主、法制治国等现代意识日益深入人心

个人生活和公共生活的界限不明确，是制约公德意识发展的重要障碍。只有明确个人生活与公共生活的界限，明确个人与公共生活中个体的权利与义务，才能树立真正的公共意识、公德观念。现代社会中自由独立、平等民主、法制治国等现代意识已日益深入人心，为现代公德意识的建设提供了新鲜的血液。

3. 传统文化对个人修养的强调，为现代社会培养市民公德精神提供了坚实的文化心理支持

传统文化中，对个人修养和道德水平的重视是我们宝贵的精神财富，给我们吸收和发展现代公德精神提供了坚实的文化心理支持，然而单靠个人的自觉修养来达到公共秩序的建立是远远不足的，但私德与公德可以是相辅相成的，它给我们社会文化中发展现代公共精神尤其是公德意识提供了强有力的支持。传统文化中，强调道德与内省的力量，“大公无私”等观念体现出超越个人恩怨得失的思想，“老吾老以及人之老，幼吾幼以及人之幼”，“己所不欲，勿施于人”所体现出在道德领悟上自己与他人移位置换，由己推人，倡导仁爱豁达的思想，这些精华，在现代社会的公共规范的建立中，仍有着深远的启发意义。

4. 热情友善、助人为乐、礼貌待人等优良传统是北京市民公德建设的良好基石

中华民族是具有优良传统的文明古国、礼仪之邦，北京即将迎来 2008 年奥运盛事，建立良好的社会秩序和风气的任务更为迫切。2002 年和 2006 年的公德调查表明，北京市民具有乐于助人、热情待人、尊老爱幼、热心公益、礼貌平和等优良品质，再加上北京市民身上相当突出的关心时政、包容大气、受教育水平

高等特点，有助于人们对传统美德和现代社会的观念的兼容并蓄，这些品质为北京社会公德的建设奠定了良好基础。

四、提高市民公德水平的相关建议

1. 提高公共生活秩序的规范性

当公德的匮乏严重地影响到社会公众的和谐生活，成为社会文明发展的羁绊时，公德的建立就成为人们热切的心愿。但传统观念中，忽视公德等相关公共精神的社会心理特点的改造，不是一蹴而就的，再加上个人文明素质的差别，社会的引导性约束就显得极为重要。因此，应在广大民众广泛认同和积极参与的基础上，遵循普遍适用、广泛、公平原则，设立规范性公德条例，在社会上建立严格外在的约束，针对不同的公共生活领域，建立相应的规范，如公共交往公德、公共场所公德、环境卫生公德、网络交往公德等规范，通过规范的建立和宣传，逐渐加深公众对这些规范的认同。

2. 提高监督、管理制度的有效性

有关公德规则制度一般表现为具有倡议性质的规定、公约或者是与特定公共场合相关的须知，如文明礼貌公约等。对公德规则的遵守大多依赖于人们的自觉意识和行为，辅以相关人员的规劝。

个体的公德意识和觉悟参差不齐，对非公德行为的监督以及管理制度的成效，对公德建设尤为重要。我们经常会观察到这样一种情况：违反公德的人从非公德行为中得到了“好处”，如随地扔垃圾的人，节省了自己的时间，排队加塞的人占到了座位，而讲公德的人却失去了个人的“利益”，结果是违反公德的人得不到惩罚和强烈的谴责，讲公德的人得不到奖赏或鼓励。管理的长期失效，不利于维护公德行为的成长，反而助长了违反公德行为的发生。所以，现阶段公德意识的建立，除了对市民进行公德意识的教育和培养外，在行为管理上必须制定严厉的制度，对违反公德行为从外部进行强有力的监督和约束，要让个体为自己违反公德的行为付出时间、金钱或是其他物质上的代价。只有奖惩分明、有效，才能扬善除恶，扶正祛邪，并在个体的意识和行为之间形成一个良性循环。也就是“我如果做了违反公德的事，不利于别人，也有害于我自己，所以不能违反公德”，而不是“我遵守公德，使自己浪费了时间和精力”，以期有效地巩固和强化市民维护公德的行为。

3. 充分开展公共精神和公德意识的教育工作

规章制度甚至是法律的约束，在于促进公德意识的潜化过程。在广大市民心中培养公德意识和公共精神，使公德意识成为普遍的核心的人格特质，是现代社会公德建设的最根本举措。公德意识和公共精神的教育应是在全民中间开展的活动，不仅要从小抓起，在学校、家庭、公共场所培养儿童的公德精神，也需要充分采用多种媒体手段，营造强大的舆论力量，对成人进行有效的公德精神宣传教育工作。这样，公德意识和行为才能逐步从他律转化为自律，从外部约束内化为公民的心理和人格力量，成为维护良好公共秩序的高度自觉意识，才能促进社会公德水平的长足发展。

（本文原载《北京行政学院学报》2006 年第 4 期）

第六章　2006年江苏省公民社会公德调查

当前我国公民社会公德信仰状况研究

——以江苏为例的抽样调查分析

河海大学公共管理学院　黄明理，

中共江苏省委宣传部规划办　宣云凤

社会公德是社会道德风貌的窗口和晴雨表，也是作为现代化进程的伦理基础。培养公民社会主义公德信仰在建设社会主义核心价值体系，在构筑和谐社会中具有重要的意义。对公民公德信仰状况的实证研究是进行公民公德建设的基础和前提。“社会主义市场经济条件下公民道德信仰研究”课题组成员于2006年7—12月严格按照下述程序进行了抽样调查。

1. 调查对象

本次调查以江苏省的居民为调查总体。调查采用多阶段抽样方法。第一阶段，在江苏省三类地区：苏南、苏中、苏北分别随机抽取一个地级市，分别是苏州、扬州、淮安3市。第二阶段，在上述3个城市分别随机抽取2个城市社区和农村行政村，共计6个城市社区和6个农村行政村。第三阶段，在每个城市社区和农村行政村采取等距抽样分别随机抽取50户家庭，对每户家庭采取入户抽样调查对抽取的家庭成员进行问卷调查。总共抽取600位居民。考虑到调查对象的广泛性和代表性，本次调查还专门增加两类群体的调查，青少年学生和农民工。据上述3市分别在普通高校、中专、中学各抽取65名学生，共计195人；在上述3市采取偶遇抽样的方法各抽取50位农民工，共计150人。本次调查共发放问卷945份，回收924份，回收率为98%；有效问卷为918份，有效率为99%。

这918份问卷构成此次调查的具体研究对象。本次调查（除农民工外）采取严格、规范的方法进行选择，调查对象的选择具有较强的代表性和典型性，问卷数据基本上能够反映江苏省居民的道德信仰状况。

2. 资料整理

全部问卷的数据经核查核实后进行编码，并录入电脑，利用SPSS11.0统计分析软件进行数据分析，分别采取变量的描述统计和交互分类统计。

一、文明礼貌公德信仰的状况及分析

随着我国社会结构由分散的乡村化向城镇化飞速发展，人口相对聚居，公共生活空间急速扩大，频繁的交往使人与人（尤其是与陌生人）之间的摩擦日益增多，在熟人社会里对熟人的宽容与忍让精神能否在对待陌生人身上也得到体现，是对新时代公民的一个重要道德考验，而如何对待与陌生他者的交往摩擦是显现我国当代公民道德素质的显像标识。在问及“在公共场所如果您与一位陌生人不小心发生碰撞（未造成人的受伤和交通工具的损坏），您会怎样”时，选择“很生气并责备对方或与对方争吵”的只有2.7%，选择“虽比较生气，但在提醒对方以后注意后不与其计较”的有45.5%，而认为应当“向对方道歉并关心对方有无受伤情况”的为43.7%，也有7.8%的人表示“说不清”。

以上数据表明，公共场所“得理三分不让人”的过火“维权”的人是少数，纵然这种无意的碰撞会使自己受到小“伤害”，难免有些“生气”，但大多数人能抱“息事宁人”的宽容态度。有近半数的人在遭遇这种小摩擦时还能够主动关心对方，这已经是很高的道德境界了——人们在遇到实际情况时的态度未必能够像回答问卷时那样理性。

在处理公共场所的人际矛盾时对他人礼貌，不仅仅是为了表达对他人的尊重和关心，同时也是对自己的尊重，有助于给自己减少麻烦和不愉快。以礼待人，利人利己；以非礼待人，损人害己。这也是人们在公共生活中普遍性的道德经验与教训。在遭遇小碰撞时，如果明显是对方的过错，受害者很想主张自己的权利，灵活运用交往心理学中的“先礼后言法”才是有效的解决方法。“先礼”是一种使对方建立人际认知的过程，而“后言”则是向对方提出要求的过程。这种认知效应表明，如果缺乏“先礼”，“后言”就很难使对方对要求产生正确的反响。例如，交通警察发现某人违规，此时如果他张口就指责对方，所得到的人际认知是不良的，而要是做到先礼后言，则会收到很好的效果。“先礼”过程事实上就是一个迅速的反省过程，未等警察开口，他已经知道为何于他有礼了，此时违规者便容易接受警察的“后言”要求；与此相反，如果缺少“先礼”这一过程，直接指责对方，此时的违规者往往是先意识到警察的“态度差”，后意识到自己的违规行为，因此在接受指责时就有抵触情绪。

公交车上让座状况既是公德的重要窗口，同时也是人们长期关注的热点问题。表145显示，绝大多数人是能够主动将座位让给老弱病残孕幼的。尊老爱幼、关心弱者，已成公民内在的道德理念，少数不让座现象便成为众矢之的。当然，我们同样要正视的是，毕竟还有1/6的人不愿意让座。通过比较显示，文化程度越高就越能做到自觉让座，初中及以下文化的人不让座者为7.8%，高中或中专文化的人不让座者为3.7%，大学及以上者为2.9%。25岁及以下的年轻人主动让座比例高于其他年龄段的人们，为87.1%；而不让座的比例也是所有年龄段中最低的，为4.1%。另外，在表示立即让座的社会成员中，共产党员的比例最高，为90.1%。

表145 若您坐在公共汽车上看到一位老人或孕妇上车而没有座位，您会怎么做

%

项目	立即主动让出座位	虽不太情愿，但在乘务员或司机提示下会让座	不让座
百分比	85.2	9.7	4.9

以往，习惯于仅以他人提醒等消极被动的方式来实现让座的目的，这固然也是一种必要的外在监督，不过，这种方法往往并不能直接达到目的，或者说，它只是实现了眼前的直接的目的，具有短效性。被提醒者，实际上是被教育者，往往因道德难堪而持逆反心理。积极而长效之举是鼓励法，如浙江某地发放让座爱心卡，让座者积到一定数量可换一定次数的免费乘车票。2007年7月22日中央电视台午间新闻报道：贵阳团委给老年人一定数量的让座卡，凡给老人让座者都将得到老人给予的一张爱心卡，让座者积满10张则可到贵阳团委登记，并将得到一个心愿的满足。这种以某种物质奖励或精神激励的方式来鼓励让座的做法受到欢迎。这种做法之所以不失为一种公平合理的有益探索，毕竟是由于让座而不是有座位者必需的义务才让座了，是其正当利益的付出，以某种形式给予回报是应当的。当然，物质性奖励不是唯一的，甚至也不是最主要的，因为这种利益付出不是太大的牺牲。再者，如此一般人都能做得到的举手之劳的小善行也要社会将其制度化，一方面难以具体操作，另一方面即便能够操作，社会成本也是高昂的。在大多数人还缺乏这种道德习惯的公德建设初期，制度性的奖惩不失为有效的办法，随着公德文明的进步，这种善行的维持主要应当靠当事人双方的道德自觉与自愿的内在力量，尤其是要依靠受惠人以致谢的方式给予其精神回报，像让座这类小善举，人们并不难做到，做了也未必指望获得物质性奖励。有人之所以在公交车上不愿意让座，一个长期以来被忽视的重要原因是：由于受惠人不懂得感恩或缺少感恩的习惯，或不善于表达内心的道德情感需要。从抽象意义上讲，大多数人是愿意做善事的，可在行动上，有些人却明知应为而不为，其原因正是

在于：他认为，某人过于道德冷漠，不配享受此善举优待。因此，要想使让座现象蔚然成风，不是靠少数人，更不是只依赖于有人专门司监督之责就能解决的，而是要靠每一个人培养一种道德敏感性，特别是要有感恩之心。

前些年我国四川某地曾经发生过让座者要回座位的尴尬事。某日，一辆公交车行至林荫街。车内乘客拥挤，紧靠公交车后门座位上一男子见身旁一中年妇女手捂着头，看上去像是生了病，便很客气地给其让了座。后者看了他一眼，低着头坐到了位子上。过了一会儿，让座男子突然伸手拉了一下中年妇女："起来！我给你让座，你连声'谢谢'都不说。"中年妇女没有吱声，站了起来，但红衣男子也没有坐。车上的乘客顿时议论纷纷，一些乘客认为该男子行为太过分，与他争辩起来。

上述报道曾引起过激烈的争论：有人批评这位让座者不应该那样做，好事应做到底，即便被让座者没有任何谢意表示，也不能为此愤愤不平，要回座位反而使自己更没面子。赞同者则认为该男子要回座位可以理解。因为道德行为实施的对象是有选择的，人们通常只愿意把善行施给那些珍惜善举的人，一个不懂得感恩的人不配得到善待。这名男子要回的不是座位，而是收回自己对一个不值得为其做好事的人之善行。后者的观点更为深刻而有说服力。公交车上让座等行为不能停留在抽象谈论应当与否，从一般意义上没有人否定其道德价值，可是，一旦落实到具体行为或具体被让座的对象身上，情况就变得复杂了，谁都不愿意向道德冷漠者进行道德付出，因为他会觉得善良之举对这种人没有积极的社会意义，自己犯傻吃亏了。总之，汽车上的爱心付出要想实现其可持续性，关键是受惠者要有一颗敏感的感恩之心和及时的感恩之行。爱心源于爱心的回应，有回应爱心才能得到传递。

二、助人为乐公德信仰的状况及分析

乐于助人是中华民族的传统美德，特别是遇到不幸之人向我们伸来求援之手时，同情之心使人无法无动于衷。然而，当人们实际遇到有陌生的急难者向我们求助时，会有相助、犹豫和回避 3 种不同的态度，且每一种态度选择都充满矛盾。调查显示，如果确实能够断定求援者是真的遇到了困难，愿意相助的比例高于其他两种态度。由于信息不对称，更是由于我们或多或少经历过自己的好心被欺骗的经历，有 36.4% 的人的态度是矛盾的，即说不清自己该不该帮：不帮心有不忍，而帮了又怕受骗。为了避免上当和被愚弄，23.4% 的人不得不背负着被责为道德冷漠者之内疚，即"因害怕被欺骗而躲避不理睬"（见表 146）。这种内疚又被庆幸自己没有上当的心理冲淡和化解，求得了暂时的道德心理平衡。陌生人之间的信任和互助被极个别人不顾个人尊严的虚假表演大大损害。

表 146 如果一个陌生的饥饿者（非职业讨饭者）向您要几元钱买点吃的，您会怎么办

%

项目	满足其要求，并主动询问其遇到什么困难，还需要哪些帮助	因害怕被欺骗而躲避不理睬	说不清
百分比	40.2	23.4	36.4

几千年的小农生产方式和生活方式，培养了中国人特别重视熟人（包括亲友）之间的道德，即私德，而私德主要依靠彼此间的情感力量来维持，所谓“非我族类，其心必异”，对陌生的他者难以做到一视同仁。随着我国城市化进程的加快，陌生者聚居成为必然，而具有文化遗传性的传统道德心理决定了人们对陌生的他者仍然存在着警戒之心，加之一些人利欲熏心，为获利而骗取人们的同情心，这更强化了对真假难辨的急难者的冷漠。要想在全社会形成扶危济困的美德，一要大力发展社会慈善事业，努力减少绝对贫困人口；二要加强社会管理，特别是要采取强力措施制止那些在公共场所以“苦肉计”式的表演来赚取人们同情之心的职业乞讨者。曾有人提出过这样一个办法来识别求助者急难之真假：“要钱的就给他饭，要饭的给他钱。”这有一定道理，不失为良策，否则我们的道德行为就可能产生“不道德”的后果：助长一些人不劳而获的思想。

公益心（如义工劳动、义务献血和捐献器官等）是乐于助人这一公德信仰的重要表现。调查表明，对社会公益活动表示“经常参加”“不经常参加”和“从未参加过”的分别为 15.4%、66.2% 和 18.4%。可见，人们对公益活动参加过少，这从一个侧面说明了公益心较为薄弱。个人如此，企业集体也是如此。2005 年，中国青少年发展基金会的一项统计表明，在我国工商行政部门注册的 1 000 万家企业中，仅有 10 万家曾经为慈善事业捐过款物，而另外 99% 的企业则从未有过慈善捐助记录。参加公益活动是人们对自己所生活其中的社会的应有回报。

表 147 显示，只有 29.5% 的人曾义务献过血，那些想义务献血而最终未能献血的人或认为自己身体不好，或认为是没有机会。更令人不堪其忧的是，有 45.6% 的人连献血的想法也没有，即 70.5% 的人不是无义务献血之心，就是无义务献血之行。

表 147 您曾义务献血过吗

%

项目	曾多次义务献血	只献血一次	从未想过要献	身体不好，不能献	想献没机会
百分比	8.8	20.7	45.6	24.4	0.6

公益行为的特点在于行善者的善举不一定是直接施于某一特定对象，从而没有任何直接的物质性或精神性回报，因此公益心强弱是公德素质高低的高层次标准。我国公民公益意识不强，一方面与公益组织较少，或者说公益活动的社会化、组织化程度不高有关，但更重要的是我们自身素质有待提高。公益意识的缺乏表征着人们自我利益本位观点较为严重，个体的社会化程度不够，爱心薄弱，群体意识和集体主义观念不强。

不排除有些人的确是身体条件不允许，然而，不至于有近 1/4 的人身体糟糕到不能献血的程度，至于说“想献没机会”就更是借口了，说到底是缺乏义务献血的自觉理念。虽然有过半数的人感到义务献血是公民应尽的道德责任，利人利己，但是落后的传统观念和侥幸心理使人们缺乏献血的自觉主动性。传统观念认为，血是生命之精，献血有害身体。心存侥幸心理的人认为自己不大会遭遇需要输血的病灾，灾难不会降临到自己头上，有这种需要的只是他人而不会是自己。目前我国闹“血荒”的不再是个别地区，如 2007 年 1—3 月，广州各大医院临床用血量达到 1 410 万毫升，与去年同期相比增加了 40%，创下广州同期用血量最高纪录；而与此同时，全市无偿献血人次与去年同期相比却下降了 10%，献血量只占临床用血量的 30.7%，两者之间出现了巨大的缺口。

要改变义务献血这一爱心缺乏的局面，一方面要加强宣传教育，宣扬义务献血的重要意义——“献血，赠送生命的礼物”，并消除人们不必要的顾虑，增强人们献血的自觉性——献血利人利己；另一方面更要有一些制度性的奖惩措施，既要对那些经常义务献血的人们进行表扬和物质奖励，也要对那些有能力而又不愿意献血的人，将其表现作为其工作和品质的道德考量的参考要素。以自己人生最后的一点力量关爱他人，此乃道德至善。有 31.7% 的人愿意以遗嘱的方式表达捐献器官的愿望，只有 17.1% 的表示不愿意，而表示“说不清”的高达 50.8%，这充分显现出人们的矛盾心态。如果按其中有一半是愿意捐献器官的概率计算，有超过半数的人愿意在自己百年之后将其器官捐献给他人。

贵生是中国传统文化的特点之一，中国人素来对自己自然生命（体）是极其珍视的，认为此乃父母赋予，即便死后也应当有一个全尸。随着文明的进步，博爱渐入人心，贵生理念的内涵得到了发展。如果不能求得个体生命的整体性延续，能够实现部分生命器官的续存也是自我肉体生命延续的一种形式，尤其是器官的捐赠拯救了他人的生命，升华了自己的精神境界，生命的意义在生命之火行将燃尽之时却放出了异彩。这种博爱理念的形成是一个令人感动的很大的文明进步。2007 年 6 月，笔者曾访谈过一位刚刚做了良性脑瘤切除手术的病人。她说平时从不写日记，但在住院时学会了写日记，在进入手术室前她在日记上写下了“如果手术失败不幸而亡，请将我所有能用的器官捐献给那些需要的人们”。她快乐地回忆说，自立下了这遗愿后，不再惧死；相反，自己倒像是获得了新生，体验到了从未有过的崇高与幸福。另外，有一半的人仍处在要不要捐献的“说不清”的犹豫和矛盾中，除了受贵生、乐生、忌讳谈死等传统文化因素影响外，还与复杂的亲情关系有关。死亡虽然是必然的，也是个人的基本权利，可是如何结束生命却不是完全由个人决定的，必须考虑到亲人的接受程度。相信，随着社会的发展，人与人之间相互依存的经验性体验的增多，亲属出于真爱会对当事人的选择权给予越来越多的尊重，从而个人处理其生命器官的自决权会进一步增强。目前，社会对此从个案到理论所开展的宣传力度还有待进一步加强，同时还应该建立某种激励机制，调动人们以自己最后的余力奉献社会和他人的积极性。

助人为乐的特殊情形，也是最高境界，就是见义勇为。当我们路遇一位弱者（如妇女或儿童）遭到歹徒欺侮时，仅有6.3%的人会选择“事不关己，多一事不如少一事，尽快躲避”，58.5%的人会选择“不直接帮助但会报警”，19.9%的人会选择“如果周围有人见义勇为，我会参与其中”，15.3%的人则是“不会考虑太多，而会立即上前阻止”（其中25～45岁年龄段的人们能够做此选择的为19.2%，高于其他年龄段的人们；另外，共产党员群体能够做此选择的比例为23.9%，远高于非党员群体）。“路见不平一声吼，该出手时就出手”，这是数千年来中华民族所形成的为人津津乐道的侠义精神；相反，见死不救素来为人们所不齿，遭到人们的普遍谴责。即使在今天人们比较普遍把心力倾注在自我利益的情形下，绝大多数人还是能够继承与践行这一美德的，只有极少数人因害怕受到伤害而逃避。不过，现代的人们对见义勇为已不再抱绝对主义的态度，由于恶徒往往是有备作案，或拥有致命的伤人工具，或在人数上占优，在双方力量悬殊较大的情形下，相助者通常不再简单而冲动地选择直接相助的办法，而是以报警等手段来帮助受害者，这不失为更为明智的救助方法，其道德意义不应当被忽视。如果明显是敌众（强）我寡（弱）的形势，鲁莽救助（特别是那些体能上处于劣势的妇女、儿童和老人），其精神固然可嘉，但未必是理性和明智的选择。所以，在公德教育中我们并不鼓励未成年人去见义勇为，因为他们不具备这样的身体条件。25～45岁年龄段的人们身强力壮，他们选择直接相助的比例是所有年龄段最高的，这是由于他们比其他年龄的人更有这个能力。

在与歹徒作斗争时，我们既要鼓励以勇取胜，更要学会运用智慧取胜，这也是我们现代道德舆论所力倡的。不过，见义勇为精神的发扬需要一定的外部环境，倘若环境好，能够在瞬间改变敌强我弱的态势，尤其是大庭广众的场合（例如汽车上），若有一个勇敢者站出来，就会有一批勇者跟上去；相反，则可能都最终要当冷漠的“旁观者”——其实他们内心也是不情愿的和自责的。在调查中，近20%的人会做如此选择。出现上述情况的主要原因是，公德行为具有从众性，这是公德行为与私德行为的一个显著不同点。公德从众性心理形成的原因可做如下解释：公德所维护的利益是大众性的公利，尽管它也是个人的长远利益，但表现形式具有间接性，所以，在公德受到破坏时，人们的心情是矛盾的，既想制止，又缺乏在个人利益直接受损时所自发产生的不可遏止的冲动。公德的利益和责任具有共同性和群体性，对此我们不难理解，社会舆论对“看客”的道德冷漠（笔者以为以道德懦弱表达更准确）为何会给予一致的谴责：之所以“一致”而没有疑义或例外，是因为利益共同；之所以“谴责”，是因为“看客”享受了公共权利（如公共安全保障或公共设施等）却未尽公共义务，是一种准故意的损人利己。既然公德从众性是一个遗憾的客观现状，见义勇为就必须要有一个“领头羊”来改变这一现状的遗憾。我们便期盼着“领头羊”的出现，而“领头羊”必将冒更大的风险。对有无旁观者相助他心里无数，为此而产生种种顾虑是完全可以理解和无可厚非的，社会不仅要在精神上给他们以全力支持，还应当在物质条件上给予足够的补偿（主要由专门社会组织来承担，被救者也应当通过专门组织协调，自觉承担力所能及的责任）。必须避免英雄流血又流泪的悲剧发生，否则会使那些有可能站出来当见义勇为“领头羊”的人最终放弃而宁愿选择受良心的责备。如此，见义懦为甚至不为者将普遍增多。

三、遵纪守法公德信仰的状况及分析

遵纪守法是公德的基本要求，而公民的交通规则意识，更是公德的窗口。表148显示，大多数人的交通规则意识是强的，66.3%的人认为应当严格遵守“红灯停、绿灯行”的规则。不过，真正做起来还是要打折扣的。目前一些人的交通规则意识还处在他律水平，如果没有警察在身边维持，会有更多的人闯红灯。自觉自愿地遵守交通规则，即规则意识，被视为都市化社会最基本的道德素养。以此要求来对照，还有1/6的人未达标，不能说他们没有交通规则意识，只是他们心中的交通规则意识还没有上升到信仰的高度，还不具有至上的内在权威性，不时地存在从众心理和投机心理。

表148　当您过马路遇到红灯而路口又没有警察时，您会如何选择

%

项目	若无车辆，赶紧过马路	如果有人过也跟着过，否则就等绿灯	无论有无车辆，都等绿灯亮后再过马路
百分比	14	19.6	66.3

那么，应如何进一步增强人们的交通规则意识呢？目前，普遍赞同以刚性制度来推行，如罚款或像西方一些国家那样建立信用档案制度。表149也表明，61.2%的被访者对罚款方式非常赞成。其理论根据在于：道德生成的基本规律是由他律到自律。但也有10.4%的人不赞同此法，其理由倒不是怀疑此方法的有效

性，而是片面地认为警察罚款是为了捞好处。我们认为，在任何时候，交通规则的维护都离不开刚性的制度和柔性的教育两手。在人们还普遍地缺乏交通规则意识的都市化初级阶段，应当主要依赖诸如罚款等强制力量，而随着大多数人交通规则理念的逐渐形成，刚性的强制力量就应退居幕后，成为最后的保障，此时有说服力和感染力的教育便上升为主导的方式。在交通规则方面，有些人存在着投机或侥幸心理，以为只要自己机敏些，闯红灯不会出事，换言之，灾难不会落到自己头上。交管部门应当协同教育部门将交通安全意识的培养作为一门生活必修课开到学校和社区。通过教育要让人们认识到安全与遵守交通规则，交通事故与违反交通规则之间的必然联系。何人在何时何地发生交通事故是偶然的，但这类不幸背后的根由却在于不遵守交通规则，这就是偶然中有必然。

表 149 您对闯红灯等违反交通规则的行为进行罚款等处罚办法的态度是什么

%

项目	不赞成，因为警察罚款是为了捞好处	不太赞成，因为这种罚款等处罚方法是运动式的，不能制度化而长期坚持下去收效甚微	非常赞成，因为这是培养遵守交通规则意识的必由之路
百分比	10.4	28.3	61.2

假如交通管理部门能够和学校或社区联合起来进行道路交通安全教育，就能够将理论与事实紧密地结合起来，在内容上化抽象枯燥为具体生动，进而收到很好的效果。这类教育不应当是消极钳制性的和冷冰冰的，动辄“警告”、“严禁”、“不准……违者罚款”，因为贫乏、粗暴的语言容易引起反感，反而事与愿违。应当充分体现以人为本的人文情怀，同时从理论上将交通规则遵守与否和个人与家庭福祸安危的内在关联性说透，深刻阐明“交通法规是您生命的护栏”之真理。有些交通标语很能震动人心，如“闯红灯拼性命，绿灯行保太平”，“司机一滴酒，亲人两行泪”，这是普遍性的经验教训，每一个看到的人都会受到触动而自省。另外，还可以以生动的画面和幽默的语言表达交通安全的重要性，让人在轻松中认同和接受规则的警示，如有些车尾贴上“别吻我，我怕‘羞’（修）”；有一公益广告的画面是大雁排着整齐的“人”字形队伍在蓝天上展翅飞翔，旁边的广告语是“与它们相比，我们能做得更好”。语气平和的语言，富有人情味、趣味性画面的交通警示语比单调的禁令更能教育公众。

四、保护环境、爱护公物公德信仰的状况及分析

随着人类对自然界的过度开发和利用，生态环境问题日益成为人们关注的焦

点，保护环境已经成为普世性的公德理念。面对日益严重的生态危机和环境污染，有68.9%的被访者“深感痛心和气愤”，这充分说明了不仅绝大多数人认识到了保护环境的重要意义，而且保护环境这一道德观念已经深入人心，内化为道德情感。不过，也有15.5%的人却为眼前利益所左右，认为“为发展经济，适当破坏生态环境也是应该的”，坚持走先污染后治理的错误路径。甚至还有15.5%的人对生态危机和环境污染持“无所谓”的麻木不仁态度，有近1/3的人还未能实现环境伦理的脱盲启蒙。这说明我们目前环境道德教育迫在眉睫、任重道远。

环境伦理观念的确立并不意味着已经达到了自律的境界，知道不等于做得到，由知到行还有一段很长的路要走。虽然有78.2%的人认为乱扔垃圾是“极不文明”的行为，可是表示平时从来不随意乱丢垃圾的人锐减到36.1%，有53.9%的人表示如果找不到垃圾箱会乱扔垃圾，还有6.3%则是在没有人监督的情况下会乱扔垃圾。这表明，大多数人还处在环境道德理念形成的认知阶段。

从环境道德观念的确立到环境道德习惯的养成是一个漫长而艰难的过程。环境是人们的共同利益，珍惜和爱护环境是每一个人的职责，但仍有很多人自觉或不自觉地破坏环境，其中的一个重要原因是未能正确处理好个人眼前利益与长远利益的关系，在利益观上存在短视和近视行为。比如，有93.8%的人对践踏草坪的行为很痛心，但是主动上前制止的只有40.4%，他们害怕得罪人、惹麻烦。对有些人来说，应当不应当横穿草坪，是以是否方便自己而定的。27.1%的人表示，如果穿过草坪能够节省几分钟办事的时间，就会穿过草坪，还有16.5%的人则是选择“随大溜”，即“如果有人穿过草坪，就跟着穿过草坪”。如果说道德作为群众合议性或认同性行为，规则本身就依赖于当时的道德氛围，即人们的道德选择具有从众性的话，那么，作为并不直接涉及他人利益，也无熟人监督的公共场所的公德行为选择便具有更为鲜明的从众性。公德从众心态既反映了公德自身的特殊性，也反映出了人们目前公德水平还处在较低的层次上。

节约公共资源是爱护公物的具体表现，也是较高层次的要求（不破坏公物是较低层次的要求）。长期以来，公共场所水龙头的长流水和白天的长明灯现象比较严重，73.4%的人表示看到这种情况会立即关掉它，只有6.5%的人抱着事不关己、熟视无睹的态度。值得注意的是，还有20.1%的人虽然不乏节约公共财物之心，可是保护公共财物的情感和意志较脆弱，公共利益至上的公德信仰远未形成，一旦影响到了个人利益的实现，就不会自觉地维护公共利益。

五、结语

有人认为，我国公德严重滑坡，这几乎已成普遍性的共识，然而，这却是似是而非的观点。诚然，公德的要求对大多数人来说并不陌生，可是，在以自然经济为特点的乡村或村落社会里，有些公德要求并无实质性意义，甚至可以说没有必要，也无实现的可能。就是说，我们并未曾有过全民崇尚公德的“黄金时期”，既然未曾立于坡上或坡顶，又为何有滑坡之说？经过30多年的改革开放，我国城镇化、都市化进程高歌猛进。2006年11月3日在复旦大学举行的“2006国际城市化论坛”上，建设部副部长仇保兴指出，到2010年，中国将有50%的人口居住在城镇中，中国将正式迈入城镇化国家。城镇化速度的加快使公共领域空前扩大，由此产生的人际利益矛盾、冲突与日俱增。由于我们缺乏参与公共生活经验之积累，原有的传统私德无法解决公共生活问题，正是在这种新形势下，人们对公共生活准则产生了日益强烈的需求，人们对违反公德的行为发生了由熟视无睹到内心反感和鄙视的可喜转变。由公德无知和无动于衷到公德认同和内心有所触动，意味着人们的公德认知水平和信奉度在提高，这本身就是一个了不起的大进步，也是公德发展的必经阶段。调查数据也证明：当前我国公民的公德信仰状况总体呈现出积极进步的态势，突出地表现为公德认知较为巩固，公德情感逐渐增强，公德行为的自觉性逐步提高；相反，违反公德行为的道德成本日益增加。由公德认识、公德情感，到公德意志、信念和行动，是公德素质提升的基本过程。虽然我国公民的公德认知水平在普遍提高，并在一定程度上培养了公德情感，但知与行、情与意不能完全统一的情况较为突出，公德意志水平还有待提升，公德信念的培养和由此而生的公德习惯离客观道德生活的要求还有较大的差距。简言之，对目前我国公民的公德水平评估可以用以下结论概括：公德认识水平有了很大提高，但仍未达到信仰的高度；他律意义上的公德实践较为普遍，而自律意义上的公德行为习惯还没有普遍养成。

立足公共生活经验进行生动活泼的体验性教育是公德信仰培育的基本路径。对于我国公民公德理念的培养，进行系统而生动的普及性教育是基础。这种教育应当是经常性和制度化的。同时，在实践中如何探讨将抽象的公德要求变成生动而容易引起人们注意和记忆的操作性方法和大众化的语言则显得尤其重要。要有专门的人员对此进行专门研究，善于在实践中总结和概括，将人们喜闻乐见的生动活泼的公德教育语言普及推广。唯如此，才能更为有效地培植公民对公德的坚定信仰。

（本文原载《东南大学学报》2008年第4期）

第七章　近年来关于社会公德教育的研究综述

近年来我国学者关于社会公德教育的研究综述

辽宁师范大学田家炳教育书院　杨　薇

2004年，在中国教育学会教育学分会德育问题学术研讨会上，学者们提出了把学校德育重心转移到公共生活的教育理念。这意味着，教育界准备承担起公德教育的责任。在追溯近5年社会公德教育的基础上，笔者考察了青少年社会公德教育的研究情况，以期更好地把握今后公德教育的研究方向。

一、关于社会公德及私德概念的研究

当前，学术界对公德与私德有如下观点：第一种观点把社会公德分为狭义和广义两种。广义的公德是指与"私德"相对而言的。私德是个人私生活中处理爱情、婚姻、家庭问题的道德，以及和个人的品质、作风有关的道德；而反映阶级、国家、民族或社会共同利益的道德则被通称为公德，如"五爱"。狭义的公德指人类在长期社会生活实践中逐渐积累起来的，群体社会成员在社会公共生活关系中必须共同遵守的那些最简单、最起码的公共生活规则。第二种观点把社会公德理解为3种含义，即把第一种观点广义理解的公德又划分为两类：一是与私德相对的公德，即道德生活划分非私即公；二是指由国家提倡或认可的，要求全体社会成员在一些重大的社会关系和社会生活中必须遵循的道德规范，如"五爱"。这与第一种观点略有分歧。第三种观点与前两种观点大不相同，它认为社会公德无狭义、广义之分，指的就是社会成员为维护社会公共生活秩序所应共同遵守的最简单、最起码的道德规范，而涉及

阶级、国家、民族的广义公德，虽然是公德，但却是国民公德或全民公德，而不是社会公德。社会公德的“公”就体现在其公共性、基础性上。还有一种看法，认为公德、私德具有一个共同的道德本体，所以，并无严格分野，即“私人生活领域只是公共生活的一个特殊领域”。此观点从本体和根基上认定道德无所谓公德与私德的区分。这种观点消融了社会公德与私德的分界，取消了公德的相对独立性，因而是缺乏研究的科学性的。在《公民道德建设实施纲要》中，社会公德指适用于社会公共领域中的道德规范或者道德要求，即社会公共生活的道德。它涵盖了人与人，人与社会，人与自然之间的主要关系。它具有普遍性、广泛性、基础性。相对于私德而言，它是底线性的道德。但是，笔者认为，底线性道德不等于简单的道德规范，它应该包括公共精神及更高的价值追求。

二、关于社会公德教育及相关概念的研究

1. 公民教育的含义

欲厘清公民教育的含义，必须先弄清公民的含义。公民是公民教育的核心。学者们对公民的含义有不同的解释，但总结起来有一些基本的要点：公民是一个社会人及政治人，他是以社会和国家的一个成员身份而存在的，其处事原则依赖于他与社会的契约而定，即具有相应的公民权利和义务。另外，公民不同于私民，即个别存在的自然人。自然人以其私利和自然人身份衍生的人际关系作为处事原则，没有对他人、社会的责任和义务。公民也不同于那种附属性和无主体性的，只有义务而无权利的臣民。公民也不同于国民和人民。因为国民以人的地域、国籍为归属标准，人民注重人的社会态度、阶级立场和属性。它们虽然与公民相联系，但都区别于公民的基本含义。所以，学者们普遍认为，公民教育就是以公民的基本特质为核心和目标进行的教育。具体而言，李萍、钟明华认为公民教育是一个以公民为本质特征的教育目标体系，它以公民的独立人格为前提，以权利与义务的统一为基础，以合法性为底线。有的学者认为，公民应是身份平等的，具有公共生活品格和公共精神，具有高度责任感，能积极投身于公共生活和社会公共事务之中。公民教育要为民主社会培养这样的公民，要实现终身教育（王颖，2003）。

2. 公民道德教育的含义

公民道德教育是公民教育的一个组成部分，它强调以全体公民为基础，体现了一种平民思想，反映了公民社会组织与成员之间的道德契约和内在要求。它不同于传统的儒家道德教育提倡的“圣人教育”（曹辉，2005），因此学校教育要以公民道德教育为主，旨在提高社会的基本道德水平，而不应把重点放在涵养个人德性上，因为后者是一个人在学校、家庭、社会的广域空间内一生经历的事情。

3. 社会公德教育的含义及其与公民教育、公民道德教育的关系

从教育学的角度讲，道德教育无非就是现实社会道德规范的个体内化，就是要教会学生过现实的道德生活，而现实的道德生活是由历史传承下来的，时代所认可或修正或补充的道德观念、行为规范、社会习俗、伦理禁忌等构成的。这些恰恰是社会公德教育应该涉猎的。另外，从道德教育的功能来讲，道德的二元结构包括基础文明和德行修养两个方面。前者多体现为一些行为规范，后者乃一种道德境界。道德教育作为青少年社会化的重要途径，其着眼点应放在学生基础文明习惯的培养上，旨在提高社会的一般道德水平，而不应放在造就圣人上。

就社会公德教育与公民教育及公民道德教育的关系来看，首先，公民道德教育包括家庭美德、职业道德和社会公德的教育，其外延和内涵均大于社会公德教育。其次，公民教育包括公民道德教育，而公民道德教育又包含社会公德教育。公德只是对公民在公共道德上的一种要求，强调公民在公共场所、公共关系、公共事务中应遵守公共道德（即社会公德），而公民教育不仅强调遵从，而且强调权利。另外，公德教育只有个人与公共性关系的面向，公民教育除此之外还包括与家庭等私人生活的面向。

三、当前青少年社会公德的实证研究

为了开展社会公德教育，学者们对青少年学生的公德现状进行了实证研究，这些研究展示了青少年的公德现状，有助于教育工作有针对性地开展。大体上来讲，学者们的调查内容包括青少年的公德意识和公德行为等方面。他们分别从青年研究、教育学、心理学等角度进行了研究。这些研究呈现出如下特点。

1. 调查对象涵盖多个学龄层次，但没有分别调查各学龄群体

在《北京青少年社会公德行为特征及分析》中，“北京市青少年社会公德状况调查及对策研究”课题组选取的被调查者包括北京的大学生、高中生、初中生。此外，洪明、李丽等的《中学生社会公德状况调查分析》以及乔建中、吴蓉的《中学生公德行为的主要影响因素及其动机基础》两篇文章，也没有详细区分高中生及初中生群体。从心理学的角度讲，不同年龄段的儿童，心理发展处于不同水平，因此其行为方式也存在一定的差异。有的学者提出，初中生已进入青少年叛逆期，所以学校对其进行公德教育必须是讲理、沟通、平等式的，而非命令的、灌输的、强迫的。公德教育应通过班级、社团活动等方式进行。高中生时期的公德教育应与初中生不同，因为他们的身心发展日益成熟，具有独立思考及批判能力，所以应注重公共精神的培养。目前，大多数研究没有专门区分初中生、高中生群体，因此，教育对策的针对性不强。

2. 这些研究能综合考虑公德意识及行为，但对知行不一具体机制的研究不够深入

这些实证研究大都对青少年的公德认识、行为等进行了调查，能够发现公德缺失的现状。这些研究发现：青少年有一定的公德认识，但存在知行脱节现象、自律意识不强等问题；青少年对不同的公益活动的态度不同，对传统美德认同下降，对当代美德认同有所提高。但是，这大都提供了一种现状，无法提出原因性的解释。这与学者们还没有找到合适的理论框架和理论假设有关，因此教育政策的针对性不强。各学科专业的学者们应该利用自身的理论优势，共同讨论这一问题，为我们的深入研究提供学术支持。

3. 这些研究大都提出一定的教育对策，但是大多笼统而不够细致

这些调查研究大都提出一些教育对策，如有的学者称学校教育存在失误，只重视中小学生的品德教育规范的灌输，而忽视了公民意识的培养及行为习惯的养成；学校没有将公德行为纳入学生的考评体系之中（穆青，2001）；有的学者仅仅提出德育不受重视，道德教育脱离实际等，而没有具体分析公德教育缺失的原因及特殊性（洪明，李丽，2002）。当然，又有学者指出，学校公德教育手段和途径滞后，但是并没有做专门深入研究（林琼斌，2006）。这就要求我们的教育学工作者和广大一线教师及管理人员参与到社会公德教育中来，在课程、教学等方面开展深入研究。

四、青少年公德教育的研究趋势

1. 学者们应该从多学科视角提出理论假设和理论框架，把社会公德研究引向深入

目前，中国的社会公德处于重建时期。从基本的概念厘定到内容体系的建构，以及制度、舆论的强化，都会影响中国社会公德的建设。社会公德建设是一个庞大的系统工程，所以各学者们应加强这方面的学术研究，起好学术引导作用。另外，在研究的过程中，学者们要注意历史与现实、传承与引进等多方面因素的影响，使我国的公德研究具有自己的特色。

2. 社会公德教育必须放在公民教育，尤其是公民伦理教育的大前提下进行研究

公民教育包括公民伦理教育以及公民权责教育等方面，而社会公德应属于公民伦理教育范畴内的教育，所以要想搞好社会公德教育就必须找到它的上位概念，即公民伦理教育。公民伦理是人们在公共生活或公共交往中可以互相提出的有效性要求，即诉诸于对于他人的恰当的尊重的态度和出于这种态度的恰当的行为习惯（廖申白，2005）。作为相互有效性要求，公共交往伦理或公民伦理只有在同陌生人（“一般他者”）的关系成为人们重要的生活关系，人们对陌生人的排斥心理已经基本消除，并且把他（们）当做与自身地位同等的公民而相互对待时，才是生活的伦理。随着现代化进程的加快、城乡一体化趋势的发展，城乡之间、地域之间，以及阶层之间的来往日益频繁，公共生活的空间日益扩大，公民意识觉醒的重要性日渐凸显。如果说从前的公民还只是一个名称的话，那么现在就需要他在意识、情感、行为上成为一个真正践行公民伦理的公民。所以，当前社会公德教育研究必须放在公民教育的大前提下，才能有研究的理论依据和实践意义。

3. 社会公德教育需要教育学者们进行深入的理论研究

学校德育分为基础文明教育和德行修养教育两大方面。个人修养是终生追求的过程，是一种境界修炼，而且它不仅受到学校教育的影响，更加受到家庭、社会教育的影响，所以我们不能把学校教育的重心放在“圣人教育”上，而应以培养人的基础文明素质的平民教育为主。当前学术界提倡把学校德育的工作重心向公共生活转移。目前，各个教育因素都在发生变化，教育理论工作者应该在课程、教学等诸方面进行研究。此外，还要对各个不同年龄阶段学生的社会公德教育进行研究，找到适合不同年龄阶段学生的教育内容和教育途径，构建起现代公德教育体系。

（本文原载《当代教育论坛》2007 年第 11 期）

参考文献

［1］陈弱水．公共意识与中国文化［M］．北京：新星出版社，2006.
［2］梁启超．新民说［M］．沈阳：辽宁人民出版社，1994.
［3］毛泽东选集．第2卷［M］．北京：人民出版社，1966.
［4］荆门市博物馆．郭店楚墓竹简［M］．北京：文物出版社，1998.
［5］吕不韦．吕氏春秋［M］．北京：华龄出版社，2002.
［6］杨天宇．礼记译注［M］．上海：上海古籍出版社，2004.
［7］王伟.关于社会公德建设三题［EB/OL］．［2006－03－02］．http：//www.southcn.com/nflr/wszj/200603020173.htm.
［8］赵鹏，方益波．评论：《无极》毁天池是对社会公德的漠视和挑战［EB/OL］．［2006－05－12］．http：//news.sohu.com/20060512/n243210398.shtml.

后　记

毛泽东同志的名言至今激励着亿万青年："青年人朝气蓬勃，正在兴旺时期，好像早晨八九点钟的太阳。希望寄托在你们身上。"邓小平同志高瞻远瞩地指出："青年一代的成长，正是我们事业必定要兴旺发达的希望所在。"江泽民同志饱含深情地说："青年兴则国家兴，青年强则国家强，青年有希望，未来的发展就有希望。"以胡锦涛同志为总书记的党中央，继承和发扬党的三代中央领导集体的传统，从事关国家和民族前途命运的战略高度关心着青年的成长，关心着青年工作的发展。

作为"北京市青少年社会公德现状大型调查"的阶段性研究成果，本书所谓的"探索明天的希望"，就是要以北京市青少年为研究对象，了解青少年的社会公德现状，探讨青少年社会公德的实践行为，解构青少年社会公德的影响机制，特别是2008北京奥运会志愿者提供志愿服务的动机，剖析北京市青少年社会公德现状存在的问题，提供现阶段北京市青少年社会公德建设的路径选择。本次调查范围覆盖北京市18个区县常住人口中年龄在11～28岁的青少年群体（不包括去其他省市上学、工作以及生理原因等不能接受调查的人员）。考虑到现实调查中非可控制因素及有效回答率等因素，根据专家组建议，在问卷调查过程中将样本量调整为3 500，即本次调查的抽样比为0.08%，在北京市10～29岁的常住人口中每1 150人抽取1人；个案访谈的近50名对象则全部是2008北京奥运会的志愿者。而本书的编写则以本次调查为基础，综合运用各种背景资料，多角度、全方位地研究了当前青少年社会公德的现状，具有较强的现实意义和理论价值。

"北京市青少年社会公德现状大型调查"由北京青年政治学院副院长张晓华教授主持，由北京青少年研究所和北京青年政治学院社区发展研究所具体实施。北京东方道德研究所所长、原北京青少年研究所所长傅永吉副研究员，北京青年政治学院社区发展研究所袁光亮副教授和张瑞凯博士组织相关部门工作人员完成了调查和研究。在研究和成书过程中，有幸得到了中国社科院社会学所青少年研究室主任单光鼐研究员、共青团北京市委研究室冯志成主任、北京市家长研究所所长齐大辉教授、北京青少年研究所所长佘逸群研究员、北京青少年研究所纪秋发研究员、原北京青年政治学院社会工作系主任李素菊教授、北京青年政治学院图书馆馆长谭绍兵副研究员的指导和帮助。北京青年政治学院科研处高诚副教授、北京青少年研究所穆青副研究员，北京青年政治学院社会工作系李红武博士、武雷老师、田梦老师，英语系党洁老师，文秘系张靖华老师等也参与了许多具体工作。同时，基于对青少年成长和青少年工作的重视，基于对青少年社会公德教育和研究的关心，本次调查得到了许多单位的大力支持和积极配合，其中个案访谈的对象全部是由北京青年政治学院团委景海俊书记推荐的。此外，在研究和成书过程中，也引用和参考了大量资料，特别是为了比较研究的缘故，本书下部引用了许多相关资料，可以说，正是在这些前辈的研究基础上，本次研究才能顺利完成，本书也才能得以出版。在此，真诚地向所有前辈、专家和朋友表示感谢！

因为作者水平有限，本书一定有许多不当之处，特别是研究报告目前尚存在一些问题，如调查数据挖掘尚缺乏一定深度等，敬请读者指正。

本书的尽快出版，要感谢北京理工大学出版社的大力支持，特别是责任编辑卓有成效的工作。

编著者

2011 年 11 月